产业数字化

沈建光 金天 龚谨 等◎著

中信出版集团｜北京

图书在版编目（CIP）数据

产业数字化/沈建光等著. —— 北京：中信出版社，2021.1（2021.1重印）
ISBN 978-7-5217-2353-3

Ⅰ.①产… Ⅱ.①沈… Ⅲ.①产业结构升级—数字化—研究—中国 Ⅳ.① F269.24

中国版本图书馆 CIP 数据核字（2020）第 207581 号

产业数字化

著　　者：沈建光　金天　龚谨　等
出版发行：中信出版集团股份有限公司
　　　　　（北京市朝阳区惠新东街甲 4 号富盛大厦 2 座　邮编 100029）
承 印 者：北京楠萍印刷有限公司

开　　本：787mm×1092mm　1/16　　印　张：24　　字　数：330千字
版　　次：2021 年 1 月第 1 版　　印　次：2021 年 1 月第 2 次印刷
书　　号：ISBN 978-7-5217-2353-3
定　　价：68.00 元

版权所有·侵权必究
如有印刷、装订问题，本公司负责调换。
服务热线：400-600-8099
投稿邮箱：author@citicpub.com

编委会名单

主　任　沈建光
副主任　金　天　龚　谨　杨　芳　冯永昌

目 录

序　言　陈生强 / 001

趋势篇　数字科技引领未来

第一章　数字经济启动转型发展新引擎 / 003

　　第一节　数字经济释放中国经济新潜力 / 005

　　第二节　央地合力构筑数字经济新建筑 / 011

　　第三节　产业数字化打造数字经济新高地 / 018

第二章　新基建打造中国数字经济未来 / 025

　　第一节　新基建为后疫情时代中国经济增长创造积极条件 / 027

　　第二节　关于新基建的四个争论 / 031

科技篇　数字科技构筑产业数字化基础设施

第三章　大数据打造产业数字化底座 / 039

　　第一节　大数据为各行各业带来新增长 / 041

　　第二节　数字资产化描绘新产业图景 / 045

　　第三节　资产数字化助力传统机构转型 / 053

　　第四节　数字资产化、资产数字化与产业数字化的融合发展成为行业趋势 / 060

产业数字化

第四章　区块链技术构筑产业数字化基础设施 / 065

　　第一节　区块链产业应用的过去与现在 / 067

　　第二节　区块链技术是产业数字化的基础设施 / 075

　　第三节　区块链应用从可信区块链到数字金融创新 / 085

　　第四节　区块链技术未来发展前景广阔 / 105

第五章　5G 为产业数字化搭建"云梯" / 111

　　第一节　中国 5G 产业链日趋成熟 / 113

　　第二节　5G 是数字化转型的重要支点 / 119

　　第三节　5G 驱动各行业广泛创新应用 / 123

　　第四节　5G 将带来新一轮产业数字化革命 / 140

第六章　人工智能与产业发展深度融合 / 145

　　第一节　人工智能掀起产业智能化的新浪潮 / 147

　　第二节　人工智能关键技术多元化发展 / 150

　　第三节　人工智能深度赋能各行各业 / 154

　　第四节　人工智能引领产业数字化新趋势 / 158

产业篇　数字科技行业实践方兴未艾

第七章　金融科技操作系统是金融数字化的制胜武器 / 163

　　第一节　金融科技赋能金融机构数字化转型 / 165

　　第二节　金融科技助推金融市场高效运转 / 174

　　第三节　金融科技促进金融业务与实体产业深度融合 / 182

　　第四节　金融科技牵动行业生态共建 / 189

目 录

第八章　智能城市操作系统让城市生活更美好 / 197

第一节　大数据联合 AI 是城市发展的必然方向 / 199

第二节　城市操作系统是搭建智能城市的顶层框架 / 203

第三节　时空数据融合是夯实智能城市的数字底座 / 205

第四节　开放生态平台是共建智能城市的垂直系统 / 209

第九章　数字农牧孵化 AI 养殖新实践 / 219

第一节　中国水产养殖业的发展现状 / 221

第二节　科技驱动是中国水产养殖业的未来 / 223

第三节　数字养殖的"京东方案"——AI 重构养殖业的科技基因 / 225

第四节　中国水产养殖业的发展趋势和实现路径 / 229

第十章　物联网助推数字营销"蝶变" / 233

第一节　技术推动数字营销内涵演变 / 235

第二节　物联网带来新一轮营销变革 / 247

第三节　物联网重塑数字营销业态 / 253

第四节　物联网推动智能营销革命新浪潮 / 263

第十一章　数字技术引领消费升级新趋势 / 269

第一节　消费成为拉动经济增长的强劲引擎 / 271

第二节　科技助力升级消费体验，促进消费公平 / 273

第三节　数字科技助力供需两侧跨越时空鸿沟 / 276

第四节　线上生活面面观 / 280

第十二章　数字支付打开产业数字化升级之门 / 287

第一节　聚合视角下的中国支付体系演进 / 289

III

第二节　数字支付打开产业数字化升级之门 / 292

第三节　数字支付市场格局正在重塑 / 300

行动篇　数字科技下半场的新生态、新赛道与新模式

第十三章　存量市场孕育数字化服务新生态 / 305

第一节　产业数字化进程按下快进键 / 307

第二节　直播电商新模式激活存量消费市场 / 313

第三节　疫情倒逼企业数字化转型 / 321

第十四章　决胜 B 端方能站稳 C 位 / 327

第一节　数字科技企业从 B2C 到 B2B2C 的赛道转换 / 329

第二节　合作生态驱动无界零售 / 335

第三节　数字科技赋能工业互联网 / 339

第十五章　开放平台"快到碗里来" / 345

第一节　开放平台的价值贡献 / 347

第二节　开放平台的典型实践 / 352

第三节　构建开放平台的能力要求 / 361

后　记　/ 371

序 言

陈生强

京东数科集团 CEO

人类社会的发展史就是人类认识世界、改造世界的拓展史，科学技术是推进社会发展的原动力。如今，以数据作为关键生产要素的数字经济形态，正在成为全球增长与科技进步的新引擎，催生了继蒸汽机革命、电气革命和计算机革命之后最新一轮的数字科技革命。数字科技协同生产要素重塑价值链条，已由科学理念、数学模型转化为金融、技术产品、企业营销、公共服务等领域日新月异的行业实践，为后疫情时代中国经济破茧重生、各类市场主体求新谋变创造了积极条件。

在这样激荡人心的产业变革中，我们希望厘清：产业数字化的核心究竟是什么？这些风起云涌的新业态将对宏观经济、行业和企业产生怎样的深远影响？它又将如何驱动中国经济打造新模式、新赛道和新生态？

我们深切体会，产业数字化的核心是以数据为核心要素，以科技为支撑，以提高生产效率为主线，对产业链的全要素进行数字化再造，从而推动经济转型升级。在产业数字化时代，每一个行业都值得再造，这种巨大势能，更是中国经济跨越增长瓶颈和走向高质量发展的关键所在。

第一，产业数字化将是加速经济内外循环的突破口。新冠肺炎疫情在全球暴发，多国再现产业链回流杂音。应对产业链外迁的现实风险，一方面，应持续经济"外循环"，加大开放，吸引投资，赢得更多跨国

产业数字化

企业合作，为应对逆全球化争取更广泛的支持；另一方面，应加强经济"内循环"，扩大有效需求，充分激发市场活力。产业数字化将成为中国经济"内外循环"的新燃料，提升全球竞争力和价值链地位。

第二，产业数字化将引领技术迁移的下一个浪潮。从互联网时代发展至今，不同技术代际的核心竞争力具有显著差异。在PC（个人计算机）时代，比拼的是软硬件交互能力；在PC互联网时代，比拼的是网络创新与运营能力；在移动互联网时代，比拼的是"网络基础设施"沉淀能力；进入产业数字化时代后，比拼的则是"技术"和"数据"能力，只有将数字科技和实体产业开放融合的企业才能"乘风破浪"。依托数字科技，产业数字化将突破数字世界和物理世界之间的边界，成为打通线上和线下、激发新业态和新模式的关键密码。

第三，产业数字化将是数据资产化的重要方向。随着数字科技不断发展，政府和市场对数据的认识不断深化。在PC时代，数据仅是经济活动的简单记录，大量的数据无法电子化或仅以结构化形式存储在电子数据库中，没有基于不同场景、行业的数据进行的商业创新；在互联网时代，原始数据开始在线上积累，线下数据开始向线上迁移，基于数据本身的商业创新开始出现；进入产业数字化时代后，资产数字化和数据资产化融合共促，以数据为生产要素进行商业创新，价值嬗变已渐入佳境。

在产业数字化改写业务逻辑和行业生态，甚至重构经济增长模式的历史进程中，数字科技可以发挥怎样的作用、付诸怎样的行动呢？

第一，数字科技将使供求两端更好匹配，提升产业效率。作为一种新科技手段，数字科技是多种技术的融合体，可以为实体产业发展提供最底层的基础设施、最前端的应用场景。"从产业中来，到产业中去"，可以借助数字科技，不断丰富和拓展产业know-how（技术诀窍），探寻产业发展中的第一性规律。通过数字科技与产业链中各方的合作，各类主体将共同分享产业成本降低、效率提升和终端用户体验升级带来的增量价值，并通过加强良性竞争，打破存量市场中业已固化的寡头垄断。

第二，数字科技将打造经济和行业增长的第二曲线。以客户为中心的数字化输出是数字科技应用于行业发展的趋势所在，终端消费者正由传统商业价值链中的C端（消费者端）向"C位"（中心位）转变，在商品服务生产创新、商业模式变革迭代中的话语权不断增强。在数字经济模式下，数据智能的广泛应用促使企业能够借助技术手段精准洞察消费者需求，B2B2C（通过服务行业机构，来更好地服务终端用户）日益成为数字科技企业找准站位、提升盈利的主流商业模式，成为连接市场主体、协同行业供给和输出工具化产品与智能数据价值的最佳解决方案。

第三，数字科技将使产业数字化的路径由单边赋能走向行业共建。在产业数字化时代，协同成为系统整合效率的关键，企业创造价值的核心路径将转为创造产业协同效应，企业通过协同更多的价值伙伴，创造超越自身能力之外的价值，获得更大的成长空间。行业数据形成连接和对话，加速智能化应用和反馈机制的构建，促使整个产业价值网中的数据规模以"滚雪球"模式不断积累，再次驱动智能化应用的效能优化，形成去中心化的"飞轮效应"。基于开放生态下的协同共建，可以实现全社会数据要素价值最大化，以最少的生产要素投入，创造最大的生态系统价值。

2020年是21世纪第二个十年的起点，也是一个全新时代的开篇。在这个新的十年里，京东数科致力于为金融和各产业带来"科技（Technology）+业务（Industry）+生态（Ecosystem）"的全方位服务，英文缩写即TIE，恰好体现这个模式的核心——联结。对金融用户来说，我们是"一个懂金融的朋友"；对金融机构和各行业的合作伙伴来说，我们是"一个能带来增长的朋友"。由京东数科定制的各行业操作系统，将成为支撑行业主体内部和各主体间优势互补、高效协作的重要基础设施，在促成前沿技术应用转化、驱动"存量+增量"双重增长方面扮演关键角色。

产业数字化

第一,我们将扮演科技公司的角色。目前,京东数科的科技基因越来越"显性化",服务对象不再局限于自身生态内的客户和金融机构,所有存在数字化需求的产业伙伴,都是我们未来数字化生态的同行者。

第二,我们将扮演 To B(To Business,面向企业用户)服务的角色。"授人以鱼,不如授人以渔",京东数科绝不是卖一套硬件、一套软件或一个数据库,也不只是提供线上流量或广告服务,而是基于自身对海量数据的积累和先进技术的突破,帮助产业伙伴更好地获取用户、洞察用户和服务用户,实现自身商业模式的转型升级。

第三,我们将扮演产业数字化联结者的角色。数字科技与产业融合,必然选择"纵向一体化"发展路径,这就需要我们在着力发展数字技术、数据智能的同时,不断下沉到行业和产业链中去,这才是数字科技的正确打开方式。产业数字化不是数字科技企业的"独角戏",而是传统企业和数字科技企业相互配合的"二重唱";不是"谁主导、谁参与"的关系,而是相互融合、共建数字生态的关系。正基于此,我们明确自身定位,京东数科是用户、实体产业、金融机构及各类合作伙伴间的联结者,而绝不是替代者、颠覆者。

《产业数字化》讲了不少京东数科的故事,但探讨的却是整个数字科技与实体产业紧密协同、共建共生的逻辑与场景。全书从对市场趋势的研判,到对行业实践的观察,再到对数字科技公司行为的理解,围绕数字科技下半场的新生态、新赛道与新模式,给出了来自数字科技公司一手经验的生动诠释。我们诚挚期望能以此书出版为契机,与从事或关注产业数字化的朋友加强交流探讨,积极开放科技、产业与生态,共创数字经济的协同效应,携手跨越,重塑增长,助力中国经济高质量发展。

2020 年 11 月

趋势篇

数字科技引领未来

近年来，大数据、云计算、人工智能（AI）、区块链等新一代数字科技深度融入实体经济，推动以产业数字化、数字产业化为主体的数字经济异军突起，为下行压力日益加大的中国经济注入了强劲动力。在"以国内大循环为主体、国内国际双循环相互促进"的经济大战略下，数字经济恰如一把金钥匙，正以其蓬勃之势启动中国经济巨轮转型发展的新引擎。

推动数字经济实现跨越式发展，已经被明确列入中央和地方政府的重要议事日程。中共中央政治局就大数据、人工智能和区块链等前沿数字科技，曾先后三次进行集体学习，由此可见，推动数字科技与实体经济深度融合，进而提升实体经济的发展韧性和创新能力，已经成为我国经济转型的重点任务。2014年以来，历年政府工作报告连续提及数字科技和数字经济相关领域，推动数字科技赋能传统经济、加速数字经济变革，已成为我国经济发展的必然趋势。国务院及国家有关部门坚持以包容审慎的原则发展新业态、新模式，对数字经济形成全方位、立体化的政策支撑。地方政府对数字经济更是抱有极大热情，密集出台相关发展规划和政策举措，央地合力构筑起数字经济新建筑。

2020年初，面对突如其来的新冠肺炎疫情，传统经济遭遇寒冬，数字经济却逆势增长。疫情条件下，一些数字化水平欠佳的传统行业因抗风险能力不足而问题频发。举国抗疫吹响了传统经济数字化转型的冲锋号，为数字经济带来重要机遇。未来，产业数字化将迎来加速发展的黄金时代，并呈现三大趋势：数据要素重塑全新商业模式，科技平台与传统企业融合共生，政企协同推动产业数字化转型。

包括5G（第五代移动通信技术）、人工智能、大数据中心、物联网等在内的新型基础设施建设（简称新基建），将成为中国发展数字经济的基石。大规模投资新基建，将更好地催生新产业、新模式，促进各行各业加快数字化、智能化转型的升级步伐，为中国经济巨轮在新时代乘风破浪装上"核动力"。

第一章

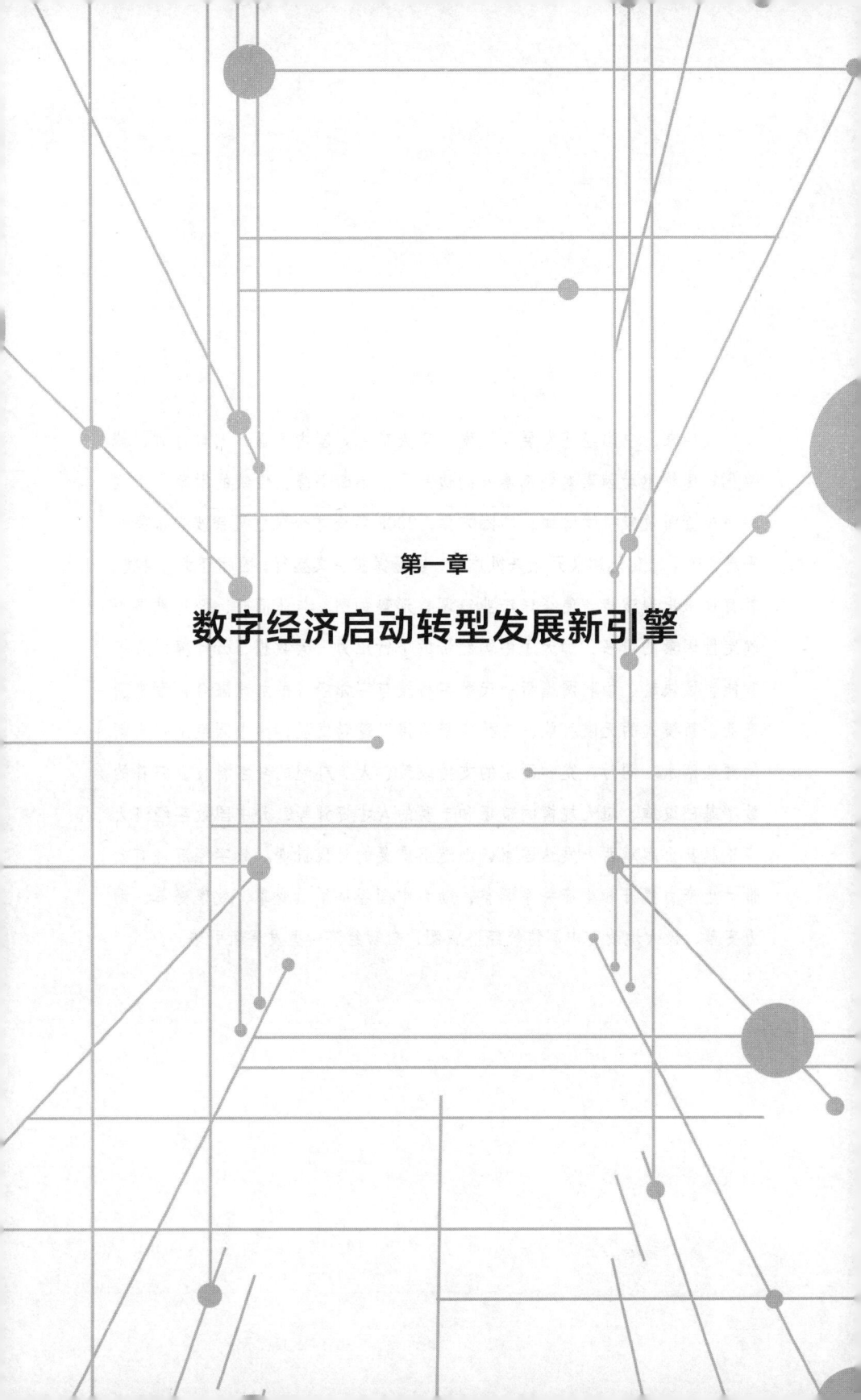

数字经济启动转型发展新引擎

近年来，中国经济发展环境发生重大变化。国内方面，人口红利、城镇化等传统驱动因素对经济增长的边际贡献不断下降，传统的财政货币调控手段负面效应持续增加；国际方面，2008年全球金融危机余波尚未完全平息，逆全球化思潮又开始兴风作浪，贸易保护主义盛行，国际经贸、科技、教育往来出现波折，使全球产业链调整形势加剧。与此同时，经济发展不确定性因素的增多，加大了中国经济的下行压力。大数据、云计算、人工智能、区块链、物联网等新一代数字科技与实体经济的加速融合，带来新产业、新模式的无限可能，使数字经济得以蓬勃发展，为中国经济带来新的源头活水。同时，党和国家的支持政策、大步赶超的数字科技、完善的数字基础设施、超大规模的市场和丰富的人才资源等，为中国数字经济大步追赶甚至超越西方发达国家，创造出重要的时代机遇。数字经济将有效带动生产力提升和生产关系调整，助力中国经济质量变革、效率变革、动力变革，极大地改变中国传统经济版图，启动经济转型发展新引擎。

第一节　数字经济释放中国经济新潜力

随着中国经济步入新常态,拉动经济增长的"三驾马车"(投资、出口、消费)增速放缓,人口、资源、环境承载力也逼近极限。面对不断加大的下行压力,中国经济亟须转型升级,从而实现高质量发展。与传统经济相比,资源消耗少、科技含量高、发展质效优的数字经济顺应时代要求,近年来保持了高速增长,其总体规模及占经济总量的比重逐年加大,开辟了中国经济版图的新疆域,启动了经济转型发展的新引擎。

一、传统动能已是"无可奈何花落去"

经过几十年的高速增长,中国经济潜在增长率已呈现下降趋势,直接体现为经济增速的快速回落。2010—2019年,中国GDP(国内生产总值)增速持续下行,从10.6%逐步回落至6.1%,下降了4.5个百分点(见图1.1)。与之前10年动辄8%以上甚至10%以上的高速增长相比,2012年以来8%以下的增速相对偏低。

2010年,中国GDP占全球的比重为9.5%,而到了2019年这一比重已超过16%。中国经济体量大幅增长,并且叠加国内国际多重不利因素影响,导致人口、储蓄、投资、贸易、资源等要素对经济增长的支撑能力不断下滑,传统动能已是"无可奈何花落去"。

产业数字化

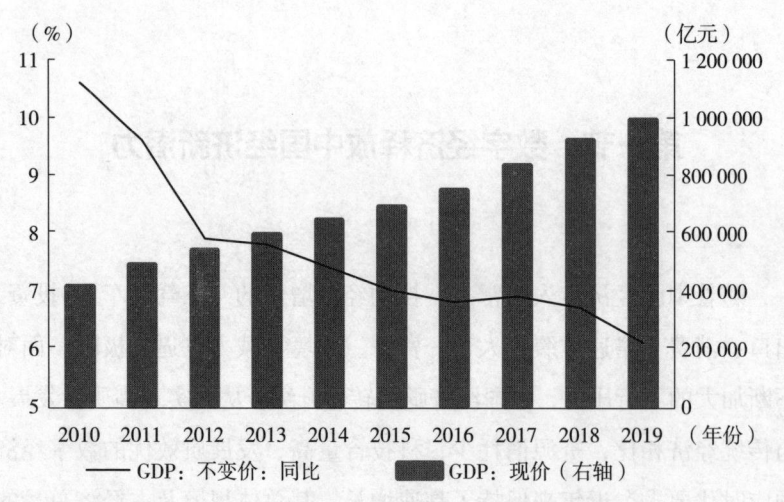

图 1.1 2010—2019 年中国 GDP 总量及增速同比变化

资料来源：国家统计局，京东数科研究院整理。

具体来看，一是劳动力供给增长放缓，中国 60 岁及以上人口从 2010 年的 1.78 亿人上升到 2019 年的 2.54 亿人，占总人口的比重上升到 18.1%，而 16~59 岁的劳动年龄人口数量则从 2012 年以后连续 7 年下降，累计减少约 2 600 万人，人口红利逐渐衰减。二是储蓄率向下调整，中国国民总储蓄率已从 2010 年的高点 51.79% 回落至 2019 年的 44.41%，导致固定资产投资增速趋势性下降。三是外贸增长乏力，2001 年加入世界贸易组织之后，对外贸易成为中国经济高速增长的重要动力，但近年来受中美贸易摩擦和逆全球化形势加剧等多重因素影响，外贸对经济增长的贡献率逐渐降低，全球化红利衰减。四是土地、资源、能源和环境约束加大，依靠土地、资源、能源和环境成本等形成的所谓"投资成本洼地"效应逐渐消失。

与此同时，多年的高速增长和数量扩张，给中国经济带来大量结构性问题，如企业产能过剩、创新能力不足，一些领域缺乏关键核心技术，金融服务实体经济的政策传导路径不畅，经济发展过度依赖房地产行业等，这些问题严重制约了中国经济的健康、稳定和可持续发展。

经济下行压力不断加大，倒逼中国经济加快新旧动能转换。抓住人工智能、大数据、区块链等新一轮科技革命和产业变革重大机遇，大力发展数字经济，将是中国经济高质量发展的必由之路。

二、数字经济为高质量发展撑起新天地

数字经济是继农业经济、工业经济之后的一种新的社会经济发展形态。数字经济以使用数字化的知识和信息作为关键生产要素，以现代信息网络作为重要载体，以信息通信技术的有效使用作为效率提升和经济结构优化的重要推动力。以数字科技手段重构生产要素，数字经济催生出新的生产力，从而构建出新的生产关系，不仅能够大幅降低环境、资源消耗，提高经济智能化水平，而且可以为社会提供大量就业岗位，让更多人从数字经济的发展和带来的机遇中受益。

数字经济规模快速扩张，极大地改变了中国国民经济结构，不仅提升了国民经济发展效率，而且为中国经济高质量发展撑起一片新天地。中国信息通信研究院数据显示，2019年中国数字经济增加值规模达到35.8万亿元，占GDP比重达到36.2%（见图1.2）。按照可比口径计算，2019年中国数字经济名义增长15.6%，高于同期GDP名义增速约7.85个百分点。2014—2019年，数字经济对GDP增长的贡献率始终保持在50%以上，已成为驱动中国经济高质量发展的核心力量。

产业数字化

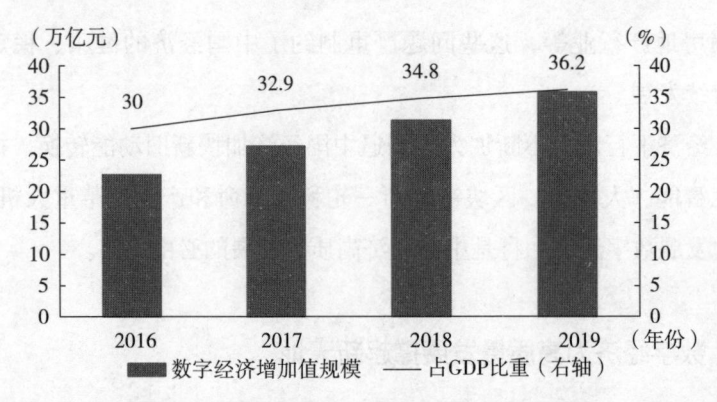

```
（万亿元）                                    （%）
40                              34.8  36.2    40
35        32.9                                35
30   30                                       30
25                                             25
20                                             20
15                                             15
10                                             10
 5                                              5
 0                                              0
    2016   2017   2018   2019   （年份）
    ■ 数字经济增加值规模    — 占GDP比重（右轴）
```

图 1.2 我国数字经济规模占 GDP 比重年度走势

资料来源：中国信息通信研究院，京东数科研究院整理。

特别是在电子商务、数字支付、移动出行、网络游戏、智能城市等领域，中国有更多机会对发达国家实现弯道超车。电子商务作为中国数字经济的先行者，近年来始终保持着较高的增长速度。商务部《中国电子商务报告 2019》显示，2019 年全国电子商务交易额达 34.81 万亿元，其中实物商品网上零售额为 8.52 万亿元，占社会消费品零售总额的比重已上升到 20.7%（见图 1.3）。

```
（万亿元）                                    （%）
10                                   20.7      25
 8                          18.4              20
 6                   15                        15
 4       12.6                                  10
 2  10.8                                        5
 0                                              0
    2015   2016   2017   2018   2019   （年份）
    ■ 全国实物商品网上零售额  — 占GDP社会消费品零售总额的比重（右轴）
```

图 1.3 全国实物商品网上零售额占社会消费品零售总额的比重走势

资料来源：商务部，京东数科研究院整理。

第一章
数字经济启动转型发展新引擎

数字科技是实现数字经济的主要手段。大数据、云计算、人工智能、区块链等新一代数字技术在实体经济中的深度应用，引发传统经济系统性、革命性、群体性的技术革新和模式变革，为数字经济开辟了更为广阔的发展空间。2008年全球金融危机以来，中美两国在数字科技上遥遥领先，大量科技企业如雨后春笋般快速发展，有效带动了数字经济的高速增长。特别是在人工智能、大数据、金融科技等领域，中国与发达国家处在同一竞技场上，并占据重要地位。

三、数字经济在中国拥有得天独厚的生存土壤

数字经济在中国拥有得天独厚的生存土壤，例如大步赶超的数字科技、完善的数字基础设施、超大规模的市场和丰富的人才资源等，特别是党和国家对数字经济的支持政策发挥着无可替代的作用。

第一，中国拥有不断赶超的先进的数字科技，为数字经济发展奠定了良好的技术基础。数字科技是数字经济发展的根本动因，在大数据、云计算、区块链、人工智能等数字科技领域，中国正大步追赶甚至局部超越先进国家。中国庞大的人口和市场规模产生了海量数据资源，大数据产业高度发达，云计算产业市场规模仅次于美国，中国人民银行发行的数字货币DC/EP（DC指数字货币，EP指电子支付）已率先启动测试，人工智能被广泛应用于金融交易、城市管理、医疗服务等众多领域。截至2019年年中，中国5G标准必要专利申请量全球占比达到34%，居全球首位。从国家科技创新整体实力看，2019年全社会研发支出达2.17万亿元，占GDP比重为2.19%，科技进步贡献率达59.5%。世界知识产权组织评估显示，中国创新指数居世界第十四位。

第二，中国拥有比较完善的数字基础设施，为数字经济创造了良好的"硬件"条件。工信部《2019年通信业统计公报》显示，截至

产业数字化

2019年底，中国移动电话用户普及率达到114.4部/百人，远高于全球平均的101.5部/百人；中国4G（第四代移动通信技术）基站数达到544万个，占全国基站总数的64.7%，是世界4G网络覆盖最完善的国家；中国4G用户总数达到12.8亿户，占全国移动电话用户总数的80.1%，远高于世界不足60%的平均水平。2020年，电信运营商加大了5G投资力度，截至2020年6月底，中国已建设5G基站累计达到41万个。

第三，中国拥有超大规模的市场优势，为数字经济创造了广阔的消费市场。中国是世界第二大经济体，人口总数近14亿，占世界人口总数的近1/5。中国拥有超过8亿的网民群体，为世界规模最大，产生了海量的数据资源。中国拥有1亿多市场主体，为世界最多。2019年《财富》世界500强企业中，中国上榜129家，数量超过美国。

第四，中国拥有丰富的人才资源，为数字经济提供了高质量的人才储备。根据教育部的数据，2019年中国普通高校本科生毕业394万余人，硕士研究生毕业57万余人，博士研究生毕业6万余人。中国科学技术协会2020年8月发布的报告显示，不考虑专升本、死亡及出国因素，截至2018年底，我国科技人力资源总量达10 154.5万人，规模继续保持世界第一。2019年，中国出国留学人数和学成归国人数分别达到66万余人和51万余人，数据在近10年内均呈现攀升态势，连创新高。另据前瞻产业研究院数据，2019年中国应届海归中，近32.5%意向行业为互联网/IT（信息技术）。

更为重要的是，党和国家洞悉数字经济发展大势，推出了一系列支持性政策措施。党的十九大报告要求推动互联网、大数据、人工智能和实体经济深度融合，国家有关部门和地方政府亦纷纷出台扶持政策，加强规划引导和支持，将数字经济摆在国民经济发展的优先位置，这些都为数字经济创造了优越的政策环境。

第二节　央地合力构筑数字经济新建筑

凭借先进的数字科技优势，发达国家近年来加快布局数字经济，特别是积极抢占人工智能和数字制造新赛道。例如，美国政府提出 5G Fast（5G 加速发展）战略，德国政府推出工业 4.0 国家计划等。中国早在 2015 年就颁布了《中国制造 2025》，将推动数字科技与传统制造业的融合发展列入国家战略。近年来，中央和地方对数字经济的支持力度不断加大，从理念、模式、路径等各方面构筑起数字经济新建筑。

一、中央大手笔擘画数字经济蓝图

中央积极推动数字经济融入国家发展大局，大手笔擘画数字经济蓝图。2017 年、2018 年、2019 年连续三年，中共中央政治局分别就大数据、人工智能和区块链等数字科技进行集体学习（见表 1.1），对数字经济发展做出全局性安排，提出了一系列政策措施。

第一，推动数字科技和实体经济深度融合，加快产业数字化进程。坚持以供给侧结构性改革为主线，推动互联网、大数据、人工智能、区块链等数字科技与实体经济深度融合。运用区块链技术，解决中小企业贷款融资难、银行风控难、部门监管难等问题。以人工智能技术推动各产业变革，在中高端消费、创新引领、绿色低碳、共享经济、现代供应链、人力资本服务等领域培育新增长点，形成新动能。

第二，加快推进数字基础设施建设，带动数字经济创新发展。加快构建高速、移动、安全、泛在的新一代信息基础设施，统筹规划政

产业数字化

务数据资源和社会数据资源,完善基础信息资源和重要领域信息资源建设,形成万物互联、人机交互、天地一体的网络空间。深入实施工业互联网创新发展战略,系统推进工业互联网基础设施和数据资源管理体系建设。推动智能化信息基础设施建设,提升传统基础设施智能化水平,形成适应智能经济、智能社会需要的基础设施体系。

第三,打造高水平人才队伍,为数字经济提供智力支持。建立完善的人才培养体系,打造多层次、多类型的数字科技人才队伍,培育领军人物和高水平创新团队。打造多种形式的高层次人才培养平台,加强后备人才培养力度。

表 1.1 中共中央政治局三次就数字科技主题进行集体学习

时间	主题	政策安排
2017年12月8日	实施国家大数据战略	要坚持以供给侧结构性改革为主线,加快发展数字经济,推动实体经济和数字经济融合发展,推动互联网、大数据、人工智能同实体经济深度融合,继续做好信息化和工业化深度融合这篇大文章,推动制造业加速向数字化、网络化、智能化发展
2018年10月31日	人工智能发展现状和趋势	要发挥人工智能在产业升级、产品开发、服务创新等方面的技术优势,促进人工智能同第一、第二、第三产业深度融合,以人工智能技术推动各产业变革,在中高端消费、创新引领、绿色低碳、共享经济、现代供应链、人力资本服务等领域培育新增长点,形成新动能
2019年10月24日	区块链技术发展现状和趋势	要抓住区块链技术融合、功能拓展、产业细分的契机,发挥区块链在促进数据共享、优化业务流程、降低运营成本、提升协同效率、建设可信体系等方面的作用。要推动区块链和实体经济深度融合,解决中小企业贷款融资难、银行风控难、部门监管难等问题

资料来源:京东数科研究院整理。

2014年以来,国务院政府工作报告对数字经济的重视程度不断升级(见表 1.2)。政府工作报告着眼大数据、云计算、物联网、人工智能、

第一章
数字经济启动转型发展新引擎

5G等数字科技前沿，鼓励数字科技与实体经济深度融合，领域越来越广。具体来看，主要体现在以下四大趋势性变化。

第一，2015年首次提出"互联网+"，2016年又提出"中国制造+互联网"，2019年首次提出"智能+"，随着数字科技的不断更新迭代，政策对数字科技与实体经济相互融合、推动数字经济发展的认识也在与时俱进，融合发展理念同步提升。

第二，从2014年提出新一代移动通信、集成电路、大数据赶超先进，到2017年提出加快大数据、云计算、物联网应用，再到2019年提出拓展"智能+"，为制造业转型升级赋能，政策鼓励数字经济发展的层次，从硬件生产到软件赋能不断升级，对实体产业数字化、智能化水平的要求越来越高。

第三，数字科技的具体应用领域，从数字化成熟度相对较高的商业、金融业，逐步拓展至农业、制造、医疗、养老、教育、文化、体育、医药、汽车、新材料等几乎全部经济领域。数字科技应用领域的不断拓宽，使数字经济得到更多落地机会，积累更多数据资源，反过来进一步强化数字科技的应用能力。

第四，从2014年提出设立新兴产业创业创新平台，到2017年提出推进国家智能制造示范区，再到2020年提出加强新型基础设施建设，政策对数字基础设施的认识不断更新，举措更加有力，投资力度越来越大，数字经济发展的基础越来越坚实。

表1.2 历年国务院政府工作报告中与产业数字化相关的表述

年份	相关表述
2014年	设立新兴产业创业创新平台，在新一代移动通信、集成电路、大数据、先进制造、新能源、新材料等方面赶超先进，引领未来产业发展

产业数字化

续表

年份	相关表述
2015年	制定"互联网+"行动计划，推动移动互联网、云计算、大数据、物联网等与现代制造业结合，促进电子商务、工业互联网和互联网金融健康发展，引导互联网企业拓展国际市场。促进工业化和信息化深度融合，开发利用网络化、数字化、智能化等技术，着力在一些关键领域抢占先机、取得突破
2016年	深入推进"中国制造+互联网"，建设若干国家级制造业创新平台，实施一批智能制造示范项目，启动工业强基、绿色制造、高端装备等重大工程，组织实施重大技术改造升级工程
2017年	深入实施《中国制造2025》，加快大数据、云计算、物联网应用，以新技术新业态新模式，推动传统产业生产、管理和营销模式变革。把发展智能制造作为主攻方向，推进国家智能制造示范区、制造业创新中心建设
2018年	做大做强新兴产业集群，实施大数据发展行动，加强新一代人工智能研发应用，在医疗、养老、教育、文化、体育等多领域推进"互联网+"。推动集成电路、第五代移动通信、飞机发动机、新能源汽车、新材料等产业发展，实施重大短板装备专项工程，推进智能制造，发展工业互联网平台，创建"中国制造2025"示范区。深入推进"互联网+农业"，多渠道增加农民收入，促进农村一二三产业融合发展
2019年	打造工业互联网平台，拓展"智能+"，为制造业转型升级赋能。深化大数据、人工智能等研发应用，培育新一代信息技术、高端装备、生物医药、新能源汽车、新材料等新兴产业集群，壮大数字经济。坚持包容审慎监管，支持新业态新模式发展，促进平台经济、共享经济健康成长。加快在各行业各领域推进"互联网+"。发展"互联网+教育"，促进优质资源共享。发展"互联网+医疗健康"，加快建立远程医疗服务体系
2020年	发展工业互联网，推进智能制造，培育新兴产业集群。电商网购、在线服务等新业态在抗疫中发挥了重要作用，要继续出台支持政策，全面推进"互联网+"，打造数字经济新优势。加强新型基础设施建设，发展新一代信息网络，拓展5G应用，建设数据中心

资料来源：京东数科研究院整理。

二、国家政策构建起数字经济大厦的四梁八柱

国务院及国家各有关部门积极制定发布数字经济发展相关政策文

件（见表 1.3），持续推动产业融合发展，包容审慎发展新业态新模式，促进相关传统产业广泛应用数字科技，加快数字化改造，对数字经济形成全方位、立体化的政策支撑，构建起数字经济大厦的四梁八柱。具体来看，相关政策呈现以下三大特点。

首先，既有总体战略，如国务院发布多个文件明确信息化发展战略，推动制造业与互联网融合发展，也有行业规划，如工信部推动的两化（工业化和信息化）融合发展规划，农业农村部等推出的数字农业农村发展规划等，织就数字经济发展的一张大网。

其次，推动各经济领域全面数字化，制造业、农业、金融业、商务服务业等传统产业全线推进，不是局部的数字化，而是全领域、全方位、全过程的数字化。

最后，多部门联合制定发布数字经济发展相关政策，充分发挥不同部门之间的协同优势，最大化挖掘数字经济发展潜力，如国家发展改革委等 13 部门联合发文支持新业态新模式，有利于打破部门界线，发挥协同合作能力，推动政策顺利落地实施。

表 1.3 近年来国务院及有关部门发布的数字经济发展相关政策文件

时间	部门	文件
2015 年 7 月	国务院	《关于积极推进"互联网+"行动的指导意见》
2016 年 5 月	国务院	《关于深化制造业与互联网融合发展的指导意见》
2016 年 7 月	中共中央办公厅、国务院办公厅	《国家信息化发展战略纲要》
2016 年 10 月	工信部	《信息化和工业化融合发展规划（2016—2020）》
2017 年 11 月	国务院	《关于深化"互联网+先进制造业"发展工业互联网的指导意见》
2018 年 5 月	工信部	《工业互联网发展行动计划（2018—2020 年）》
2018 年 8 月	工信部	《推动企业上云实施指南（2018—2020 年）》

产业数字化

续表

时间	部门	文件
2019年8月	中国人民银行	《金融科技（FinTech）发展规划（2019—2021年）》
2020年1月	农业农村部、中央网信办	《数字农业农村发展规划（2019—2025年）》
2020年3月	国家发展改革委等23部门	《关于促进消费扩容提质 加快形成强大国内市场的实施意见》
2020年4月	国家发展改革委、中央网信办	《关于推进"上云用数赋智"行动培育新经济发展实施方案》
2020年7月	国家发展改革委等13部门	《关于支持新业态新模式健康发展 激活消费市场带动扩大就业的意见》

资料来源：京东数科研究院整理。

三、地方政府密集政策绘制出数字经济的施工图

地方政府对发展数字经济抱有高度热情，近年来密集出台了大量发展规划和政策举措（见表1.4），绘制出数字经济的施工图。特别是在2020年各省份发布的政府工作报告中，数字经济相关政策均成为浓墨重彩的一笔。地方政府大多将数字经济作为推动经济增长的重要着力点，投资力度、招商规模、涉及领域不断加大，配套政策越发完善。同时，一些地方政府将智能城市建设作为发展数字经济的重要抓手，鼓励数字科技企业参与智能城市建设，政企合力推动城市数字化水平发展。

全国各地对数字经济发展的重要部署，突出体现为七个特点。一是大量出台涉及未来多年的数字经济发展规划，如《上海市促进在线新经济发展行动方案（2020—2022年）》等。二是数字经济建设规模宏大，目标增速远超国内生产总值预期增速，浙江省提出到2022年实现数字经济五年倍增计划。三是将数字经济全方位融入经济社会发

展,如重庆市以大数据智能化引领创新驱动发展战略。四是加快培育和发展数字科技产业体系,四川省将打造区块链、大数据、人工智能、工业互联网、5G 网络应用和超高清视频等特色支柱产业。五是重点项目引领数字经济大发展,贵州省提出要建设融合标杆项目 100 个、示范项目 1 000 个。六是突出标杆项目的示范带动作用,山西省提出要探索"区块链+产业"应用示范。七是西部省份加快数字经济追赶步伐,新疆力争 2020 年数字经济增加值达到 3 700 亿元。

表 1.4　近年来部分省（自治区、直辖市）出台的数字经济规划

时间	规划
2017 年 2 月	《贵州省数字经济发展规划（2017—2020 年）》
2018 年 9 月	《浙江省数字经济五年倍增计划》
2018 年 9 月	《广西数字经济发展规划（2018—2025 年）》
2019 年 7 月	《山东省支持数字经济发展的意见》
2019 年 8 月	《山西省加快推进数字经济发展的实施意见》 《山西省加快推进数字经济发展的若干政策》
2019 年 8 月	《四川省人民政府关于加快推进数字经济发展的指导意见》
2019 年 10 月	《广东省培育数字经济产业集群行动计划（2019—2025 年）》
2019 年 10 月	《上海加快发展数字经济推动实体经济高质量发展的实施意见》
2019 年 12 月	《内蒙古自治区人民政府关于推进数字经济发展的意见》
2020 年 1 月	《湖南省数字经济发展规划（2020—2025 年）》
2020 年 4 月	《河北省数字经济发展规划（2020—2025 年）》
2020 年 4 月	《上海市促进在线新经济发展行动方案（2020—2022 年）》

资料来源：京东数科研究院整理。

智能城市建设已在全国部分城市落地。作为六个国家数字经济创新发展试验区试点之一,河北省雄安新区着力打造"数字孪生"智慧之城,将知识、技术、信息、数据等新生产要素作为支撑经济发展的

新动能，推动城市管理和社会治理模式全面创新。智能城市操作系统概念的提出，为雄安新区智能城市建设提供了重要理论支撑，为城市各领域、各层面、各产业的数字化发展创造了重要的软件条件。

第三节 产业数字化打造数字经济新高地

2020年1月，新冠肺炎疫情的暴发虽然严重冲击了中国经济，但数字经济却逆势而上，不仅保持了蓬勃发展的态势，而且在维护正常的经济和社会秩序方面发挥了重要作用。疫情之下凸显出数字经济的韧性和优势，同时也反映出产业数字化的必要性和紧迫性。从历史上看，大灾大疫往往会倒逼传统产业进行转型升级，从而催生新业态新模式。2003年的非典疫情加速了消费互联网的发展，2020年的新冠肺炎疫情则倒逼我国产业数字化转型加速推进。未来，产业数字化将打造数字经济发展的新高地。

一、举国抗疫吹响传统经济数字化转型的冲锋号

2020年初，新冠肺炎疫情迅速蔓延。疫情大流行给我国经济社会发展带来重大不利影响，严重冲击物质生产、居民消费和国际贸易，给旅游服务、休闲娱乐、交通运输、教育培训等行业带来重大损失。在国内疫情形势最为严重的2020年第一季度，我国GDP同比下降6.8%，创近30年来最大季度降幅。

举国抗疫打破了经济社会运行的既有方式，以扩大社交距离和降低社交频率为目标的疫情防控举措，促使线下活动向线上转移。数字

化生产、生活、工作、学习、就医、消费等活动，极大满足了"抗疫"需要，保障了社会的基本运转，成为重要的"减震器"。为此，国家有关部门出台了多项相关政策措施，积极鼓励数字科技投入抗疫大局，大力发展数字经济。政策鼓励数字科技深度应用于疫情追踪和监测，在政务、金融、教育等公共服务领域广泛推行"非接触式"服务，推行智能生产、远程办公、在线消费等数字化生产、工作和生活方式，吹响传统经济数字化转型的冲锋号。

疫情期间，线下实体经济加速向线上转移，新业态新模式借力实现快速腾跃，数字经济逆势呈现爆发式增长态势。2020年上半年，在全国社会消费品零售总额下滑的同时，实物商品网上零售额达到43 481亿元，同比增长14.3%（见图1.4）；与互联网经济密切相关的快递行业保持强劲增势，全国快递业务量完成338.8亿件，同比增长22.05%，超过2016年全年水平。数字经济的快速发展激励更多线下经济主体大力提升线上化、数字化、智能化服务能力，加速推进数字化转型，并深刻改变存量经济业态。

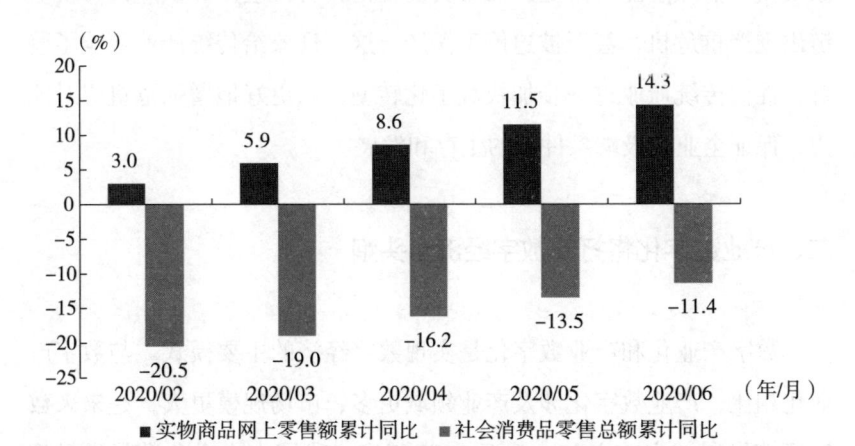

图1.4　2020年上半年社会消费品零售总额及网上零售额月度同比变化

资料来源：国家统计局，京东数科研究院整理。

产业数字化

传统经济的数字化转型，体现在生产、管理、营销、服务等各个方面，主要呈现四个突出特点。一是"无接触经济"陡然提速发展，在线零售、在线教育、在线医疗、在线办公等众多产业加速成长。同时，以往线下场景优势明显的医疗、教育、娱乐、影院、体育、会议、展览等行业，加大向线上迁移的力度，酒店、商超、旅游、博物馆等线下消费场景也加快数字化改造，线下服务线上化、数字化、智能化进程加速前进。二是电商直播等新型营销方式热度飙升，大量网红主播、传统行业老总、地方扶贫干部等加入电商直播大军，带动传统产业链优化升级。三是传统金融机构数字化转型大幅度提速，线上获客、数字营销、智能风控、智能客服等线上化、智能化服务需求喷发。四是智能城市建设的重要性和急迫性快速显现，智能交通、智能医疗、智能政务三位一体式的智能城市应急指挥调度系统，极大提升了城市的公共服务和组织能力，为大规模疫情防控打造数字利器。

疫情条件下，很多传统产业由于数字化、网络化、智能化水平不高，所以问题日益凸显。特别是大批中小企业数字化程度低、上云未成规模、抗风险能力不足，面对突发疫情，日常生产和供应链、价值链出现严重危机，甚至被迫停工停产。这一现象给传统产业敲响了警钟，促使传统产业进一步加快数字化转型，以更好地增强危机应对能力，保证企业在极端条件下的生存和发展。

二、产业数字化将打响数字经济当头炮

数字产业化和产业数字化是实现数字经济的主要模式。与数字产业化相比，产业数字化涉及产业领域更多、市场规模更大，是未来数字经济发展的主攻方向。截至2018年底，我国中小企业数量已经超过3 000万家，如果全部进行数字化改造，则可以带动巨大的投资需

求，并大幅提高企业经营效益。产业数字化如果能扩展到整个传统产业，将打响数字经济当头炮，并彻底改变中国数字经济面貌。

产业数字化是指，在新一代数字科技的支撑和引领下，以数据为关键要素，以价值释放为核心，以数据赋能为主线，对产业链上下游的全要素进行数字化升级、转型和再造的过程，是推动数字经济发展的主要手段。欧美发达国家已制定多项重大战略来推动产业数字化。美国占据工业和信息产业的全面优势，拥有物理信息系统、大数据分析、信息安全等工业互联网关键技术，可以为传统产业发展提供强大的技术支持，产业数字化水平总体领先全球。德国在机械、电子、自动控制和工业管理软件等方面拥有较大优势。截至2018年，德国已经有超过200亿件机器设备通过网络连接起来，预计到2030年这一数字将达到5 000亿。相对而言，我国传统产业数字技术基础薄弱，专业化人才供给不足，再加上部分企业认识不到位、内在动力不足等原因，产业数字化水平尚处于起步阶段。

全面推动社会生活、生产方式向数字化转型，不仅关乎中国经济内生性动力的培育，更关系到长期视角下中国经济稳定发展和国际竞争力的持续增强。利用互联网新技术、新应用对传统产业进行全方位、全角度、全链条的改造，将有效提高全要素生产率，释放数字对经济发展的放大、叠加和倍增作用。数据已被国家政策明确为与劳动、资本、土地、知识、技术、管理并列的第七大生产要素，这将大幅提升数字经济在国民经济中的地位，为产业数字化转型提供政策和理论支撑。

在国家政策推动、数据要素驱动、龙头企业带动、科技平台拉动、产业发展联动等多方面因素的共同作用下，中国产业数字化转型的效果初步显现。两化融合发展指数是衡量产业数字化水平的一项重要指标。根据国家工业信息安全发展研究中心发布的《中国两化融合

产业数字化

发展数据地图（2019年）》，2019年两化融合发展指数达到86.7，已经提前完成《信息化和工业化融合发展规划（2016—2020）》设定的2020年指数达到85的既定目标，这为中国制造业高质量发展奠定了良好的基础。此外，消费互联网更是不断创新发展，农业、商业和服务业等领域的产业数字化提速前进，越来越多的互联网巨头企业以及重点行业中的骨干企业，通过科技平台赋能中小企业，推动上下游相关主体的数字化实践，实现从企业内部数字化到科技平台赋能的产业链协作。

三、三大趋势开辟产业数字化的新征程

后疫情时代，产业数字化将从自发变为自觉，从启动变为加速，迎来加速推进的黄金时代。未来，三大趋势将开辟中国产业数字化的新征程。

第一，数据要素重塑全新商业模式。数据作为一种新型生产要素已经被写入党的第十九届四中全会文件。加快培育数据要素市场、推进政府数据开放共享、提升社会数据资源价值、加强数据资源整合和安全保护，已成为要素市场化配置体制机制改革的重要内容。数据资源持续催生个性化定制、智能化生产、网络化协同、服务型制造等新业态新模式，推动形成数字与实体深度交融、物质与信息耦合驱动的新型发展模式，不断激发商业模式创新，已成为互联网等新兴领域促进业务创新增值、提升企业核心价值的重要驱动力。

第二，科技平台与传统企业融合共生。在商业服务数字化转型过程中，腾讯、京东等大型互联网平台，有效打通了供应链、创新链、服务链、物流链、金融链，为众多传统企业和开发者提供了数字基础设施和科技支撑，带动了中国数字经济发展。未来，在制造、医疗、交通等传统产业数字化转型过程中，拥有数字科技优势的互联网平台，

同样将高效推动产业链上下游高度协同，促进生产、流通和消费的一体化，驱动生产和管理效率提升、产品供给创新和商业模式变革，实现科技平台与传统企业的融合共生。

第三，政企协同推动产业数字化转型。中国政府高度重视数字政府建设，目前中国31个省（自治区、直辖市）及新疆生产建设兵团和40多个国务院部门已全部开通网上政务服务平台。部分城市与科技企业合作建设智能城市，智能交通、智能医疗、智能政务三位一体同步推进，政务数据与商业数据融合开发，政企共同打造城市数字化基础设施。未来，"政府引导＋平台支撑"将成为推动产业数字化转型的主要模式。

第二章

新基建打造中国数字经济未来

2020年4月，习近平总书记在浙江考察时强调："要抓住产业数字化、数字产业化赋予的机遇，加快5G网络、数据中心等新型基础设施建设，抓紧布局数字经济、生命健康、新材料等战略性新兴产业、未来产业，大力推进科技创新，着力壮大新增长点、形成发展新动能。"

2020年以来，尤其是新冠肺炎疫情暴发之后，新基建被决策层频频提及，各地也在集中加码新基建项目。这其中既有在疫情外部冲击之下，稳增长与托底经济的重要考量，也有深化我国数字经济技术优势，创新引领新一轮产业革命，培育未来我国经济新增长点的期待。

第一节　新基建为后疫情时代
中国经济增长创造积极条件

新基建的概念虽然在 2020 年新冠肺炎疫情暴发后才进入大众视野，但政策层对新基建的布局由来已久。早在 2017 年 1 月 15 日，中共中央办公厅、国务院办公厅发布《关于促进移动互联网健康有序发展的意见》，指出"加快建设并优化布局内容分发网络、云计算及大数据平台等新型应用基础设施"。此次布局的目的是通过布局新型应用基础设施，加快信息基础设施演进升级，促进我国移动互联网健康有序发展，进而实现网络强国战略。2018 年底召开的中央经济工作会议首次提到新基建，强调"加大制造业技术改造和设备更新，加快 5G 商用步伐，加强人工智能、工业互联网、物联网等新型基础设施建设"。2020 年 5 月，新基建首次被纳入政府工作报告，报告指出要"加强新型基础设施建设，发展新一代信息网络，拓展 5G 应用，建设充电桩，推广新能源汽车"。

在 2020 年 4 月 20 日的国家发展改革委新闻发布会上，官方首次明确了新基建的概念和内涵，即新基建包括信息基础设施、融合基础设施、创新基础设施三个方面。其中，信息基础设施主要指基于新一代信息技术演化生成的基础设施，如以 5G、物联网、工业互联网、卫星互联网为代表的通信网络基础设施，以人工智能、云计算、区块链等为代表的新技术基础设施，以数据中心、智能计算中心为代表的算力基础设施等；融合基础设施主要指深度应用互联网、大数据、人工智能等技术，支撑传统基础设施转型升级，进而形成的融合基础设

产业数字化

施，如智能交通基础设施、智慧能源基础设施等；创新基础设施主要指支撑科学研究、技术开发、产品研制的具有公益属性的基础设施，如重大科技基础设施、科教基础设施、产业技术创新基础设施等内容。

本书认为，新基建应包含两方面的含义，一方面是核心技术层，包括5G、大数据、人工智能、云计算、物联网和区块链等前沿技术；另一方面是实践应用层，既包括5G基站、数据中心建设等新基建，也包括对交通、能源、电信、水利、环保等现有基础设施的智能化、数字化改造升级，以及支撑科学研究、技术开发、产品研制的具有公益属性的基础设施等。

加快新基建的建设发展，可以对当前稳投资、扩内需、拉动经济增长发挥更好的作用。新基建从更大意义上来看，是数字经济的基础建设。此次抗击疫情中，数字科技发挥了非常关键的作用，突出体现在强化社会公共安全保障、完善医疗救治体系、健全物资保障体系、助力社会生产有序恢复等经济和社会的各个领域。新型基础设施将技术转化为生产力，带动产业链上下游协同发展，培育壮大新型消费模式，为经济社会秩序恢复提供了保障，为我国经济增添新动能创造了积极条件。

5G、人工智能、大数据、物联网等既是新兴技术，也是基础设施。依托新基建迅速发展的良好势头，数字科技得以广泛应用，这不仅有助于推动产业升级、扩大有效需求、保障基本民生，而且是稳增长工作中的重要抓手，能够为政府和企业提供科学决策依据与精准施策手段。其中，大数据分析支撑服务疫情态势研判、疫情防控部署以及对流动人员的疫情监测、精准施策；5G应用加快落地，"5G+红外测温""5G+送货机器人""5G+清洁机器人"等已活跃在疫情防控的各个场景；人工智能技术帮助医疗机构提高诊疗水平和效果，降低病毒传播风险。另外，新冠肺炎疫情改变了人们的思维方式和生活消费习惯，云办公、云课堂、云视频、云商贸、云签约、云医疗、云游戏等新消费需求释放巨大潜力。

我国的产业数字化正在向高质量发展阶段转变，工业互联网发展提速换挡，数字经济蓬勃发展，成为创新驱动发展的主要动力。传统基建解决了物和人的连接，公路、机场的修建，给区域带来繁荣的商业；而数字化新基建解决了数据的连接、交互和处理，将给产业升级带来更大的空间，推动形成新的产品服务、新的生产体系和新的商业模式。新基建代表了产业数字化的趋势，催生新产业、新模式快速发展，同时也促使各行各业加快了数字化、智能化转型升级步伐。

在智能供应链和智能物流方面，新基建帮助大量企业跨越疫情阻隔，实现逆势生长。智能供应链是我国智能制造迈向全球的制胜关键，智能物流配合智能制造强力发展，成为生产的基础和前提。在2020年抗疫的关键时刻，传统供应链暴露出其不足和短板，对经济发展和民生保障造成较大影响。然而，以京东为代表的智能供应链领军企业，运用云计算、大数据、人工智能、物联网等先进技术，在抗疫情、保民生、撑经济的过程中发挥了重要作用。以智能供应链和智能物流为代表的新一代基础设施，不仅成为抗疫作战的核心能力，也在倒逼大量企业实现数字化转型。这种以技术为基础、以数据为驱动、以供应链和物流为依托所打造的新一代基础设施，也将在未来扮演越来越重要的角色，引领并推动我国零售行业未来的发展。

在金融科技方面，金融新基建能够加快金融数字化的转型步伐，并重塑金融服务业态，以及提高金融服务实体经济的效率，使金融服务科技的抓手更加丰富。近年来，我国金融科技创新保持了快速的迭代升级，多层次、多样化的金融科技生态体系逐步形成，塑造了坚实的技术基础。金融科技和数字科技企业不仅向金融机构持续输出金融科技技术、产品和解决方案，还开始打造金融科技开放平台，利用数

产业数字化

字科技连接金融机构和实体企业，推动金融数字化和产业数字化的共同进步。

在智能城市方面，新基建的推动能够让智能城市中的万物互联互通，构建起城市级数据中心，让人工智能发挥更大的价值，让交通、规划、环保等各个部门打破数据孤岛，更高效地沟通、协同。智能城市也是对新兴技术需求最大的领域之一，根据IDC（互联网数据中心）发布的《全球智慧城市支出指南》，2020年全球智慧城市相关技术支出预计将达到约1 240亿美元，与2019年相比增长18.9%。其中，中国市场支出规模将达到266亿美元，位列全球第二。一方面新基建为智能城市建设提供基本的技术支撑，另一方面智能城市建设则是新基建落地实施的有效场景。二者相连一体，共通共荣。

在AI机器人方面，新基建为机器人的发展做好了硬性保障。伴随着无人经济的强劲增长，机器人等人工智能工具，也由增强经济的"抗疫性"，转而向赋能经济的可持续性深化演进。对于新基建涉及的主要产业领域，比如大数据中心、城际高速铁路与轨道交通等，AI机器人可以大幅提升运维管理的自动化与智能化，助力降本增效。通过与5G、物联网、云计算、人工智能等技术的融合应用，依托于具体的产业场景，机器人产品可以快速发展成熟，并大规模推广应用。未来在国民经济发展领域中的重、大、险、难等工作场景内，比如铁路巡检、深海勘测、矿山勘探、救灾抢险等，使用机器人可以有效地替代人力所不及，提高工作服务效率和精准度，进而有效带动传统产业的转型升级。

未来，新基建将持续提升数字经济服务实体产业和智慧生活的水平，并构建数字经济的基础设施平台，渗透到社会经济的方方面面，在助力国家治理体系和治理能力实现现代化过程中发挥更加不可或缺的积极作用。

第二节　关于新基建的四个争论

当然，针对新基建，目前多方仍有不同争论，主要集中在新基建是否应该大力推进，新基建是否意味着"四万亿"的卷土重来，新基建能否支持我国经济增长，以及新基建如何推进才能避免结构性问题的积累，防范再度出现过度投资后遗症等几个方面。认识清楚上述问题是做好新基建落地的关键。

一、新基建是不是新瓶装旧酒？

当前有诸多观点认为，新基建早在2018年中央经济工作会议后便已明确，涉及的"5G基建、特高压、城际高速铁路和城际轨道交通、新能源汽车充电桩、大数据中心、人工智能、工业互联网"这七大领域近两年已经在逐步落地，2020年中共中央政治局会议、国务院常务会议等高层会议再度提及，其实并不存在新意，无非是新瓶装旧酒。

然而，事实并非如此。当前我国基础建设面临的主要问题是：一方面，部分领域、部分地区的传统基建可能趋于饱和或产能过剩；另一方面，新基建的部分领域，如物流冷链、数据中心等方面还存在短缺。综观新基建的七大领域，一部分如特高压、城际高速铁路和城际轨道交通、新能源汽车充电桩，是补充传统基建的短板，另一部分如5G基建、大数据中心、人工智能、工业互联网等新技术与应用，是集中在新的数字基础设施建设方面的，并非传统基建的

产业数字化

重复。

在2020年全球经济遭遇新冠肺炎疫情这一事件的背景下，新基建再度被重点提及，不仅是出于稳增长的考虑，也与抗疫过程中，新基建的突出贡献，以及其预示的良好应用前景有关。新基建不仅能在短期内助力稳投资、扩内需和增就业，从长远发展来看，更是提升全要素生产率，实现经济高质量发展的重要支撑。

二、新基建是否空间太小，对经济作用有限？

有观点认为，新基建在整个投资中占比不高，对我国经济的支持作用非常有限。在本书看来，当前新基建已经呈现出蓬勃发展的态势，并且与传统政府扶持的项目有别，更多是靠市场的力量推动的，应用前景十分广泛。

新能源充电服务是新基建的一大领域。根据中国充电联盟的数据，截至2019年12月，我国充电桩保有量达到121.9万台，车桩比约为3.4∶1。2021—2030年，预计需要新建充电桩6 300多万台，形成万亿元级的充电桩基础设施建设市场。在特高压基础设施建设方面，来自国家电网方面的数据显示，2020年特高压建设项目投资规模为1 811亿元，预期可带动社会投资3 600亿元，整体规模为5 411亿元。

数据中心方面，根据工信部的数据，2019年我国大约有7.4万个数据中心，约占全球数据中心总量的23%。其中，超大型、大型数据中心数量占比达到12.7%，规划在建的数据中心有320个，其中超大型、大型数据中心数量占比达到36.1%，但这一数据与美国相比仍有较大差距。根据工信部的研究，2019年我国数据中心IT投资规模达3 698.1亿元，预计2020年这一规模将增长12.7%，到2025年，预计投资规模将几乎翻倍。

另外,新基建投资的核心领域——5G,当前各地也在重点推动。例如,上海将加快 5G 网络建设的步伐,确保完成 2020 年累计建设 3 万个 5G 基站的任务,将原本的计划提前一年;广东也按下 5G 基站建设的"快进键",表示广东年内将新建 5G 基站 4.8 万个。《中国 5G 经济报告 2020》预测,2020 年我国 5G 总投资约为 0.9 万亿元,2025 年将达到 1.5 万亿元,此外,2020 年 5G 将创造就业岗位 54 万个,2025 年预计创造就业岗位超过 350 万个,2030 年这一数据将达到 800 万。

与此同时,专项债是新基建的重要资金来源,资金方面也在向新基建项目倾斜。由于 2019 年 9 月国务院常务会议强调,专项债的资金不得用于土地储备和房地产相关的项目,同时扩大了专项债可用作资本金的范围,所以专项债投向基建的比例大幅增加。2020 年 1—2 月,地方政府新发行专项债 9 498 亿元,投向新基建的比例为 27%,远超 2018 年和 2019 年。多地政府已经提出要积极发挥社会资金的作用,用好地方政府专项债,在"房住不炒"的总基调下,预期新基建可能会吸引更多的专项债投资。此外,专项债的资金具有杠杆优势,可以撬动银行信贷和社会资本,成为投资放大器,实质性地提高新基建投资。后续则需要政策引导支持,进一步加大新基建领域的投资。

三、超前投资新基建是否确有必要?

也有学者认为,新基建属于超前投资,对其必要性存在疑问。但结合以往高铁、机场等基建投资的经验,虽然部分投资从当期来看收益并不明显,但外溢性显著,持续收益值得关注。

2004—2017 年,我国基建投资平均增速超过 20%。其中,我国交通基础设施完善程度已位居世界前列,高速铁路里程、高速公路里程

产业数字化

均居世界第一。根据世界经济论坛发布的《2018年全球竞争力报告》，2018年我国基础设施整体得分为78.1分，排名全球第29位，是主要发展中国家中排名最高的。

超前的基建是我国最大的竞争优势之一，我国在许多基础设施领域的建设已经位居世界前列。高速铁路方面，2019年我国通车的高速铁路里程超过3.5万公里，占全球的70%以上。高速公路方面，我国高速公路里程达到14.3万公里，超过美国和欧盟，稳居世界第一。港口方面，全球吞吐量前十名的集装箱港口中有七个位于我国，2018年，我国港口集装箱吞吐量为2.51亿标准箱，位居世界第一，是美国的四倍。航空方面，我国航空基础设施建设也在迅速追赶，目前我国通航机场数量239个，尽管少于美国的555个，但我国年旅客吞吐量达到"千万级"的机场已达32个，航空基础设施的质量正在大幅提高。

虽然这些超前投资从当期来看收益有限，但外溢性明显，极大地提高了社会生产和物流效率，提升了我国的国际竞争力，支撑着我国作为全球第一大制造国的地位。同样，虽然具有超前投资的特点，但新基建是新的产业增长支柱、创新投资渠道以及新的消费方式，发展前景广阔。

四、如何防范新的"四万亿"卷土重来？

此外，目前关于新基建最多的质疑在于，认为其是在重走"四万亿"老路。这种警示值得重视，但也无须抱有"四万亿"恐惧症。毕竟运用逆周期的财政政策支持经济增长，避免经济硬着陆无可争议，"四万亿"的教训不在于是否推出刺激政策，而在于如何在执行过程中避免我国经济固有的结构性弊端。

第二章
新基建打造中国数字经济未来

随着疫情趋于稳定，稳增长和保就业的重要性与紧迫性凸显，新一轮项目投资热潮即将拉开序幕。为更好地发挥新基建的作用，并且在执行过程中避免结构性弊端，本书认为应重点做好三方面工作。

第一，加强顶层设计，做好统筹规划，放宽市场准入。统筹规划，注重效益，量入为出，对项目做出甄别和评议。研究出台新基建规划方案，加强与财税、金融、就业等配套政策的统筹协调。实施负面清单制度，放宽企业投资准入，简化行政项目审批。科技公司和民间资本在软硬件结合、广泛为社会群体提供服务方面具有独特的优势，积极引导有实力的数字科技企业发挥研发实力和经营创新优势，重点参与公共卫生与医疗健康、智慧交通、智能能源、智能新媒体及电子政务等领域的新基建项目。

第二，鼓励和引导民间资本参与，形成多元化的投融资体系。除中央预算内投资、专项债券资金及其他政策性的金融手段外，还应鼓励和引导各类社会资本参与新基建，形成政府财政和社会资本互为补充的健康机制、良性生态。以PPP（政府和社会资本合作）项目为例，目前存量PPP项目投资中，新基建占比仍然很低。截至2020年1月，存量PPP项目总投资规模为17.6万亿元，其中与狭义新基建（充电桩、光电、科技、智慧城市、信息网络建设）相关的投资仅有855亿元，占比为0.49%，包含医疗、轨道交通、园区开发在内的广义新基建的投资占比超过16%，而传统基建（铁路、公路、基础设施，不含轨道交通）仍然占据最大份额，接近40%（见图2.1）。由此可见，新基建资金投入还存在很大的提升空间。此外，还可以考虑发行政策性金融债，多管齐下拓宽新基建项目的融资渠道。

产业数字化

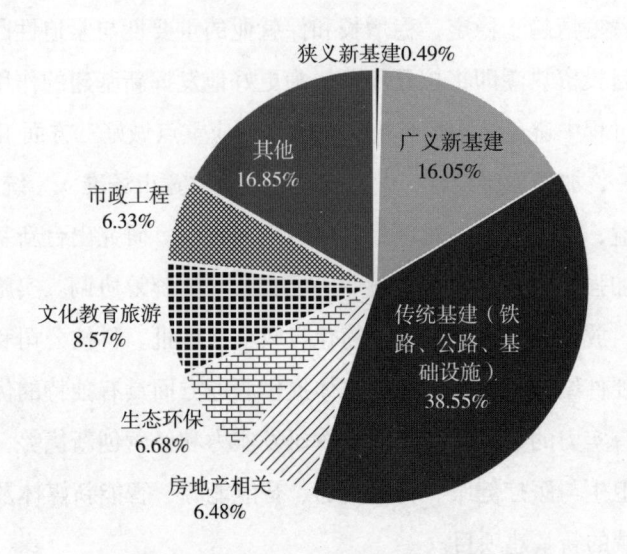

图 2.1　2020 年 1 月项目投资额分布

资料来源：Wind（金融数据和分析工具服务商），京东数字科技研究院整理。

第三，鼓励和引导数字科技企业参与，探索推动投建营一体化模式。通过政策补贴、税收减免等方式，鼓励和引导数字科技企业加快新基建相关技术的研发应用，有序参与项目建设和运营。积极引导数字科技企业发挥研发实力和经营创新优势，重点参与公共卫生与医疗健康、智慧交通、智能能源、智能新媒体及电子政务等领域的新基建项目。

新基建的核心在于支持数字经济的发展，在数字经济领域，我国已位于世界前列，在研发投入、专利数和市场占有率等方面均有一定优势，未来我国应抓住此次疫情中数字经济的发展机遇，发挥新基建的产业效应，致力成为世界领先的数字经济强国。可以预期，伴随着新基建的加快推进，其在推动经济转型升级、结构性改革方面也有望发挥更大作用。新基建与传统基建补短板协同配合，将释放未来十年我国经济发展的潜能。

科技篇

数字科技构筑产业数字化基础设施

每当经济增长遭遇瓶颈时,"铁公基"必定是第一个拿出来解决瓶颈的法宝。然而,由于世界经济发展面临极大的不确定性,以及中国经济存在结构性问题,"铁公基"已经拉不动中国这个巨型航母了。如何找到一种新的基础设施来帮助经济增长换道奔跑、乘风破浪,是学术界和政策制定者不得不解决的重大现实问题。

新冠肺炎疫情的暴发倒逼人们开始选择"非接触式"的产品和服务,使在线医疗、在线教育、线上商超等代表着数字经济方向的新业态新模式如雨后春笋般兴起,以大数据、区块链、5G、人工智能等为代表的新一代信息通信技术,共同构成了新基建的底座和基础,成为产业数字化时代的"铁公基"。令人欣喜的是,新基建不再局限于新一代信息通信技术层面的自主创新,而是在技术与制造业、服务业等实体经济的深度融合中找到了自己的"锚碇"。

第三章

大数据打造产业数字化底座

随着全球数据存储量不断增长,大数据正进入加速发展时期,应用场景和市场规模也在不断扩大。在新基建热潮之下,大数据中心已经成为新晋"网红",是为了应对5G、人工智能、工业互联网的大数据需求而生的,故而自带流量。"大数据+"行业的渗透补足了传统行业的短板,为制造业、服务业以及公共服务等行业的数字化进程插上了数字翅膀。我国大数据产业正迎来全面良好的发展态势,借着新基建的东风,展翅翱翔。

大数据的发展加速了我国进入数字经济时代的进程,不仅极大地降低了社会交易成本,而且提高了资源优化配置效率和产业附加值,同时还打造了产业数字化底座。随着大数据等数字科技的发展,数字经济 2.0 时代也即将开启,这会带来一场巨大的变革,产生新的经济形态。数字资产化、资产数字化和产业数字化正是数字经济时代大数据发展的新数字化形态,在过去的工业经济时代,我们可以看到,固定资产和劳动力是两个重要的变量,而在数字经济时代,数字资产将成为数字经济的核心要素,数字资产化和资产数字化也将促进数字经济加速崛起,[①]并与产业数字化融合促进社会生产力的快速发展,使人类经济社会进入新的阶段。

---

① 电子信息产业网,《五大趋势助推数字经济提速发展》。

第一节　大数据为各行各业带来新增长

数据作为一种"可再生"生产要素，取之不尽，用之不竭，而且会长期持续保持增长，并能为各行各业带来新增长。大数据发展的速度加快，也给经济增长和企业发展的方向与逻辑带来了重要影响。大数据推动传统产业转型改造，助力数字产业实现跨越式升级。2020年4月9日，中共中央、国务院印发《关于构建更加完善的要素市场化配置体制机制的意见》，这是中央关于要素市场化配置的第一份文件。该文件分类提出土地、劳动力、资本、技术、数据这五个要素领域改革的方向，首次把数据要素纳入进来，强调了数据作为生产要素的重要性。

随着5G商用加快，工业互联网、产业互联网海量数据将被挖掘，数据资源云化将有助于推动互联网数据中心产业升级。数字资产化、资产数字化和产业数字化，是推动新基建时代大数据发展的十分重要的新形态。以数字资产化、资产数字化和产业数字化融合为特征的产业创新，构成了一个全新的体系，或将重塑传统产业的运行方式、服务模式乃至整个生态。

一、大数据推动各行各业转型升级

现如今，大数据已经不再被视为一种新兴技术，其被广泛应用于数字金融、数字营销、智能城市、智慧医疗、智慧物流、供应链管理等诸多实践领域中，与各行各业深度融合推动产业优化升级。传统产

产业数字化

业成为当前大数据应用、创新的重要场景,通过向各行各业渗透数字化知识和技术,引导第一、第二、第三产业融合发展,正是大数据与传统产业之间的融合,支撑起了数字经济的快速发展。

全球的数据量迅猛增长。中国信息通信研究院推测,2020年全球产生的数据量将达到50.5ZB(泽字节),同比增长约23%(见图3.1)。在数据量不断增长的推动下,大数据产业也将构建出多层多样的市场格局,因此具有广阔的发展空间。在2018—2020年,预测大数据市场整体的收入规模将保持每年约70亿美元的增长,全球大数据市场收入规模在2020年将达到560亿美元。未来两年里,大数据市场将呈现稳步发展的态势,增速保持在14%左右。另外,随着大数据市场成熟度的不断提高,在2025—2027年,市场规模的增长将有所放缓,维持约7%的增速。[1]

图 3.1 2016—2020年全球每年产生的数据量

注:E 表示预测数据。
资料来源:中国信息通信研究院,京东数科研究院整理。

---

[1] 中国信息通信研究院,《大数据白皮书(2019)》。

第三章
大数据打造产业数字化底座

数据交易将迎来战略机遇。随着大数据、移动互联网、物联网等产业的深入发展，我国数据量将呈现爆发式增长，数据交易也将迎来战略机遇。我国大数据战略谋篇布局不断展开，大数据产业加速发展，现已经历四个不同阶段。第一阶段为预热阶段，2014年，大数据首次写入政府工作报告，逐渐成为各界关注热点，大数据元年正式开启；第二阶段为起步阶段，2015年，国务院发布了发展大数据的战略性指导文件，体现出国家层面对大数据发展的顶层设计和统筹布局；第三阶段为落地阶段，《"十三五"国家战略性新兴产业发展规划》和《大数据产业发展规划（2016—2020年）》的提出加快了大数据落地；第四阶段为深化阶段，2017年10月至今，在国家战略的指引下，大数据与实体经济深度融合，国内大数据产业迎来全面良好的发展态势。另外，在国务院2018年的政府工作报告中，明确了要发展壮大新动能。要做大做强新兴产业集群，实施大数据发展行动，运用新技术、新业态、新模式，大力改造提升传统产业。数字资产化和资产数字化的关键在于，完成数据价值的变现，使数据以及数据产生的信息成为公认的资产，使传统资产通过数字化的方式，挖掘资产的数字价值，将其变现为用户价值、群体价值、社会价值。海量数据相遇并产生碰撞，有利于促进产业升级、社会治理，从而惠及民生。

数据打通产业链内外部连接。"从数据中来，到实体中去"是发展数字经济的根本出发点与落脚点，也是数字化的根本任务。数据可以打通线上与线下，数字化转型的过程将物理世界的多维信息以及产业知识数字化，产生海量数据。将大数据分析应用的结果反哺到实体场景中会释放数据红利，实现价值创造。同时，数据可以打通产业链各环节的内外部连接，行业各方用共建共生替代自我封闭，实现数据和技术应用在多产业、多链条的网状串联与协同，进而创造更大的产业价值和客户价值。

产业数字化

二、大数据广泛应用推动实体经济提质增效

大数据促进产业格局重构。从大数据的应用市场来看，我国大数据应用正处于高速发展时期，大数据市场陆续出现新商业模式。随着大数据底层设施逐渐成熟和技术融合的催化，大数据分析开始结合具体行业，向下游垂直行业应用延伸。各行各业数字化、网络化、智能化进程明显提速，将有助于促进产业格局重构，驱动生产方式和管理模式变革，推动新业态酝酿形成。其中，数字资产化、资产数字化和产业数字化成为大数据的主要应用方向和趋势。

数字化路径实现降本增效。数字资产化、资产数字化和产业数字化可以实现对传统数据管理的扩充与升级，在降低企业数据使用的成本，提高以数据指导管理决策的效率方面，提升数字化管理水平已然成为大数据时代中产业优化升级和提高企业竞争力的关键。数字化的发展离不开数字基础设施的支撑。随着智能制造、智能城市等领域对数据采集、数据存储、数据传输、数据分析等的需求不断提升，物联网、工业互联网、车联网、5G、人工智能等新型数字基础设施建设步伐将进一步加快。5G作为高可靠、低时延、广覆盖、大连接的重要移动通信技术，将在智能制造、智能医疗、智能电网等领域广泛应用，同时，更将是物联网、工业互联网、车联网、云计算、人工智能等其他新型数字基础设施的底层支撑，并将推动物联网、大数据、边缘计算、人工智能等融合交汇。

大数据与实体经济融合加深。目前，与大数据结合紧密的行业逐步向工业、政务、电信、交通、金融、医疗、教育等领域广泛渗透，行业应用逐渐向生产、物流、供应链等核心业务延伸，产业数字化推动大数据由虚向实的趋势明显，大数据与实体经济的融合不断加深，行业应用正在从消费端向生产端延伸，从感知型应用向预测型、决策

型应用发展。

近年来，我国金融科技创新保持了快速的迭代升级，多层次、多样化的金融科技生态体系逐步形成，塑造了坚实的技术基础。数字资产化和资产数字化的发展，推动金融科技和数字科技企业向金融机构持续输出金融科技技术、产品和解决方案，打造金融科技开放平台，利用数字科技连接金融机构和实体企业，推动金融数字化的发展。通过数字资产化和资产数字化，金融科技和数字科技企业在核心能力积累到一定程度之后，为使金融服务能更高效地服务于实体产业，便不断拓展业务边界，将金融方面的经验应用到产业数字化中。金融的产生最早是在港口，是基于贸易的需要，与实体企业紧密结合。产业数字化是对实体产业的整个经营流程进行数字化升级。一方面可以助力实体产业自身实现降本增效和模式升级，另一方面可以让金融和产业更好地结合。

第二节　数字资产化描绘新产业图景

大数据已经成为传统产业转型升级之战的必备"弹药"，通过推动关键技术的应用研究，创新数字服务模式，加快传统产业数字化，实现与社会、生活的深度融合，加速推动新产业发展、传统产业升级。随着大数据的发展，数据资产化的广泛应用和消费需求的变革催生出了共享经济、平台经济等新业态新模式。

一、什么是数字资产化

维克托·迈尔-舍恩伯格在《大数据时代》中提到："虽然数据

产业数字化

还没有被列入企业的资产负债表,但这只是一个时间问题。"谈及数字资产化,就要具体说到数据与资产的关系。而在2020年4月,《关于构建更加完善的要素市场化配置体制机制的意见》首次将数据与土地、劳动力、资本、技术等传统生产要素相并列。随着数据要素首次被写入中央文件,数据中心作为智慧时代的生产力中心,将会更加高效地对数据这项生产要素进行生产、加工、分析以及应用。

类比资产的定义,数字资产是企业或组织拥有或控制,能带来未来经济利益的数字资源。并不是所有的数字资源都可以成为资产,只有可控制、可计量、可变现的数字资源才可能成为资产。目前,企业虽然都拥有自己的数据资源,但要想真正发挥出数据价值,通过实际的落地应用带来收益,还需要不断完善数据资源。从核心上来看,数据不直接具有商业价值,能够为企业带来实际价值的,不是数据本身,而是数据所能带来的信息。

具体来说,可应用的数据资产主要包括三类。[①]

第一,企业内部数据。即企业通过自身的交易和事项形成的,为企业所拥有的一系列数据。这一类数据主要来源于企业本身,如电商平台通过日常销售所掌握的消费者基础数据,或通过进一步的处理、挖掘和集成所掌握的消费者行为数据、市场需求数据等。将这些数据进行有效的技术处理后会为企业带来利益。

第二,企业外部数据。此类数据主要通过网络爬虫、文本挖掘工具,从互联网和各类公开文件中获取。关联机构、行业机构等方面的数据,并不是通过收集企业自身的交易和事项形成的,但确实会为相关数据的收集者带来一定的经济利益,例如企查查此类企业信息查询网站。

第三,企业购买数据。外部数据的产生是产业进一步细化分工的

---

① 侯敬文,程功勋.大数据时代我国金融数据的服务创新[J].财经科学,2015(10):26–35.

结果，在大企业更多地聚焦于企业自身的优势竞争力时，会将部分运营管理的数据流量端口交由其他企业进行专业化处理，专业的大数据服务商为各行业企业提供技术服务，并且积累了大量的行业数据、广告营销数据、用户行为数据，能根据客户现状为其打造成熟的应用产品。

数字资产化就是能够将数据变现的过程，此过程的成本在于数据收集、处理、存储的成本。随着数据需求的深入，还需要利用数据为业务赋能，让数据进入更复杂、专业的资产化流程中。数据资产化是由人工智能对数据的大量需求所催生出的，价值链包含数据产生、数据收集、数据清洗、数据售卖或使用，另外硬件和网络支持也占有较大的比重。

二、数据资产在金融和实体行业中广泛应用

如何将数据转化为有价值的信息，并广泛应用到金融行业及实体行业，是数字资产化的根本。在金融行业，通过将数据作用于金融场景，可以更好地降低成本、增加效益。同时，在实体行业，将生产经营中产生的数据进行收集、整理、分析，用于服务自身经营决策、业务流程，从而提升企业业绩。实现数字资产的可变现，体现其数字价值，这就是数字资产化。

在金融行业中，互联网科技平台通过利用电商产业链的数据以及人工智能等技术去建立风险管理的模型，让更多有需要的中小企业和个人能够获得贷款。传统金融机构往往更集中于为高收益、大规模的头部客群提供服务，而通过数字化手段，互联网科技平台可以让更多拥有合理需求的个人或中小企业，以更公平合理的价格获取其所需要的金融服务。

产业数字化

在实体行业中，如今很多平台和运营商都拥有丰富的客户数据，在合法合规的前提下，可以基于客户终端信息、位置信息、通话行为、购买行为、手机上网行为等丰富的数据，为每个客户贴上消费行为、偏好行为和兴趣爱好的标签，并借助数据挖掘技术进行客户分群，完善用户画像，帮助平台深入了解用户行为偏好和需求特征。

数据资产化的具体流程如下。

第一，取得数据。通过社会数据、网络采集、机构数据、企业填报等数据源采集企业数据，主要包括工商信息、股权信息、行政处罚、销售年报、司法信息、知识产权、法律诉讼、税务信息等。

第二，处理数据。利用大数据技术等进行数据清洗、数据合并、数据挖掘、数据标准、安全脱敏、多维关联等数据治理操作，提高数据质量。

第三，建立模型。利用机器学习技术学习专家打分，模拟专家对企业价值评价的决策过程，先建立评价模型，自动高效地对企业数据进行多维度、全方位的解析，最终生成企业评价报告。

第四，实践应用。在完成模型建立之后，可以将风险模型应用到金融机构中，并不断进行迭代与优化。

通过以上四个步骤，对数据完成取得、处理、建模、应用并产生价值，整个过程就是数据资产化。随着数据资源越来越丰富，数据资产化将成为企业提高核心竞争力、抢占市场先机的关键。企业以扎实的技术，打破数据之间的信息孤岛状态，应用云计算、大数据和人工智能技术帮助企业实现数据资产化运营。

随着近年来企业信息化的日臻成熟、社会化网络的兴起，以及云计算、移动互联网和物联网等新一代信息技术的广泛应用，全球数据的增长速度之快前所未有，数据的类型也越来越多。数据蕴藏的巨大商业价值，引发了传统行业对数据资产化的巨大需求。

三、数字资产化的发展路径与解决方案

数字资产化这一概念是由信息资源和数据资源的概念逐渐演变而来的,并随着数字管理、数据应用和数字经济的发展而普及。目前,各行各业积极实践数据资产管理,普遍经历四个发展阶段。

第一阶段,分析数据。通过对内部数据的整理,实现行业数据资产管理,主要是为了解决报表和经营分析的准确性问题,并通过建立数据仓库来实现,对企业的经营与分析起到重要的推动作用。

第二阶段,开发数据。企业在此阶段不能局限于分析已有数据,而是需要针对企业的经营和战略,主动进行数据的开发。行业数据资产管理的目的是治理数据,管理对象由分析域延伸到生产域,并在数据库中开展数据标准管理和数据质量管理。

第三阶段,技术创新。随着 AI、大数据、区块链技术的发展,企业数据逐步汇总到大数据平台,形成了数据采集、计算、加工、分析等配套工具,建立了元数据管理、数据共享、数据安全保护等机制,并开展了数据创新应用。

第四阶段,深度运营。许多行业的数据资产管理已经进入深度数据资产运营阶段,数据成了企业核心的生产要素,不仅能满足企业内部各项业务创新,而且逐渐成为服务企业外部的数据产品。企业也积极开展如数据管理能力成熟度评估模型(DCMM)等数据管理能力评估工作,不断提升数据资产管理能力。

电信行业普遍在 2000—2010 年就开始了数仓建设,并将数据治理范围逐步扩展到生产域,建立了比较完善的数据治理体系。2010 年后通过引入大数据平台,企业实现了数据的汇聚,并逐渐向数据湖发展,内部的数据应用较为完善,不少企业逐渐开始探索数据对外运营和服务。

产业数字化

在金融行业，如国有银行都单独成立了主管数据的一级部门（管理信息部或数据管理部），负责数据资产管理与应用、监管数据报送和外部数据的合作等工作。其他银行的数据管理工作，多数由科技部门负责，部分由业务部门负责。2018年银保监会发布的《银行业金融机构数据治理指引》，强化了银行业数据治理和数据资产管理的工作力度。

在实体行业，如三大电信运营商在工信部下成立了数据中心部门，来统一数据能力的建设。近年来，除了满足内部的数据应用外，三大电信运营商还积极向外拓展，电信和联通都成立了专业的数据对外服务公司，通过开放平台和数据产品来服务外部客户。

四、新基建下数字资产化的机遇与挑战

随着新基建战略的大力推进，我国将迎来大数据应用的爆发式增长。产业大数据与新技术领域的联系将更加紧密，从而使产业大数据的数据获取量更大，存储管理更便捷，分析产出更智能，由此实现最大化的商业价值。可以预见，在新基建相关政策和技术的共同驱动下，产业大数据将推动资产数字化市场成为下一个蓝海，人工智能、边缘计算等新兴技术，将持续助力产业变革和制造业模式变革。

新基建下，大数据产业在数字资产化方向的发展面临众多机遇与挑战。

面临的机遇如下。

第一，数据处理相关行业迎来利好。新基建下，工业互联网的发展将带来物联网设备相关数据的激增，传感器等数据采集相关行业将迎来发展机遇，数据中心行业将迎来利好。

第二，行业应用进入爆发期。新基建将助推传统工业的数字化、网络化、智能化发展,大数据在金融、通信、交通、医疗等行业的应用潜力巨大,将催生更多的大数据应用场景,这些领域的数字化转型将带来行业应用的爆发期。

第三,隐私计算等新技术迎来快速发展。隐私计算能够贯穿数据产生、收集、保存、分析、利用直至销毁的全过程,在此过程中对数据进行保护,规避泄露风险,可在新基建下从技术层面做好数据安全保护,保障数据安全与发展并重。

面临的挑战如下。

第一,数据确权困难。明确数据权属是数据资产化的前提,但目前在数据权利主体以及权力分配上仍存在诸多争议。数据权不同于传统物权。物权的重要特征之一是对物的直接支配,而数据权在数据的全生命周期中有不同的支配主体,有的数据在产生之初由其提供者支配,而有的数据(如微信聊天内容、电商消费数据、物流数据等)在产生之初便被数据收集人支配,不同的数据在处理阶段被各类数据主体所支配。原始数据只是大数据产业的基础,其价值属性远低于以集合数据为代表的增值数据所产生的价值。因此,法律专家倾向于将数据的权属分开,即不探讨整体数据权,而是从管理权、使用权、所有权等维度进行探讨。由于数据在法律层面目前尚未被赋予资产的属性,所以数据的所有权、使用权、管理权、交易权等权益没有被相关的法律充分认同和明确界定。数据也尚未像商标、专利那样,有明确的权利申请途径、权利保护方式等,对于数据的法定权利,还没有完整的法律保护体系。

第二,数据估值困难。影响数据资产价值的因素主要有质量、应用和风险三个维度。质量是决定数据资产价值的基础,只有合理评估数据的质量水平,才能对数据的应用价值进行准确预测;应用是数据资产形成价值的方式,只有数据与应用场景结合,才能贡献经济价值;

风险是指法律和道德等方面存在的限制。目前常用的数据资产估值方法，主要有成本法、收益法和市场法三类。成本法从资产的重置角度出发，重点考虑资产价值与重新获取或建立该资产所需成本之间的相关程度；收益法基于目标资产的预期应用场景，通过未来产生的经济效益的折现，来反映数据资产在投入使用后的收益能力，而根据衡量无形资产经济效益的不同方法，又可具体分为权利金节省法、多期超额收益法和增量收益法；市场法是在相同或相似资产的市场可比案例的交易价格的基础上，对差异因素进行调整，以此反映数据资产的市场价值。

第三，数据交易市场尚未成熟。2014年以来，国内出现了一批数据交易平台，各地方政府也成立了数据交易机构，包括贵阳大数据交易所、长江大数据交易中心、上海数据交易中心等。同时，互联网领军企业也在积极探索新的数据流通机制，提供了行业洞察、营销支持、舆情分析、引擎推荐、API（应用程序接口）数据市场等数据服务，并针对不同的行业提出了相应的解决方案。然而，由于数据权属和数据估值的限制，以及数据交易政策和监管的缺失等因素，目前国内的数据交易市场，尽管在数据服务方式上有所丰富，但发展依然面临诸多困难，阻碍了数据资产化的进程。主要体现在如下两点：一是市场缺乏信任机制，技术服务方、数据提供商、数据交易中介等可能会私下缓存并对外共享交易数据，数据使用企业不按协议要求私自留存、复制甚至转卖数据的现象普遍存在；二是缺乏良性互动的数据交易生态体系。数据交易中所涉及的采集、传输、汇聚活动日益频繁，相应地，个人隐私、商业机密等一系列安全问题也日益突出，亟须建立包括监管机构和社会组织等多方参与的、法律法规和技术标准多要素协同的、覆盖数据生产流通全过程和数据全生命周期管理的数据交易生态体系。

当前，数据资产化过程中仍有关于产权、价值、交易等重要问题等待解决，但随着数据资源越来越丰富，数据资产化正在成为企业提高核心竞争力、抢占市场先机的关键，这些问题也将随着资产化的进程逐渐明晰。①

第三节　资产数字化助力传统机构转型

随着全球化趋势放缓和我国劳动力成本优势逐渐消退，我国传统产业面临的需求乏力、品牌效益不明显、竞争过度、产能过剩等问题日益突出，传统企业迫切需要探寻新的增长机会和模式。与此同时，数字科技日新月异，产业数字化服务愈加广泛，从金融科技、资管科技、数字农牧、数字乡村、数字营销到智能城市，数字科技实现了技术上的进阶以及与实体产业的快速融合，数字化为传统企业转型升级带来了希望。

一、什么是资产数字化

何谓资产数字化？资产的概念并不局限于股票、股权、债券、基金等金融资产，个人的数据、信用、社会关系、活跃度等都可以认为是资产。资产的数字化，从某种程度上可理解为代币（Token）化，但其本质上是资产背后的信息、交易模式、权属关系的变化。

从定义上看，资产数字化以密码学为基础，通过分布式的共识系

---

① 泰一数据，《数据资产化的发展与挑战》。

产业数字化

统来实现实物资产的电子化,并使电子资产安全、快捷、方便地流通。从数学语言上看,资产数字化实际上就是通过一种高强度的私钥及公钥来表征资产的电子符号,从而实现数字资产的唯一性和交易的唯一性,以及使用过程中的授权和交易过程的验证,这是一个资产上链的过程。

资产数字化主要包含两方面,一是传统实物资产数字化和权益资产数字化。随着区块链技术发展以及交易模式的改变,物权、股权、债权、其他产权和版权等实物资产或权益资产的交易模式,都可能将逐步成为数字化交易的对象,成为数字资产。以房产为例,最早是实物交付,后来是房契交付,再后来是登记转移,数字化时期则是数字化转移。二是可编程数字化资产。随着工业化和金融创新的深度发展融合,以往在工业化时代生产的统一规格工业品已经不能满足发展需求,人们希望获得更多的、适合自己的个性化服务,这种产品可以被数字化设计,我们把它称为可编程的数字化资产。

资产数字化转型的重要意义包括三方面:一是资产数字化转型是适应现代生产力发展客观规律的必然要求;二是资产数字化转型是发展数字经济、助力新基建、推动新旧动能转换的重要内容;三是资产数字化转型是提升金融服务质量和效率,补齐传统业务结构中的短板的迫切需要。

二、资产数字化助力金融机构转型升级

资产数字化,通过利用数据和技术对资产进行穿透洞察,建立起对资产风险进行识别并分级的能力。这种能力能够帮助传统金融机构降低资本市场的交易成本,提高风险识别效率,进而实现转型升级。借助机器学习、数据挖掘、智能合约等技术,资产数字化能简化供需

双方的交易环节，降低资金融通的边际成本，开辟触达客户的全新途径，推动金融机构在赢利模式、业务形态、资产负债、信贷关系、渠道拓展等方面持续优化，不断增强核心竞争力，为金融业转型升级持续赋能。

第一，资产数字化推动金融机构转型升级。现如今，数字化转型已经成为所有金融机构共同关注、共同推动的行业趋势，对传统金融业产生了颠覆性的变化，拓展了金融服务的边界，提高了金融服务效率，拓宽了金融机构的发展空间，成为金融机构的重要战略选择。实现资产数字化能简化供需双方的交易环节，降低资金融通的边际成本，开辟触达客户的全新途径，推动金融机构实现服务模式创新、业务流程再造、运营管理变革，不断增强核心竞争力，为金融业转型升级持续赋能。

第二，资产数字化有助于促进普惠金融发展。一直以来，大型银行认为对中小企业的服务可能不是它们的优势所在。但是随着大数据挖掘等新技术的应用，大型银行也找到了如何在我国解决中小企业融资难、融资贵问题的钥匙。通过建模、生物识别技术，利用海关、工商、税务等第三方数据建立模型，大大提高了效率，业务覆盖了更多的中小企业，使普惠金融成为现实。

第三，资产数字化有助于防范化解金融风险。特别是第三方数据的介入，通过交叉印证，建立前置的风险监测预测系统，提升整个风险动态感知能力和管控水平。风险早识别、早预警、早处置，对防控风险起到非常关键的作用。

三、资产数字化的主要发展路径与模式

随着资产数字化的发展，出现了一些金融的新业态，大致有以下

产业数字化

几种典型模式。

第一，互联网企业基于数字科技助力开展金融业务。互联网企业以互联网方式经营，通过大数据等科技手段，建立风控模型，让真实的数据决定企业是否符合借款条件，让设备准确无误地执行，发挥数字科技的巨大优势。

第二，传统商业银行顺应金融科技发展建立直销银行。随着资产数字化的发展，银行开始设立直销银行。银行没有营业网点，不发放实体银行卡，客户主要通过电脑、邮件、手机等远程渠道获取银行的产品和服务，大大降低了网点的经营费用和管理费用，可以为客户提供更有竞争力的存贷款价格及更低的手续费率。

第三，互联网企业与金融机构在核心优势上融合与互补。互联网企业的技术、客户流量与范围、信息传输速度与准确性等优势，与实体银行线下服务的标准化、高质量、产品设计和客户的个性化需求等优势密切配合，显著提升客户体验，提高风险防范能力。在支付系统协调、金融生态圈建设、理财产品设计、网络征信、云计算大数据、风险控制与管理等方面开展深层次合作，共同促进金融行业的发展。

随着新技术的不断发展与渗透，金融机构的边界开始模糊，金融因素开始与非金融因素充分渗透、融合，金融内生性因素和外生性因素交互作用，势必对银行机构、资本市场、非银行金融机构、互联网金融等进行重构和再造。两两之间竞争与协同同在，时空共享，资金需求方对资金的来源有更多的选择渠道，资金拥有方会拥有更多的投资选择，双方会在更大的时空范围内完成有效对接。

可以预期，随着支付技术和信用技术渗透人类的经济生活，连接生活场景、工作场景、商业场景，激励人们参与真实体验，刺激交易者的交易行为，涉及金融活动的方方面面，资产数字化将不断发展。各个市场参与主体只有顺应新的金融技术引发的金融业态及其巨大的变化效应,才能在未来的竞争发展中获得比较优势、先发优势。

四、新基建下资产数字化的机遇与挑战

未来几年是新基建的集中安装期,我国拥有消费升级、产业升级、城市治理升级的重大机遇。基于5G、人工智能、物联网的拉动,将带来指数级的数据增长,作为基础设施的云计算也要超前布局,并强化智能计算的极致算力。在数字化浪潮的推动下,金融等行业都主动加快了数字化建设的步伐,云计算、大数据、人工智能、区块链等数字科技与行业应用相结合且不断深入,越来越多的行业、企业在数字化征程中摸索前行。在资产数字化的发展过程中,存在着诸多的机遇与挑战。

面临的机遇如下。

第一,资产数字化的发展需要以信用为支撑。信用源于两个方面,一是传统的强信用中心,二是区块链带来的"无须信任"。对于特定的场景,当传统的强信用中心能够解决问题的时候,数字化就会以强信用中心推动的形式出现;当原场景下不存在强信用中心,或者用"无须信任"的形式可以更加高效且低成本地解决问题的时候,数字化就会以区块链"无须信任"架构的形式存在。

第二,数字货币将成为资产数字化的重要实践。脸书于2019年6月宣布将推出Libra(虚拟加密货币),引起了市场的广泛关注。同时,这也让许多国家的央行警醒,加快了研究央行数字货币的脚步,以支持货币体系控制以及维持主权货币的吸引力。2019年底,中国人民银行正式宣布数字货币准备工作已大致就绪。2020年,DC/EP试点项目正式出台。中国人民银行及其附属机构共申请了近80项数字货币

产业数字化

专利，而让数字货币在可见的未来发行和流通的立法程序也正在进行中。从国内角度来看，DC/EP 是通过技术手段对现有货币体系的改善和提升。随着产业互联网的发展，我国已经进入以 5G、物联网、人工智能等为代表的数字经济时代，DC/EP 可以更好地适应和满足数字经济时代的社会发展需求，推动资产数字化的发展，从长远来看一定会产生极大的正面影响。

第三，通过资产数字化赋能上、中、下游产业链。除了加快自身数字化外，企业将自身的资产数字化实践的经验赋能中小企业，形成对上下游相关主体的支撑。通过资产数字化，助力小微企业把客户管理数据、进销存数据、上下游合作伙伴等交易信息和商户的运营信息数字化，不仅能大幅降低小微金融服务的信息不对称，还能创新更多的普惠金融模式。通过资产数字化发展金融科技，可以让金融服务融入各种各样的场景，把金融机构和科技公司更好地结合起来。

面临的挑战如下。

传统机构的资产数字化转型还面临不少困难和挑战，一些痛点、难点问题亟待解决。

第一，不少企业认识不到位，缺乏方法论支撑。数字化不仅是技术更新，而且是经营理念、战略、组织、运营等全方位的变革，需要从全局谋划。目前，多数企业推动数字化转型的意愿强烈，但普遍缺乏清晰的战略目标与实践路径，更多还是集中在生产端如何引入先进信息系统上，没有从企业发展战略的高度进行谋划，企业内部尤其是高层管理者之间难以达成共识。与此同时，数字化转型是一项长期艰巨的任务，面临着技术创新、业务能力建设、人才培养等方方面面的挑战，需要企业实现在全局层面的有效协同。目前，多数企业没有强有力的制度设计和组织重塑，部门之间数字化转型的职责和权利不清晰，也缺乏有效的配套考核和制度激励。

第三章
大数据打造产业数字化底座

第二，数据资产积累薄弱，应用范围偏窄。数字化转型是企业数据资产不断积累以及应用的过程，数据资产是数字化转型的重要依托，如何加工利用数据、释放数据价值是企业面临的重要课题。目前，多数企业仍处于数据应用的感知阶段而非行动阶段，覆盖全流程、全产业链、全生命周期的工业数据链尚未构建。内部数据资源散落在各个业务系统中，特别是底层设备层和过程控制层无法互联互通，形成数据孤岛；外部数据融合度不高，无法及时全面感知数据的分布与更新。受限于数据的规模、种类以及质量，目前多数企业对数据的应用还处于起步阶段，主要集中在精准营销、舆情感知和风险控制等有限场景，未能从业务转型角度开展预测性和决策性分析，难以更好地挖掘数据资产的潜在价值。大数据与实体经济融合的深度和广度尚不充分，应用空间亟待开拓。

第三，核心数字技术及第三方服务供给不足。传统产业数字化转型面临成本较高、核心数字技术供给不足等问题，也缺乏有能力承担集战略咨询、架构设计、数据运营等关键任务于一体，并且能够实施"总包"的第三方服务商。目前市场上的方案多是通用型解决方案，无法满足企业、行业的个性化与一体化需求。更为重要的是，对于很多中小企业而言，市场上的软件、大数据、云计算等各类业务服务商良莠不齐，缺乏行业标准，选择难度较大。

第四，数字化基础设施建设面临挑战。数字化金融的发展需要依靠现代信息技术、计算机技术以及网络技术的支撑，整体的支付流程以及清算环节都比较复杂，数字化金融的发展需要做好细节方面的处理，同时也需要做好全面的信息监管，目前在数字化基础设施的建设方面，金融业的发展面临着巨大的挑战和压力，不仅需要较大的资金成本，同时对于基础设施建设的要求也比较高，需要能够紧随行业以及社会的发展实现动态化管理。

第四节　数字资产化、资产数字化与产业数字化的融合发展成为行业趋势

在国家政策推动、数据要素驱动、龙头企业带动、科技平台拉动、产业发展联动等多方面因素的共同推动下，中国产业数字化转型的效果初步显现，传统产业数字化转型整体进度加快。数字资产化、资产数字化与产业数字化的融合发展成为行业趋势。一方面，数据已经成为企业核心资产，持续激发商业模式创新，不断催生新业态，数字资产化和资产数字化已成为金融和互联网等领域促进业务创新增值、提升企业核心价值的重要驱动力。另一方面，数据流引领技术流、物质流、资金流、人才流，驱动产业生产要素的网络化共享、集约化整合、协作化开发和高效化利用，将资产数字化和数字资产化等金融数字化的发展经验融合到产业数字化，促进生产组织方式集约、发展模式转变和产业生态创新。

一、从数字资产化、资产数字化到产业数字化实现融合发展

金融数字化转型提升内生动力。数字资产化和资产数字化的发展，能够统筹服务实体经济和防控金融风险的平衡。近年来我国金融体系改革创新持续推进，但金融结构不合理、机构竞争同质化、风险管理粗放化等问题依然突出，小微企业融资难、融资贵问题持续存在。金融科技创新应用让金融机构认识到，金融科技创新和数字化改造有助于切实提升金融机构的服务能力和内在动力。金融数字化基于各自的

服务对象来创新产品业务和运营模式,有助于解决金融机构同质化竞争问题;通过线上服务极大地拓宽了金融服务的覆盖面,有助于解决覆盖面不足问题;通过行为场景数据和大数据手段等缓解信息不对称,有助于解决定价不精细问题;通过大数据建模等有效识别管控风险,有助于解决风控过度依赖抵质押物问题。

产业数字化有效优化资源配置效率。在产业数字化转型初期,不同产业领域和同一产业不同企业依托的底层基础设施、掌握的资源要素、使用的数字工具与平台处于割裂状态,难以适应平台经济、共享经济等新经济模式构建发展的需要。随着数字科技对传统产业渗透融合度的不断提升,产业数字化将用共建共生替代自我封闭,实现数据和技术应用在多产业、多链条的网状串联与协同,逐步实现组织架构重塑、产业模型自我迭代优化、产业生态自我良性循环,进而创造更大的产业价值和客户价值。

以金融数字化能力服务实体行业。利用数字科技连接金融机构和实体企业,从数字资产化、资产数字化到产业数字化,推动金融数字化和产业数字化共同发展,可以利用金融的数字化能力服务其他产业,甚至服务智能城市、智能社区等公共产业。数字化以及数字化技术是桥梁及核心,将数字化产业的能力与数字化金融的能力进行结合,真正让产业获得足够的技术,能够让金融服务到产业,成为大的产业数字化逻辑。把在一个产业中积累的经验运用到另外一个产业中,并结合这个产业的 know-how,帮助其实现数字化转型,这一举措实现了从数字资产化、资产数字化到产业数字化的融合发展。

二、新基建加速产业数字化的转型与创新

新基建助力大数据产业呈现出四大趋势。一是我国大数据产业发

产业数字化

展的侧重点将由前端技术研发转向各领域的大数据应用。如工信部2020年公布大数据产业发展试点示范项目，工业大数据融合应用、民生大数据创新应用等方面的项目的比重，占所有示范项目的很大一部分。二是大数据管理更加深层次。新基建下，数据采集将更加多量和多样，分析应用能力也将相应提升。大数据"大"的特性将会更加凸显，相应的数据处理能力及处理方法也将更丰富和深层次，将带动大数据产业新业态新模式的产生。三是数据流动加快。大数据的使用将逐步去中心化，实现跨界流通，政府和社会数据逐步融合，数据烟囱、数据孤岛被逐步打破，数据要素实现了依法、有序、自由的流动。四是数据中心发展进入新阶段。数据中心会向核心地区和周边地区双向发展，向超大型集中和边缘计算双向发展，数据中心产业链纵向一体化和横向一体化进程或将同步加快。

新基建推动各行业数字化转型升级。在新基建的加速落地进程中，受产业数字化转型的需求拉动，一是要探索更多大数据共享利用场景，激发数据要素交易积极性和活力，进一步完善数据要素市场机制，以数据要素流动的业务需求拉动数据应用落地。二是要打牢大数据产业应用的基础，继续持续发力新基建，加快建设集约、开放的大数据平台，打牢大数据产业应用的硬件基础；要强化科技创新，加强政、产、学、研合作，共同攻关大数据关键技术，培育面向大数据的开源软件生态体系，打牢大数据产业应用的软件基础。三是要做好大数据产业应用的安全保障，加强数据安全保护技术能力建设，推进数据脱敏、安全多方计算等技术研发，保障大数据产业应用顺利落地。

三、场景化应用引领产业数字化发展新方向

经济社会及产业发展的根本目的是，更好地服务及满足人的需求，

这些需求通常会映射到具体场景，进而推动数字资产化、资产数字化与产业数字化的落地发展。激活新需求，创造新模式，触发新业态。未来场景化应用将呈现出标志化、深度化等特点。标志化场景定制成为产业数字化加速落地的"试验器"，产业数字化转型周期长、难度大、成本高，为了降低试错成本，传统企业在数字化转型过程中更倾向于针对制约产业发展瓶颈问题、产业链关键节点等形成可落地的、有代表性的标志化场景应用，以此为契机加速推动产业数字化转型应用，在取得巨大突破的同时，降低产业数字化转型的风险。深度化场景应用是引领产业数字化发展的"助推器"，既是产业数字化转型的客观要求，也是转型成功的直接表现。通过数字科技与传统产业的深度融合，将数字技术渗透到传统产业的各个细分场景，进而实现与实体产业经济的融合共赢，助推实体经济的发展，带动传统产业的转型升级。以 AI 机器人为例，未来依托具体产业场景，AI 机器人产品及服务能力将快速成熟并大规模推广应用，尤其在数据中心、轨道交通、物资运送等领域有着广阔的应用前景，成为深度化场景应用的一个新增长爆发点。

第四章

区块链技术构筑产业数字化基础设施

区块链作为集加密算法、分布式数据存储、点对点传输、共识算法等多项技术于一体的互联网基础技术，被认为是互联网 3.0 时代的核心技术之一，其技术创新和行业应用的发展，对全球科技和经济社会发展产生了深远的影响。各国政府纷纷将区块链技术上升到国家发展的战略高度，力求在未来区块链的技术发展和实践应用中处于领先地位。随着区块链技术的不断发展和行业应用范围的持续扩容，其技术演化的路径开始从技术创新向产业融合推进，这也符合科技发展的一般规律。区块链产业应用已从最初的加密数字货币，拓展到互联网、金融、政务公共服务、司法存证、知识产权保护、供应链管理、企业数据管理服务等多个领域，区块链技术与各行各业的融合创新已成星星之火，未来必将以燎原之势促进科技和经济社会的跨越式发展。

第一节　区块链产业应用的过去与现在

区块链的应用发展仍处于初级阶段，行业内缺乏自律及规则约束，打着区块链的旗号实施诈骗的违法行为屡见不鲜。因此，区块链产业应用亟须正本清源、守正出新。

一、区块链技术发展仍处于初级阶段

区块链的发展最早可追溯到2008年的比特币，经过十余年的发展，区块链技术历经了三个发展阶段。

第一阶段：比特币和加密货币。2008年11月1日，中本聪首先在《比特币：一种点对点的电子现金系统》（*Bitcoin：A Peer-to-Peer Electronic Cash System*）一书中提到了比特币，区块链作为比特币的底层技术，具有去中心化、不可篡改、可追溯的特点，区块链建立了一个支持加密货币网络的共享公共分类账的基本前提，中本聪的区块链思想利用了1兆的比特币交易信息块，信息块通过一个复杂的加密验证过程连接在一起，从而形成了不可变链，这是比特币和数字货币利用区块链发展的基础。

第二阶段：智能合约。这一阶段，区块链不再局限于简单记账，智能合约的出现使在区块链上实现自我管理成为可能。比如合同和票据的执行，通过一个出口日期或实现一个特定的价格目标，使智能合约在需要时才做出调整，而无须外部实体的投入。智能合约发展阶段的代表是以太坊，其通过建立全球性的网络，让所有人都可以在以太坊上进行运

算和开发应用层,这就赋予了区块链丰富的应用场景和功能实现的基础。

第三阶段:万物互联的底层协议。这一阶段,区块链技术能够对每一个有价值的信息进行确认、计量和存储,从而真正实现价值的流通和交易。区块链的应用边界也将大大拓展,包括身份认证、公证、仲裁、审计、域名、物流、医疗、邮件、签证、投票等各个领域,成为万物互联的最底层协议。

总的来看,区块链技术已进入高速发展的快车道,技术突破和产业应用都面临前所未有的机遇。然而,与此同时,以比特币等为代表的数字货币交易投资市场乱象丛生、风险积聚,打着区块链的旗号实施诈骗的违法行为屡见不鲜,这对各国的金融市场稳定和社会公众财产安全造成了负面冲击,在一定程度上影响了各国政府对区块链技术的监管取向。因此,我们应该清醒地认识到,区块链发展仍处于初级阶段,重点技术尚需创新突破,产业应用边界亟待拓展,监管框架有待完善,监管手段有待丰富,整个行业发展亟须正本清源、守正创新,从而推动区块链技术回归本源,更好地服务于金融市场稳定和实体经济健康发展。

二、区块链发展的政策红利集中释放

(一)从国家层面对区块链发展的监管取向逐渐清晰

2019年10月24日,习近平总书记主持中共中央政治局第十八次集体学习时强调:"要把区块链作为核心技术自主创新的重要突破口,明确主攻方向,加大投入力度,着力攻克一批关键核心技术,加快推动区块链技术和产业创新发展。"这表明中央从国家层面上明确了区块链发展应用的重要战略意义。事实上相关监管部门一直高度关注区块链技术,先后出台了一系列政策鼓励和规范其发展应用,监管的理念和思路也不断与时俱进。

1. 对比特币的严厉监管（2013—2014 年）

2013 年 12 月，中国人民银行、工信部、银监会、证监会和保监会联合印发了《关于防范比特币风险的通知》。该文件明确指出比特币不是货币，而是一种虚拟商品，普通民众在自担风险的前提下可以自由买卖。该文件明确了比特币的商品属性，却否定了其货币属性，给当时的比特币市场交易造成严重冲击。

2. 强调技术先行（2015—2016 年）

2014 年，中国人民银行成立法定数字货币的专门研究小组，以论证央行发行法定数字货币的可行性。2016 年 1 月，中国人民银行召开数字货币研讨会，中国人民银行、花旗银行和德勤咨询公司就数字货币发行的总体框架、国家发行的密码电子货币等问题进行研讨，这次会议被认为是中国人民银行意图发行数字货币的启蒙和开端。2016 年 6 月，中国互联网金融协会决定成立区块链研究工作组，深入研究区块链技术在金融领域的应用及影响。2016 年 10 月，工信部发布了《中国区块链技术和应用发展白皮书（2016）》，对国内外区块链发展现状和典型应用场景进行了总结梳理，并介绍了我国区块链技术的发展路线图以及未来的方向。2016 年 12 月，国务院正式印发《"十三五"国家信息化规划》，首次将区块链技术列入国家重点专项规划。

从这段时期监管层的取向来看，虽然否定了比特币的货币属性，但强化了其技术属性，认为作为其底层技术的区块链具有很大的发展前景，监管层从技术先行的角度制定出台了鼓励区块链发展的相关政策。

3. 促进无币区块链的发展（2017 年至今）

2017 年 1 月，中国人民银行正式成立数字货币研究所。2017 年 6 月，中国人民银行发布《中国金融业信息技术"十三五"发展规划》，明确指出积极推进区块链、人工智能等新兴技术的应用研究。2017 年

产业数字化

9月，中国人民银行等七部委联合发布了《关于防范代币发行融资风险的公告》，全面禁止ICO（首次代币发行）。2018年5月，工信部发布《2018年中国区块链产业发展白皮书》。2019年2月，国家互联网信息办公室发布《区块链信息服务管理规定》，明确了区块链信息服务的责任与义务。2019年10月24日，习近平总书记发表关于区块链技术的重要指示，把区块链技术的发展应用推上政策的风口。

从这段时期监管层的政策取向看，一方面，对数字货币实施强监管的信号十分明确；另一方面，鼓励区块链技术在无币领域进行探索应用。

总的来看，国家层面对区块链技术的监管原则是审慎监管和包容监管相结合，具体来讲就是，对借区块链之名进行代币发行和交易的行为实施高压监管，而对区块链技术的自主创新和行业应用持鼓励支持的态度。

（二）地方政府纷纷抢占区块链发展的有利先机

在中共中央政治局第十八次集体学习之前，许多地方政府在区块链技术发展上制定了一系列配套支持政策，旨在通过鼓励区块链技术的创新和应用带动本地区科技实力的提升。2016年12月，浙江省人民政府办公厅发布《关于推进钱塘江金融港湾建设的若干意见》，明确提出积极引进区块链企业入驻。2017年2月，南京市发布《市政府办公厅关于印发"十三五"智慧南京发展规划的通知》，提出"智慧城市与智慧产业融合发展水平大幅提升。公共数据资源开放对产业发展的带动作用显著增强，人工智能、生物识别、区块链等一批新技术形成突破并实际应用。智慧产业位列全国第一方阵"。2017年6月，贵阳市发布《关于支持区块链发展和应用的若干政策措施（试行）》，对有关资质获得认定或批准的企业或相关机构，提供主体、平台、创新、金融、人才等全方位的政策支持。2017年12月,重庆市印发《关于加快区块链产业培育及创新应用的意见》,提出到2020年,重庆将打造2~5个区块链产业基地,引进和培育区块链国内细分领域龙头企业10家以上、有核心技术或成长型的区块链企业50家以上,引进和培育区块链中高级人才500名以上,努力将重庆建成我国重要的区块链产业高地和创新应用基地。2017年12月,内蒙古发布《内蒙古自治区大数据发展总体规划(2017—2020年)》,提出"支持大规模异构数据融合、集群资源调度、分布式文件系统、流计算、图计算、机器学习、数据挖掘、区块链等基础技术研究"。2018年6月,长沙市发布《长沙经济技术开发区关于支持区块链产业发展的政策(试行)》,设立总额30亿元的区块链产业基金,投资区块链企业,区块链企业自落户之日起3年内给予最高200万元的扶持资金。从地方政府出台的政策特点来看,既有指导当地区块链发展的宏观层面的纲领性意见,也有针对区块链初创企业落户、企业经营、技术研究支持、金融支持、专业人才落户、购房补贴以及生活补助等基于微观层面的具体支持措施。这表明,地方政府对区块链技术的发展应用,不仅停留在战略认识层面,地方政府还希望通过制定加快区块链发展的具体可操作的措施,促进地方科技和经济水平的跨越式发展。

三、区块链产业应用的生态逐渐规模化

随着区块链技术的不断发展,以及产业应用条件和环境的持续改善,区块链产业应用从最初的加密数字货币,拓展到互联网、金融、政务公共服务、司法存证、知识产权保护、供应链管理、企业数据管理服务等多个领域,市场支出规模快速增长,技术专利数量不断增加,

产业数字化

应用主体日趋多元化、规模化。

（一）区块链产业应用的节奏明显加快

区块链产业应用的市场规模逐年增加。根据IDC最新发布的《全球半年度区块链支出指南》，2023年我国区块链市场支出规模将达到20亿美元，2018—2023年市场支出规模的年复合增长率将高达65.7%。从全球范围来看，美国是区块链支出规模最大的国家，占全球总量的39%，支出规模排在第二名至第五名的国家和地区依次是，西欧、中国、亚太和中东欧。从不同行业的区块链应用情况来看，行业相对比较集中，其中银行业是我国区块链支出规模最大的行业，其次是离散制造业、零售业、专业服务业和流程制造业，这五大行业的区块链支出规模占总规模的比重高达73%。

区块链专利数量创下新高。近年来我国区块链技术在创新中不断完善，突出表现在专利申请数量的井喷式增长。中国信息通信研究院发布的《区块链专利态势白皮书（1.0版）》显示，截至2018年底，我国区块链专利申请数量达4 435件，占全球申请总量的48%，2013—2018年，全球区块链专利申请数量的年均增长率为276%，而同期我国的增长率为321%。考虑到专利公开的时滞性，实际申请量会更高。从专利申请的主体来看，企业是区块链专利申请的绝对主力，占比高达75%，相比之下，科研机构、政府和个人申请专利的数量远远落后，科研机构和个人申请专利的比例均在10%左右。这在一定程度上反映出区块链市场应用的倾向明显，而不仅仅停留在技术研究阶段。从专利申请的具体企业来看，2019年上半年，全球区块链专利申请排行榜前十位中，我国企业占据七席之多，远远超过美国、德国等欧美发达国家。

资本市场对区块链应用的推动作用逐步显现。IT桔子的数据显示，

2013—2018年，我国区块链行业的投资事件数量和投资金额呈持续增长的态势（见图4.1），其中，2018年区块链行业的投资事件数量出现井喷式增长，从2017年的113起陡增至397起，投资金额从66.77亿元暴涨到1 306.27亿元。从投资的阶段来看，由于区块链行业发展仍处于初级阶段，所以融资阶段也比较靠前。2018年发生的397起投资事件中，种子轮为30起，占总数的7.56%，天使轮为186起，占总数的46.85%，A轮为69起，占总数的17.38%，B轮前的投资事件占总数的70%以上。

图4.1 2013—2018年我国区块链行业投资事件数量和投资金额

资料来源：网络公开资料，京东数科研究院整理。

（二）科技巨头入局加快了区块链应用的步伐

区块链技术的产业应用不仅是相关创业企业的关注焦点，更引起了互联网科技企业的强烈兴趣，互联网巨头独有的科技优势加速了区块链应用的步伐，促进了应用规模的快速壮大。比如，京东全球购利用区块链技术实现供应链跨境全流程追溯，京小租信用租赁平台利用区块链解决租赁纠纷。腾讯基于供应链场景下的真实交易数据，通过

产业数字化

腾讯区块链技术及运营资源，构建"腾讯区块链＋供应链金融解决方案"，有效改善了小微企业的融资困境。

互联网科技企业布局区块链的主要路径包括：第一，在自身场景中寻找业务痛点，帮助提高企业运营效率；第二，与外部企业、金融机构、政府部门等合作，提供基于区块链的定制化解决方案；第三，依托自身云服务的各类基础设施和功能组件，搭建面向中小企业的一站式区块链部署平台，提供快速上链 BaaS（区块链即服务）。比如华为云区块链服务与华为云计算、数据库等传统云服务紧密结合，为互联网众筹保险提供全方位技术支持。然而，不可否认的是，互联网科技企业布局区块链产业应用的水平参差不齐。一方面，自身区块链技术实力不够扎实，甚至有部分企业希望"借区块链的东风"进行自我营销；另一方面，尚未找到区块链应用的真正场景，换句话说就是，区块链技术没有与产业痛点进行有机结合。

尽管区块链技术的应用已经逐渐具有规模和生态，但其应用和技术的发展水平一样，仍处于初级阶段。一是区块链企业的融资轮次比较靠前。2018 年 11 月至 2019 年 10 月，我国区块链企业/项目融资主要集中在 A 轮以前，种子轮、天使轮和 A 轮区块链项目占比超过 40%，这说明我国区块链企业发展仍处于初创期。二是区块链企业的注册资本相对较低。目前区块链企业以注册资本百万元和千万元的中小型企业为主，注册资本在 10 亿元以上的企业仅有 73 家。三是投资机构对区块链产业应用的关注度极低。从 25 家活跃投资机构的投资领域看，交易所/交易平台、行业网站/媒体、文娱社交、区块链社群和数字货币等五大行业是投资机构比较青睐的投资领域，这 25 家投资机构没有一家是投资实体领域的。

（三）区块链产业应用仍以联盟链为主

根据应用范围的不同，区块链可以分为公有链、联盟链和私有链。其中，公有链由于具有不可篡改、完全去中心化的特点，所以在企业层面使用的限制条件太多。私有链虽然能解决上述问题，但如果只是在各个企业内使用区块链，那么数据共享、验真的问题仍得不到有效解决，数据孤岛现象仍然存在。联盟链介于公有链和私有链之间，其节点由多个经过授权的中心化机构维护，记账规则和权限由联盟链成员共同商定，因此，联盟链是一定程度上去中心化的区块链，更加符合企业交易场景的实际特点。更为重要的是，联盟链不仅对监管包容开放，而且具备高性能、高可用、安全隐私的特点，从这个意义上来说，目前和未来很长时间内，联盟链将是我国区块链产业应用的主流和方向。

第二节　区块链技术是产业数字化的基础设施

进入产业数字化的下半场，科技公司如何构建具有开放生态的平台，进而赋能 B 端（企业端）行业，决定着企业的出路。基于区块链的开放平台，是将区块链技术与大数据、云计算、人工智能等有机结合，打造产业数字化的基础和底层。以 BaaS 为代表的服务，从企业和开发者的角度出发，实现了区块链技术平台的快速部署和联盟链的快速组建。

一、产业数字化的迫切需求加速了区块链技术的应用落地

如今，我国经济发展规模已接近 100 万亿元，在这样巨大的存量

产业数字化

空间中,几乎所有产业都需要数字化、智能化升级,这种升级不再是过去简单地以信息化、SaaS(软件即服务)化来实现效率提升和成本降低,而是需要真正通过数据驱动实现全链条的数字化和智能化,不仅要提高效率、降低成本,而且要挖掘更大的客户价值,实现高质量、可持续的增长。区块链技术作为数字科技的重要组成部分,巨大的产业数字化需求为区块链技术创新和应用提供了肥沃的土壤,加速了区块链应用的规模化。

具体到区块链应用的行业来看,区块链技术虽然最早产生于比特币的技术底层,但其应用并不局限于数字货币和金融领域,在传统制造业、零售业、医疗等众多实体产业中,区块链的应用空间更为巨大。以制造业为例,在产品制造的溯源方面,结合区块链技术,生产者可以将每一个产品的原物料供应商、整个加工工艺流程、品质信息、加工设备编号等信息全部通过区块链上链,之后整个供应链上的各个单位都可以清楚明晰地了解到各分工厂真实的运作状况。再如,企业经营管理数字化也为区块链技术的发展提供了巨大的机遇,基于区块链技术的电子合同已广泛应用于金融保险、物流运输、电子商务、人事管理、租赁服务、企业招采、电子政务、教育培训、产品销售、医疗健康、大宗交易、交通运输、地产工程等众多行业和场景中,成为企业产业数字化转型的重要一环,甚至逐渐成为企业发展的"刚需"。尤其是新冠肺炎疫情暴发后,区块链电子合同的应用,不仅能解决复杂多样的应用场景,而且能有效降低感染风险,安全性和效率也更高了。

二、区块链技术是产业数字化的连接器

产业数字化利用云计算、大数据、人工智能等先进技术,将传统

产业与互联网进行融合，利用技术手段，将各垂直产业链和内部价值链进行重塑与改造，重构、颠覆以往传统领域的商业赢利模式和产业结构，以价值经济为导向形成互联网生态，创造出更高价值的产业形态。在产业生态的建设过程中，企业如何在平等互信的情况下在产业数字化中共同协作，如何根据产业级大数据对其实体资源的配置进行优化和集成，提升资源的使用效率，都是亟待解决的问题。

区块链的去中心化、不可篡改、可追溯特性，可以为产业数字化搭建一个可信的生态环境。比如区块链在供应链溯源上的应用，以商品为主线，连接其供应链上的各个企业，在这条产业链上，各参与方可在保护隐私的情况下实时共享业务数据，也可在授权范围内实时查看数据状态，包括物流运输、交易付款、产品销售等全方位的信息。再如，在跨国家、跨地域企业的合作过程中，由于距离远、时间长，产业数据的实时可跟踪、事后可确责的需求尤为重要。

综上所述，可以看出区块链技术非常适合解决产业数字化的痛点，而且其本质也与产业数字化的价值导向一致。因此，区块链技术可作为每一个企业在产业数字化中的连接器，构建完整可信的产业链条，由多个产业链条搭建起一个产业互联的生态，逐渐积累全面、多元化的产业数据，将产业数据在线化、标准化、结构化，在此基础上完成产业数字化的再造和升级。

三、区块链技术能够强化工业互联网的协同效应

工业互联网是工业系统与高级计算、分析、感应技术以及互联网连接融合的一种结果。通过高效共享工业经济中的各种要素资源，以及自动化、智能化的生产方式降本增效，可以帮助工业企业延长产业链，推动其转型发展。

产业数字化

工业互联网的概念最早由通用电气于 2012 年提出。2018 年 7 月，工信部印发《工业互联网平台建设及推广指南》和《工业互联网平台评价方法》；2019 年 1 月，工信部印发《工业互联网网络建设及推广指南》，在随后的全国两会上，工业互联网首次被写入政府工作报告，标志着工业互联网上升到国家战略高度。当前我国工业互联网发展主要面临以下几个突出问题。

第一，需要高度协同。细微化生产单元之间的协作程度，比以往大而全的生产还要快速、精准，单个环节的生产若出现问题，就可能影响整个产业链。

第二，强调工业安全。高度协同的生产单元，涉及各种生产设备，这些设备的身份辨识可信、身份管理可信、设备的访问控制可信是多方协作的基础。

第三，信息共享。受产业链上下游的生产协同影响，产业链上下游对信息共享的需求非常强烈。信息共享有助于快速生产、库存削减、物流联运、风险管控、质量控制等。

第四，柔性监管。对于监管部门而言，面临前所未有的复杂监管形势，如何采用新技术探索柔性监管和引导式监管，成为安全生产和产业发展的重要挑战。

区块链技术的独特优势，为解决工业互联网的发展痛点提供了可行途径：一是借助机器共识、共享账本、智能合约、隐私保护四大技术变革，为工业互联网提供在依据行业规范及标准，遵守企业间协定前提下的数据互信、互联和共享；二是区块链"物理分布式，逻辑多中心，监管强中心"的多层次架构设计，为政府监管部门和工业企业之间提供了一种"松耦合"的连接方式，在不影响企业正常生产、商业活动的前提下提供"柔性"合规监管的可能；三是分布式的部署方式能够根据现实产业的不同状况，提供分行业、分地域、分阶段、分步骤的建设和发展路径。

四、区块链技术的自主可控性尤为重要

区块链技术作为产业数字化的支撑及业务承载，其重要性不言而喻。它将不再是单一的技术标准，而是与产业秩序融合的体现，也是产业内整合各企业高效协作的技术方案。无论是产业数字化还是区块链技术，都处在萌芽阶段，各自都没有统一标准及完备的形态。区块链技术的自主创新将是促进产业集群协同发展的关键，将知识产权和产业标准体系融合在一起，意味着会掌握未来产业内经营运作的规律，在新的技术支撑下制定新的产业规则。因此，区块链技术必须自主可控，以达到适应当前产业应用、提升产业协同、形成未来创业产业模式的目标。

随着区块链技术深入产业应用，需要面临多元化的应用场景，在某些行业中对区块链的整体性能、产品形态、系统功能、业务融合方式等方面都提出了具体的要求。这些要求驱动了区块链底层技术架构的演变，从原来的单一数据结构转变为需要具备普适性的数据结构，从慢速单一网络演变为需要支撑高速多层网络，从对等交互模型拓展到支持多种交互模型，从链上用户同权参与转变为链上用户多角色分权限操作，从存储少量数据转变为未来可支撑海量账本数据的存储等。同时，越来越多的应用场景表明，未来联盟链将会与公有链在架构上呈现逐渐融合的趋势。同时，底层技术也需要统筹考虑、提供支持。从账本模型来说，需要具备普适性的数据表达能力来应对不同的业务场景。以一种标准化的数据结构来描述业务逻辑，定义统一的读写操作，记录数据变更历史，维护数据完整性与不可否认性，管理数据的存在性证明。在系统设计时，可考虑数据模型、操作模型独立于

产业数字化

系统实现，让数据"系于链却独于链"，可在链下被独立地验证和运用，更好地支持企业进行数据治理，提升区块链系统的灵活性和通用性。

未来的商业应用中会根据不同业务需求，划分多账本、多链条的分层网络架构。在各自的网络架构里可能存在不同的共识算法、账本和合约，但各层之间可以进行数据交互，并且可以建立不同的约束。这种架构可以支持企业将各自的业务逻辑进行封装，数据之间的交互与约束采用可扩展、标准化的接口，在规范不同行业、不同企业间的数据交互方式的同时，方便节点间调用，达到灵活可插拔的目的。

常见的区块链架构都是以智能合约作为主要的链上、链下交互方式的，而且智能合约会在共识节点之间做共同业务的规则校验。随着应用落地的推进，不难发现还有另外一类应用需求，该类需求的业务逻辑相对简单，只对链上事件做一些个性化的链外交易处理。这时需要底层架构进行适配，让外部交易指令与链上数据直接进行交互。

在公有链场景里，用户参与链上的操作权限都是对等的。但在实际产业应用中，各参与方通常会是不对等的，因此需要一个分布式的权限控制模型以应对不同的业务需求。这个控制模型可以从参与方、用户、角色三个层次映射分布式权限，不同层级之间可实现交互控制，各层级元素之间可任意组合，以满足各种业务场景中功能权限的使用要求。这种架构在未来分布式商业模型当中，将会很好地解决包括监管方在内的多方业务生态的治理能力。

数据存储的核心任务是，把数据账本高效地读写到持久化介质中。未来的区块链技术应用于产业中必然会面临海量数据存储的问题。为解决这一应用瓶颈，区块链底层需要充分考虑区块大小的限制、账户/交易增长不受限的限制，以及结构化/非结构化数据融合上链的问题。可通过对区块链进行一种轻量化的设计，用将账本进行离散化存储的方式解决海量数据存储的难题。另外，区块链底层可利用分布式存储技术中横向伸缩的特点，为数据的存储提供更好的伸缩性。此外，目前很多企业已建成 IT 基础设施及应用系统，区块链技术与之结合，应充分考虑复用性及适配不同的数据库引擎，采用标准接口的持久化服务。

五、BaaS 平台构建更易用的产业连接器

与区块链互联可以为产业带来更多的价值。然而，很多企业在与区块链内核进行连接时浅尝辄止，其原因还是区块链底层技术的复杂性和多样性，甚至让一个在信息化领域深耕多年的企业碰壁，导致区块链推进慢、企业投入高、时间长等问题，不利于区块链的整体发展。

因此，在区块链底层技术与产业数字化之间，需要一个连接器，利用这个装置，降低底层技术门槛，节约上链时间，为产业数字化对接区块链底层提供有效的支持。BaaS 应运而生，其最终目的就是快速打通产业数字化，服务于企业间的可信交易，使区块链形成更大的可信网络覆盖，帮助企业利用区块链底层技术赋能应用场景并带来价值。

一个成熟的 BaaS 平台，首先，其技术规划和系统架构设计需要遵循模块化的设计原则，对可信交易场景的多样性和复杂性有良好的扩展，在确保系统核心逻辑稳定的同时，对外提供最小的扩展边界，实现系统的高内聚低耦合。

其次，区块链的可信任需要在系统设计和实现上遵循安全原则与数据可审计原则，以及满足不同地区和场景的标准与合规要求，保障信息处理可满足机密性、完整性、可控性、可用性和不可否认性等要求。

最后，BaaS 技术服务从设计到编码都力求遵循这一原则，即优先采用简洁的系统模型，以便提升易用性并降低分布式系统的实现风

险。在追求提升系统性能的同时，还注重提升应用开发和方案落地的效能。

综上所述，BaaS作为连接企业与区块链技术的桥梁，需要科学的系统架构、模块化的功能划分、良好的连通性。理想化的BaaS平台架构应包含以下几层。

资源层。BaaS在资源层需要支持企业级用户在公有云、私有云及混合云上协同部署区块链，这种跨云组网的能力可以使联盟链的部署更方便、更灵活。基于容器编排工具调度资源，相对于裸机而言，具有分散调度、简化部署、提高资源利用率等优点。同时，采用分布式存储作为区块链节点存储介质，支持海量数据，亦可动态划分节点持久化存储。

区块层。为满足日益复杂的业务要求，BaaS平台需要具备多个底层支持的能力。考虑到不同的业务可能适用于不同的区块链底层，目前市场上的BaaS平台几乎很少使用单独的底层为企业提供服务。因此，很多厂家封装多个区块链底层技术，为企业提供服务。

服务层。在此之上，BaaS依托底层区块链的支持，抽象封装一系列服务模块，主要包括企业服务、资源管理服务和监控运维服务三个种类。企业服务组件主要帮助企业快速部署区块链技术，提供丰富的功能，降低企业对区块链的入门门槛；资源管理服务主要对BaaS中的用户及证书进行管理，同时管理链上合约；监控运维服务在平台与区块链网络运行的过程中实时监控数据，帮助运维人员及时发现并解决问题。

权限管理层。根据对BaaS平台的操作类别区分底层资源配置人员、区块链网络建立人员、区块链程序开发人员以及轻量级接入人员的不同操作页面，使平台产品管理更加有序。

接口层。为满足不同用户群体的差异化需求，BaaS需要同时提供 Web（网络）控制台及 SDK（软件开发工具包）和 API 接口。Web 控制台适用于业务型应用场景，对外 API 接口采用 openAPI（开放 API）标准，并提供多语言版本 SDK，可方便地将 BaaS 与应用系统进行对接。

应用层。应用层通过接口层与 BaaS 解耦，基于平台提供的丰富的服务接口，使平台可以支持多种业务场景，以此满足各个企业的需求。

在 BaaS 中，各层功能相对独立，每层内所含的组件各司其职，各层功能配合为企业提供优质服务。平台包含多种功能模块，帮助企业应对各个业务场景的需求，并保证上链数据安全，交易可信。

随着区块链技术的日益成熟并向大规模应用发展，企业对其要求也会越来越严格。BaaS 作为底层技术与企业业务互通的桥梁，BaaS 平台所承担的连接作用会更加重要。

六、面向产业应用的区块链敏捷开发模式

基于区块链的产业应用落地主要面临两个问题：一是什么样的业务场景适合区块链技术，以及如何有效地将两者结合；二是如何快速落地实施，尽快看到成效。

目前市场上的许多区块链应用，大多是为了区块链而区块链，而不是从解决业务痛点出发的，案例缺少真正价值。比如对一些不需要公开的信息进行存证，或者没有结合区块链的特点，仍然以传统的思路来设计业务模式；再如仍通过中心化影响力把业务简单地上链，反而对隐私保护造成负面影响。

如果没有充分认识到区块链的技术特点，就无法设计出合理的技术方案。比较典型的例子就是把区块链简单地当作数据库使用，将原

来的中心化系统数据直接转移至区块链上。

然而，如果没有充分认识到区块链技术还不够成熟的现状，过于乐观地选择技术方案，将导致区块链的应用"泛滥"。区块链在性能、扩展性、易用性、功能完备性、运维成本等许多方面都还有待完善，合理的应用方式应该以应用层业务系统为主，以区块链底层完善优化为辅，在此基础上逐步开展区块链技术迭代和场景化应用。

要快速完成区块链的开发和应用落地，需要在多个方面做好准备。

第一，完善的区块链底层技术支持。完善的区块链底层是区块链应用快速开发的基石，各类底层资源的快速部署安装、支持多种区块链底层应用、高效的区块链读写速度、完善的 Web 控制台及 SDK 和 API 接口，都是快速实现区块链应用落地的必要条件。

第二，积木化的应用组件。除完善的区块链底层支持外，积木化的应用组件支撑也是应用快速开发的必要条件。将类似的需求点抽离为公共的组件，可以在新应用产生时进行复用，通过组合配置的方式，完成新用户的大部分功能，只针对完全特殊的需求进行独立开发；针对可能通用的功能，对已有组件进行优化调整，适用于通用场景；将应用界面展现与后端技术解耦，从而将展现层独立出来，针对各类不同风格的界面要求，仅需要对前端页面进行调整，即可满足交付要求。

第三，敏捷开发模式。敏捷开发模式在互联网企业中已经得到了广泛的应用，同样适用于区块链应用的开发。一是建立产品需求列表，通过迭代计划会议，挑选重要且紧急的用户需求，以此作为迭代完成的目标，目标周期为 1~4 周，然后将用户需求细化，形成任务列表；二是研发组成员将每一个任务细化成小时维度的更小的任务，每个小任务的工作量控制在 48 小时之内，并通过每天 15 分钟的站立会议的形式对昨天的工作结果、今天的计划及遇到的问题进行确认，做到每日集成；三是当这个迭代完成时，要进行版本演示，回顾整个迭代中的问题并给出改进建议,用于下次的迭代开发。通过此模式,明确迭代周期内的任务,避免开发团队总被打扰,确保问题被快速发现及定位,提高开发效率及质量。

第三节 区块链应用从可信区块链到数字金融创新

区块链并不是万能的,其应用发展依然存在边界。从应用实践的领域来看,传统产业向金融行业、政务管理等多方位拓展是应用的主流。

一、区块链技术与产业融合向纵深发展

随着区块链技术的不断发展,其不再局限于比特币等数字货币的底层技术。一方面,区块链技术能够与金融深度融合,解决金融交易中的信任程度低、风险控制难、效率低下等问题。另一方面,区块链技术展现出赋能实体产业的潜能,有助于加强传统产业不同参与主体的协作关系,提升商业交易的安全性、可信性,降低交易成本,进而提升传统产业的效率和水平,优化传统产业的发展模式和逻辑。区块链的应用从金融领域延伸到实体领域,电子信息存证、版权管理和交易、产品溯源、数字资产交易、物联网、智能制造、供应链管理等领域,均开始尝试应用区块链解决行业发展的痛点。

当然,区块链技术的应用是存在边界的,并不是所有行业都可以或需要应用区块链。综合来看,应用区块链的行业均存在以下几个共性:一是参与主体多,并且交易主体间的信任程度较差;二是验真成本高,对参与方发生的交易信息进行验真的成本极高,甚至无法验真;

三是交易流程冗长，手续烦琐。

二、区块链技术应用的具体领域

随着区块链技术的精进完善，其在实体产业中的应用焕发出强大的生命力。零壹财经的数据显示，我国3万余家区块链企业主要服务的行业大多是批发和零售业，共有11 747家企业，占总量的37.68%。本书将从To B 和 To C（To Customer，面向个人消费者）两个视角分析区块链在实体产业中的应用概况。

（一）药品安全的"试金石"：区块链在医疗领域中的应用实践

1. 医疗行业的发展现状

随着人们收入水平的提高和生活品质的提升，我国医疗健康的消费需求持续高速增长。传统医疗行业已经逐步发展成以医疗、医药、保健品、健康管理以及健康养老等为主体的大健康产业，迎来了前所未有的发展机遇。根据前瞻产业研究院发布的《中国大健康产业战略规划和企业战略咨询报告》，2019年我国大健康产业的规模约为8.78万亿元，2023年将达到14.09万亿元，其中医药制造业的需求与规模不断扩大，2019年的销售总额约为2.83万亿元，2023年将达到3.93万亿元。但医疗健康产业在快速发展的同时，也暴露出许多亟待解决的问题。

第一，医药供应链信息安全得不到保证。一是药品数据信息孤岛现象越发明显。现阶段，我国医药供应链的数据相对分散，从生产、运输到交易等环节存在多个信息系统，全国各地的药品追溯机制也有很大差异，这就导致不同系统之间医药数据难以交互或交互不均衡，给监管部门的数据信息采集与取证、药品追溯召回等都带来很大的困难。二是药品制假、售假等违法犯罪行为屡禁不止。现有国内的医药信息大部分记录在医药企业的中央数据库中,这些数据库的实际管理由人工主导,管理员有权编辑、修改或删除医药信息,某种程度上为不法分子制假、售假提供了可乘之机。

第二,医疗数据采集与流通的安全风险逐渐暴露。从患者的角度来看,健康医疗数据分散以及不同机构间存在严重的数据壁垒,极易造成患者跨区转院就诊困难、病例错乱和隐私数据泄露等诸多问题。从医疗保险机构的角度来看,健康医疗数据是保险机构进行理赔调查的重要依据,然而,由于现有医疗系统缺乏标准化的电子健康记录和操作流程,其很难获得准确的保险用户医疗数据,导致医疗保险管理成本高,理赔过程低效冗长,骗保事件频发。

2. 区块链技术破解医疗管理的痼疾

区块链技术具有分布式存储、不可篡改、共识机制等技术特性,能够有效解决医疗数据隐私保护不足、信息安全性缺乏保障、可追溯性差等传统医疗行业长期存在的痛点,大大降低患者和医疗机构、保险机构的交易成本,提高医疗行业的管理效率。

(1)实现药品供应链全流程信息的公开透明

区块链技术可以很好地解决医药供应链大数据资源分散、数据隐私保密性要求高、互联网售药服务无法跨平台协同监管等行业痛点。

一方面,联盟链以组网形式建立合法身份验证准入机制,优化医药供应链营商环境。相较于公有链,联盟链的主体加入均需要提供合法身份验证,电子证书、电子签名等技术可以确保医药制造商、流通服务商、第三方物流及医药经销商等各主体的身份合法,进而使其获得参与记账权和经营交易权,为交易合法性追踪提供保障。当每笔合法交易被记录上链时,数据不可篡改,将为合法医药交易流通追溯提供关键的交易证据。

产业数字化

另一方面，防篡改和分布式存储的数据架构，为医药追溯提供了更多可能。区块链分布式存储可以确保医药数据不可丢失，时间戳技术和链式结构帮助实现数据信息的可追溯，共识机制有助于多节点共同记录和维护数据，防止供应链参与方更改或删除数据，最终实现医药数据流通全链条的验证追溯，有效降低单独故障率带来的数据灾难风险，提高药品流通监管效率和透明度。

（2）保障医疗数据隐私和流通安全

区块链技术的不可篡改和私钥管理特性，可以为医疗数据的隐私保护和安全流通管理提供更多的可能，从技术角度确保医疗数据在记录和流通过程中的真实性。

在数据隐私保护层面，区块链可以将分散于各医疗机构的患者检验数据进行加密处理，对数据进行上链管理，经过多个节点同步存储，从源头保障医疗数据的真实性和完整性，避免链上伪造和篡改医疗数据等行为发生。

在数据共享层面，区块链技术的多私钥授权、点对点传输可以解决医疗数据信任问题。区块链通过患者私钥授权，可以在保障个人隐私的前提下，保证医疗数据链上共享可控，形成以患者为中心的健康账户，有效减少医疗数据被恶意使用的风险。同时，可以解决医疗保险中的流程复杂、结算难、具有医疗信息壁垒等问题，确保医疗敏感数据的合法流通和使用。

3. 区块链技术在医疗领域的典型实践

区块链作为一种多方维护、全量备份、信息安全的分布式记账技术，为医药供应链管理和医疗数据流通提供了重要的工具和手段。

（1）基于区块链的医药溯源提高医疗行业的透明度

区块链技术的医药追溯平台的运作流程主要包括以下几点。一是当生产商采集药品生产信息、关联药品追溯码时，区块链可以帮助产

第四章
区块链技术构筑产业数字化基础设施

品批次、有效期等追溯信息上链,确保数据信息不可篡改,在联盟的经销商授权下可以共享节点的药品追溯信息。二是当医药供应链参与方产生关联交易时,可在就近节点快速校验,形成校验的药品追溯信息被识别为已交易状态,连同交易实体信息记录上链,随后的交易环节都将循环此模式,直到患者依据处方获得药品。患者通过扫描追溯码查验真伪,可以看到药品从生产、流通、物流、销售终端等全供应链的关键追溯信息。三是当国家医药监管部门针对某款药品发布召回指令时,追溯系统会发起交易冻结指令,所有联盟注册企业同步信息,自动冻结节点产品信息,实现后续药品交易的自动召回与警报。区块链医药防伪追溯平台如图4.2所示。

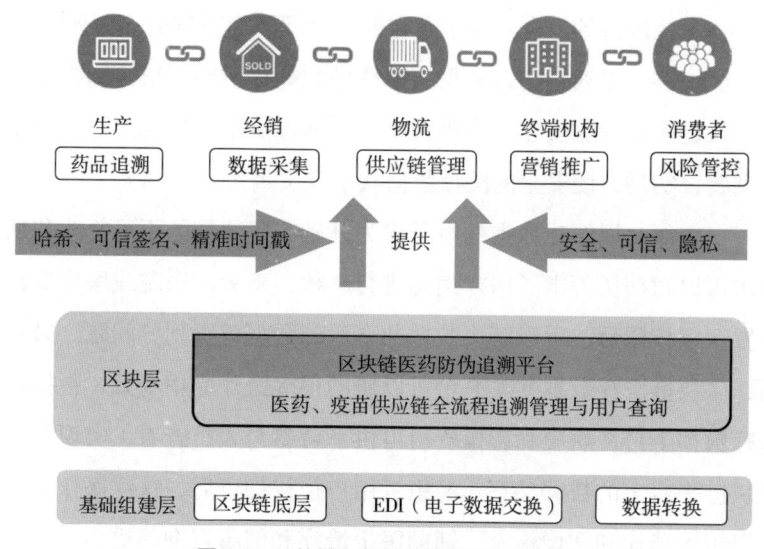

图4.2 区块链医药防伪追溯平台示意图

资料来源:京东数科智臻链。

近年来,疫苗的流通问题更是引起监管机构和消费者的高度关注,基于区块链技术的疫苗追溯平台搭建起疫苗信用体系,从技术角

产业数字化

度解决了疫苗流通环节多、信息不透明、终端库存管理难和接种效率低下等行业痛点。一是区块链技术可以打通疫苗的生产、冷链物流、疾控中心、接种站、冷藏、接种以及反馈等流通环节，保证实际用药安全，提高疫苗接种效率。二是区块链疫苗追溯系统可以与物联网智能硬件有效结合，打造出以智能冷柜等医疗冷链基础设施为核心的疫苗管理系统，提供存储、监控、追溯、库存管理一体化解决方案。三是区块链帮助实现疫苗"一物一码"精细化管理，与前端疫苗厂家形成联动，确保疫苗流通的全程可追溯。总的来看，区块链疫苗追溯平台不仅解决了药品防伪及流通追溯、问题药品召回、超量购药等问题，还可以有效防止成瘾药物处方反复使用，确保医疗辅助用药合理采用。

（2）区块链的数据共享平台有助于缓解医疗数据的孤岛现象

区块链技术通过搭建数据共享模型和数据访问权限控制模型，构筑区块链医疗数据安全共享平台，对于从源头上解决电子医疗数据共享难题，实现方便安全的医疗数据共享意义重大。

一方面，以医疗数据的电子化为基础，区块链的不可篡改和加密技术可以对病历等电子医疗信息进行确权，患者、医院或医疗机构在设置获取权限后，可以解决数据共享后的数据权责划分问题。另一方面，区块链医疗数据共享平台可以协同很多医疗应用场景，包括历史医疗数据上链，病史和影像资料可供平台参与人员查看，实现多方在区块链平台上的数据共享。经患者用户授权许可后，这些医疗数据还可以用于建模和图像检索、辅助医生治疗和健康咨询等更多需求。总的来看，区块链医疗数据共享平台，可以在保证用户隐私的基础上，打造全新的分级诊疗就医体验，实现医疗管理的全程共享、全程协同、全程干预。

(二)解决信用共识:区块链在共享经济中的应用实践

1. 共享经济的发展现状

共享经济作为近年来一种新的经济形态和经济增长点,通过搭建开放平台来提升闲置资源的利用效率,实现资源利用的最大化。国家信息中心发布的《中国共享经济发展年度报告(2019)》显示,2018年共享经济市场的交易额达到 29 420 亿元,同比增长 41.6%,共享经济参与者约为 7.6 亿人,其中提供服务者同比增长 7.1%。我国的共享经济在未来三年内,预计将保持年均 30% 以上的增长速度。

值得注意的是,各类共享经济模式在得到了市场的持续热捧后也暴露出了诸多问题。一方面,共享单车的乱停乱放、退押金危机、共享服务缺乏标准等问题,正在制约着共享经济的发展。另一方面,社会信用体系还不够完善,需要监管政策的约束以及企业自我管理的不断加强,促进共享经济模式走向规范。

2. 区块链技术推动共享经济模式的新变革

以区块链技术手段为基础,结合现有业务能力及第三方支持,可解决共享经济模式中存在的诸多问题。比如在信用租赁平台,在用户信用达到一定分数的情况下,可以免押金租用包、衣物、鞋子等生活用品。但信息透明度低、标准化欠缺、品类有限、押金贵、商品品质没保障等一系列问题亟待解决。区块链技术及其不可篡改的特性,可以解决共享租赁产业所牵涉的出租人和承租人的大部分问题,还可将业务流程中的关键数据文件,包括相关实名信息主体、订单及下单流程、电子合同、协议签订流程、定损检修记录报告、照片等进行即时保全。

实时不可篡改存证,高效解决纠纷。信用租赁过程中,不可避免地会因为承租人擅自处分租赁物、出租人违反租赁合同等因素造成违约纠纷,而传统的公证流程存在举证难、周期长、成本高、程序多等诸多问题。针对这种情况，共享经济模式可结合区块链技术手段，形成区块链存证联盟，将实际业务中的重要数据和文件进行实时、不可篡改的电子数据保全存证，形成各方可信赖的电子证据，达到实时取证、高效公正处理共享模式中的租赁违约纠纷的目的。

账本信息共享，降低风控成本。信用租赁平台和商户之间信息不对称，导致各个参与方无法共享信息，比如逾期的承租方信息、黑名单、白名单、信用较差的商户信息等。与普通的电商交易不同，租赁经济还有重要的信用风控环节。租赁行业内平台商家普遍采用内部风控管理，或借助第三方信用服务机构进行风控管理，以避免多头租赁欺诈问题等，但商户的运营成本也大大增加。结合区块链共享账本的特点，租赁流程中参与的各个环节，比如商户企业、司法机构等，可通过区块链进行信息的实时共享同步，解决信息孤岛，降低风控成本。

交易公开透明，缓解资金难的问题。信用租赁平台或商户企业的信用交易不透明，造成部分承租者或投资方对平台、商户企业不够信任，使资金紧张的租赁平台、商户企业无法获得进一步的融资支持，最终导致平台、商户企业资金流转困难。结合区块链共享账本的公开透明特性，可将信用租赁平台的交易实时存证，甚至可将相关信用权益进一步数字化、资产化，在区块链平台上进行公开透明展示，同时对敏感隐私数据进行加密处理，从而提升投资者、承租人对商户企业和平台的信任。

3. 基于区块链技术的共享经济模式实践

如今，很多共享经济模式在实际应用中已利用区块链存证服务，对各类电子数据进行保全。比如用户在信用租赁平台进行商品交易时，平台通过自动化流程获取共享业务中的订单、协议等重要电子数据文件，通过哈希算法提取其数字指纹，在区块链存证平台进行存证，记录在区块链中，利用其去中心化、不可篡改等特点，结合电子签名、

第四章
区块链技术构筑产业数字化基础设施

时间戳等技术，保证电子数据的完整性和可信性，保障平台及用户的司法权益，提升当事人的维权效率。

当用户在页面完成下单之后，就会获得一个防篡改的电子数据保全页。实时将租赁业务中的重要文件的哈希值以及数字指纹，在区块链网络进行广播记录，进行不可篡改存证。这个区块链保全存证过程将有多方共同参与，其中包括智臻链存证服务平台、信用租赁平台、鉴定中心以及互联网法院等，形成去中心化存证联盟，最终达到电子数据的即时取证、不可篡改，同时具备法律效力。若发生不可协商的租赁违约纠纷事件时，该区块链记录的电子数据将成为各方可信赖的电子证据，用户可以高效、可信地进行法律取证和举证。

信用租赁的"信用免押"特点增加了商户企业的资金压力，新兴领域、中小企业的双重身份导致资金方判断维度缺失，更是加重了融资难度。信用租赁平台通过区块链技术将商户的交易数据、商品数据、坏账数据等进行不可篡改数据存证，形成权威、可信赖的信用评估依据。实体商户、企业只有提升自身信用，才能获得资金提供方、征信机构等第三方的信任，才能更好地融资发展。这也积极响应了国家对区块链技术应用的要求和倡导：推动区块链和实体经济深度融合，解决中小企业贷款融资难、银行风控难、部门监管难等问题。

以信用租赁为代表的共享经济模式正步入更加成熟的新阶段，信用租赁已成为大众消费新趋势，越来越多的用户开始认同"以租代买"是一种更绿色、更健康的消费模式，可以有效降低尝试成本，在节省消费开支的同时又能够满足自己的个性化需求。区块链技术的应用，将促进信用租赁行业朝着标准化和规范化的方向发展，为C端用户提供更加便捷、全面共享的体验。

金融行业天然具有交易环节多、参与主体多、风险难以识别、信任成本高等行业痛点，因此，区块链在金融行业的应用也成为最主要的应用方向之一。根据零壹财经的数据，超过12 000位、来自19个国家和地区的申请人，参与了区块链技术在金融领域的研究与开发，专利成果高达3 433件，占专利总数的14.26%。2018年4月，中国信息通信研究院和京东金融研究院联合发布了《区块链金融应用白皮书》，重点梳理了区块链在ABS（资产证券化）、保险、供应链金融、场外市场、资产托管、大宗商品交易、风险信息共享机制、贸易融资、银团贷款、股权交易交割等方面的具体应用实践。

（三）构筑金融风险的"防火墙"：区块链在票据交易中的应用实践

1. 票据交易市场的发展现状

票据作为一种便捷的支付结算和融资工具，能够满足企业和银行对短期资金的需求，深受市场欢迎。特别是引入电子票据以来，票据市场交易非常活跃，规模迅速扩张。2010年，我国电子商业汇票承兑金额仅为2 773.66亿元，2018年激增到171 900亿元，年均增长率高达762.2%，电子票据交易发展呈现井喷之势。票据交易规模不断扩大的同时，违法违规事件却频频发生，对各参与方的信心和市场稳定造成了较大影响。

目前票据交易主要存在以下问题：一是票据的真实性难以把握，票据造假、克隆票等伪造纸质票据的现象时有发生；二是票据违规交易现象屡禁不止，监管部分持票人一票多卖、清单交易、出租账户等违规行为的难度大，导致票据市场沦落为融资套利和规避监管行为的"温床"；三是票据信用风险较高，商业汇票到期后承兑人不及时兑付的现象经常发生。这些问题严重影响了票据交易的市场秩序，存在较大的风险隐患。

2. 区块链技术增强票据交易的真实性

区块链技术以其独特的技术特性使数字票据成为可能，为解决现行票据市场缺陷提供了更好的选择。

第一,实现票据流转的去中心化。票据是一种有价凭证,其流通的背后隐藏着第三方为票据交易背书。比如在电子票据交易中,交易双方会通过中国人民银行的 ECDS(电子商业汇票系统)进行信息交互和认证;在纸质票据交易中,交易双方信任的第三方是票据实物的真实性。利用区块链技术,可以实现票据在点对点间的无障碍流通,既不需要第三方对交易双方价值传递的信息做监督和验证,也不需要纸质实物作为连接双方取得信任的依据。

第二,提高票据交易的可信任度,降低交易风险。比如纸质票据交易中"一票多卖"的现象时有发生,利用区块链不可篡改的时间戳和全网公开的特性,无论纸票还是电票交易,只要交易发生,双方均不可抵赖。

第三,降低监管成本,提高监管水平。目前监管部门只能利用现场审核的方式进行检查,对票据交易的业务模式和流转缺乏全流程的监管手段。一方面,基于区块链中的智能合约可编程的特点,通过编辑程序可控制价值的限定和流转方向,有助于形成市场统一的规则,建立更好的秩序,充分发挥票据为实体经济服务的作用;另一方面,区块链不可篡改的时间戳和完全透明的数据管理体系提供了可信任的追溯途径,大大降低了监管部门事后检查的成本。同时,对于监管规则也可以在链条中通过编程来建立共用约束代码,实现监管规则的全覆盖。

3. 基于区块链的票据交易平台

某银行基于区块链技术搭建了票链平台,使融资全流程可以在线上完成,小微企业可持银行承兑汇票在票链平台进行融资。银行承兑汇票的融资流程大概分为六步,主要包括注册、线上申请、预约时间、银行验票、信息上链和银行打款等步骤。

相对于传统的票据融资模式,银行票链产品主要有以下几点优势。

产业数字化

第一，业务流程简便。票链业务采用互联网模式，大部分流程线上处理，高效便捷，企业足不出户便可完成交易。手续简便，融资速度快，融资资金最快当天就可到账。票链融资业务在全国各地都可以办理，客户可以在任意时间、任意地点享受便捷的服务。票链业务的服务范围覆盖了各类中小微企业，可以及时有效地为中小微企业提供融资。票链产品更加注重小微市场，那些地处偏远、票据贴现流程不方便，或者难以通过贴现融资的中小微企业，亦可通过票链产品高效率地获得融资，这有效地支持了中小微企业的发展。

第二，票据业务安全性大幅提高。票链产品将具有去中心化、去信任、时间戳等特征的区块链技术作为票链平台架构的底层技术，使票据所有的交易信息公开透明、不可篡改，大大降低了票据领域的操作风险及信用风险的发生，使交易更加安全。票据的验票和托收等环节，均由银行实体柜台负责，银行网点严格控制操作风险和信用风险。验票及交易信息一经写入区块链，便在整个票链平台上共享票据信息，大大提高了银行票据业务的效率。

第三，企业融资成本低廉。票链平台的平均融资利率为6%，远低于中小企业利用其他方式融资的利率，也低于市场同类票据贴现的平均利率，使企业大大降低财务成本。票链业务每一环节均在该平台上统一进行，大大减少了交易成本，为企业省去了大量不必要的成本。

第四，融资期限灵活多变。票链平台的融资门槛低，不限票面金额，小到1万，大到1 000万均可获得融资。票链融资期限比较灵活，可满足期限在1~360天之间任意票据到期期限的融资需求，中小微企业因票链业务操作流程规范、交易流程便捷、成本低廉而越来越青睐这种融资方式。

（四）提升资产交易的效率：区块链在资产证券化中的应用

1. ABS 行业迎来新的发展机遇

在我国监管部门推出 ABS 备案制后，国内 ABS 发行呈现高速增长的趋势。在监管环境不断变化、科技发展日新月异的背景下，ABS 特别是消费金融 ABS 迎来了全新的发展机遇。

（1）ABS 行业发展的空间和潜力巨大

受监管政策和市场环境的影响，债券市场遭遇前所未有的挑战，市场下滑明显，然而 ABS 发行量却实现了逆势增长。2019 年发行各类产品 2.34 万亿元，比 2018 年增加 3 500 多亿元，发行量创新高，但是增速有所回落，从 2018 年的 33.9% 下降到 18% 左右，呈逐年下降趋势。因此，我国 ABS 行业的规模和体量还有很大的发展空间。

（2）资管新规带来的政策红利

2018 年 4 月，中国人民银行、银保监会、证监会、国家外汇管理局联合发布《关于规范金融机构资产管理业务的指导意见》（简称资管新规）。监管部门要求资产管理产品投资非标准化债权类资产，应当符合相关限额管理、风险准备金要求、流动性管理等标准，但明确提出 ABS 产品不受该规定约束，ABS 产品将对非标准化产品产生替代作用。在"非标转标"大势所趋的情况下，ABS 成为转标过程中的重要途径，这将为做大 ABS 市场带来重要机遇。

随着消费金融行业的发展，消费金融 ABS 产品的发行规模也进入快车道。一方面，消费金融行业的高速发展为消费金融 ABS 积累了大量基础资产；另一方面，消费金融 ABS 与消费金融行业需求匹配度高，可更快速有效地盘活消费金融企业所持资产，降低融资成本，改善信用增级效果。

2. 区块链技术为 ABS 行业赋能

ABS 行业在快速发展的同时，也逐渐暴露出一些问题，比如资产现金流管理有待完善，底层资产监管透明性和效率亟待提高，资产交易结算效率低下，增信环节成本高昂等。区块链技术具有去中介化、共识机制、不可篡改的特点，能够有效解决上述问题，为ABS行业的健康发展赋能。具体主要体现在以下几个方面。

（1）改善ABS的现金流管理

ABS的现金流管理是较为复杂的结构，区块链技术应用于ABS能有效改善其现金流管理。一方面，可以缩减银行等机构的服务成本。区块链技术可实现自动账本同步和审计功能，这能极大地降低参与方之间的对账成本，解决信息不对称问题，还可以降低参与方对接的技术成本。另一方面，利用智能合约功能，可以实现款项自动划拨、资产循环购买和自动收益分配等功能。在完成多方共识的基础上，有效降低由于人工干预造成的业务复杂度和出错概率，显著提升现金流管理效率。

（2）利于穿透式监管

从监管的角度来看，区块链技术应用于ABS领域，既能确保ABS底层资产的真实性，又能够看到最底层资产的风险。这样能更有效地监督金融机构适度使用金融杠杆，合理地利用ABS手段，充分盘活沉淀资产。特别是在资管新规下，金融机构对底层资产穿透的需求愈加强烈。区块链实现的分布式账本技术，有望在ABS底层资产穿透、提升监管水平方面发挥重要价值。

（3）提高金融资产的出售结算效率

区块链技术应用于ABS领域，使金融债权资产转让效率大大提高，以及流动性需求与资产转让时效不匹配的问题得到有效解决。比如贷款出售是非常烦琐、耗时的，结算一般要花费几周时间。通过区块链技术可绕过中间支付清算系统，实现点对点即时支付，从按日结算缩短到按分钟结算，大大缩减支付到账时间，使结算效率大大提高。

（4）证券交易的高效和透明度大大增强

区块链技术实现了价值去中心化的互联网传递，为金融互联网搭建提供了基础。通过区块链进行 ABS 产品交易，可使更广泛的参与者在去中心化的交易平台上自由完成交易，实现 7×24 小时不中断交易。对于认可这一"区块"价值的机构，可以接受"区块链"代表的证券持有人再融资，不用担心对应证券资产的转移和"双花"[①]，因为每一笔交易都公开透明，可追本溯源。

（5）降低增信环节的转移成本

由于通常对应了多笔资产，每笔资产对应着不同的外部担保，因此在实践中，ABS 目前没有真正实现担保随同金融债权资产的转让，只是通过法律条款约定了保留完善担保的权利，在真正出现需要履行担保的情况时再转移担保。基于区块链技术建立点对点的增信保障平台，可有效降低增信转移的成本。

3. 区块链技术在消费金融 ABS 中的相关应用

基于区块链的 ABS 全流程解决方案，包括资产池统计、切割、结构化设计、存续期管理等系统功能，为中介机构提供全流程的分析、管理、运算体系。

（1）基于区块链的 ABS 全流程解决方案

首先建立由各参与方共同组成的 ABS 区块链联盟，在此基础上，在 ABS 全流程的落地中运用区块链技术，使 ABS 实现更加精确的资产洞察、现金流管理、数据分析和投后管理。

一是参与方共筑 ABS 区块链联盟。

区块链联盟是指由若干机构共同参与管理的区块链，每个机构都运行着一个或多个节点，其中的数据只允许系统内不同的机构进行读

---

① "双花"指一笔资金被花费了两次。——编者注

产业数字化

写和发送交易，并且共同记录交易数据。各参与方只有通过对方授权的密钥，才能看到其他参与者的数据，这样就解决了数据隐私和安全性问题，同时能够实现去中心化。相较于私有链的运作空间和效率，联盟链价值更大；而相比公有链的完全去中心化的不可控和隐私安全问题，联盟链变得更灵活，也更具可操作性。

ABS全流程解决方案建立了多方参与的ABS区块链联盟，该联盟由资产方（消费贷款、抵押贷款、应收账款、票据等）、Pre-ABS[①]投资人、SPV（特殊目的载体）、托管银行、管理人（投资银行）、中介机构（评级机构、会计师事务所、律师事务所）、ABS投资人（券商、基金、银行、信托等）、交易所共同组成，其核心业务包括资金交易对账、交易文件管理、数据交互接口、信息发布共享、底层资产管理、智能ABS工作流等。

基于区块链可为ABS提供全流程解决方案的服务，具体到ABS项目的不同阶段来看。

在承做期，首先，区块链可写入底层资产包的真实数据，在此基础上计划管理人设计交易产品结构；其次，各中介机构（评级机构、会计师事务所、律师事务所）根据角色权限获取和发布相关信息及文件，计划管理人通过区块链能够实时获取各中介机构进度和相关报告；最后，基于中介机构录入的关键信息自动生成文件模板，区块链同时对相关文件进行管理。

在承销期，投资人一方面能够及时推送更新的推介材料，降低错误操作风险；另一方面能实时监控底层资产表现，定制路演材料。

在发行期，区块链使产品发行的四个重要节点完全实现自动化管

---

① Pre-ABS是指，为资产证券化的原始权益人形成基础资产提供资金，并以资产证券化募集的资金作为回款的一种投资方式。——编者注

第四章
区块链技术构筑产业数字化基础设施

理，即投资人认购信息登记管理自动化、中国证券投资基金业协会备案流程自动化、中国证券登记结算有限责任公司登记流程自动化、交易所挂牌流程自动化。

在存续期，资产服务报告通过智能合约自动生成。

二是区块链全流程的落地交易阶段。

在Pre-ABS底层资产形成阶段，可以做到放款、还款现金流和信息流实时入链，实现底层资产的真实防篡改。同时，各类尽调报告、资产服务报告通过智能合约自动生成。

在产品设计和发行阶段，交易结构和评级结果由评级公司和券商确认后入链；将投资人身份及认购份额登记入链；交易所从链上获取全部申报信息，将审批结果入链。

在存续期管理阶段，回款数据，循环购买数据，资产赎回、置换和回购数据均可入链，并自动生成资产服务报告。

在二级市场交易阶段，证券底层现金流信息可从链上获取，帮助交易双方进行实时估价；投资人可通过交易撮合智能合约，在链上完成证券所有权的转移。

综上所述，ABS全流程解决方案从提高收入、降低成本和提升效率三个维度体现其价值：对投资方而言，全流程解决方案降低了ABS产品对应底层资产的信用风险，丰富了投资收益来源，并减少了投后管理的成本；对资产方而言，全流程解决方案进一步拓宽了融资渠道，降低了融资成本和风控运营成本，促进了信贷业务管理流程标准化，缩短了融资交易周期；对服务方而言，降低了投后管理人力的成本投入，使资金分配流程更加高效。

（2）ABS区块链应用的案例

利用区块链技术将底层资产上链，在区块链上实现底层资产的全流程管理。根据不同的资产类型，设计不同的管理流程，包括底层资产的生成、交易、查询、打包、资金流和销毁等流程。目前，已有企业在车贷 ABS 的区块链应用方面进行了具体实践。

建元车贷 ABS 项目是建元资本购车按揭贷款项目，采用增量放款的模式，可以在区块链平台上实现增量生成资产。该 ABS 项目涉及 Pre-ABS 阶段，详细业务流程分析如下。

第一，设立阶段。原始权益人和投资人签订合同，制订专项计划后，投资人通过信托账户向专项计划监管账户划付专项资金。在这一阶段，合同签订信息和资金划转流程都将入链。

第二，放款申请阶段。借款人向原始权益人提出借款申请后，原始权益人将放款数据递交给投资人，由投资人进行黑名单筛选后，将确认过的放款数据返还给原始权益人。在这一阶段，放款申请信息将入链。

第三，放款阶段。原始权益人向第三方支付下达放款指令后，第三方支付向监管行下达扣款指令，从专项计划监管账户划付放款资金至第三方支付的备付金账户，再从备付金账户划付至各借款人账户。在这一阶段，放款的过程将上链。

第四，回款阶段。借款人将还款划付至第三方支付账户，并向原始权益人提供还款信息，第三方支付于 T+1 日（交易登记日的次日）将回款划付至专项计划监管账户，并将信息发送给原始权益人，原始权益人收到信息后将其推送给投资人进行核对。同时，监管银行收到来自第三方支付的回款后，将资金划付至信托账户，回款信息和还款资金流将入链。

政务管理和公共服务具备区块链应用的基本前提条件。近年来，中央和地方政府出台了一系列政策，鼓励支持区块链在政务管理领域进行尝试和探索，区块链在政务管理的效率提升方面的应用空间非常广阔，同时也将给政府职能、管理机制以及法规制度带来较大的积极作用。

（五）提高政府公信力：区块链在电子政务中的应用实践

1. 电子数据存证的发展现状

随着数字经济的高速发展，司法领域中证据的形式也由物证时代进入电子证据时代，对电子取证的需求持续旺盛，行业前景广阔。根据智研咨询的数据，预计到 2022 年，我国电子数据取证的市场规模将达到 31.78 亿，2019—2022 年的复合增速将高达 16.50%。可以预见，在数字经济时代，电子证据将成为司法业务中的主流证据类型，其应用范围将从网络监察拓展至刑侦、检察、工商等多个领域。

尽管司法实践对电子证据存在巨大的需求，但对电子证据的使用却面临着许多现实困难。主要表现在：一是电子证据容易被篡改；二是在取证时，如果电子证据和相关设备发生分离，那么电子证据的效力会降低；三是在出示证据时，需要将电子证据打印出来转化为书证，这种操作不但可能破坏电子数据的内容，同时司法认定成本也较高；四是在举证时，由于其易篡改的特点，可能会出现双方的电子数据内容不一致的情况，导致法院认定电子证据的真实性、关联性、合法性变得非常困难。因此，寻找新的、安全的电子证据存储方式已经成为司法实践中各参与方的迫切需要。

2. 区块链技术为电子数据存证赋能

区块链技术能够为证据加盖时间戳，有利于证据链的保存。在存证环节，区块链技术给电子证据添加了可信的时间戳，据此可以认定电子证据的产生环境和产生时间，为电子证据的存储提供了高质量的数据源，进而规范了数据存证格式，保证了数据存储安全和流转可追溯。

区块链技术不可篡改的特点增强了电子数据的可信性。在存证方层面，区块链技术通过共识机制调节进行多方存证，如果想篡改存储数据，通常需要在半数以上节点同时篡改，难度较大，避免了单独作恶的可能；在存储数据结构方面，区块链技术使用哈希嵌套的块链式结构进行数据存储，一条存储数据被修改，其所有的后序区块都需要修改，篡改计算量大，并且篡改难度随数据量增大而增大，这一特性解决了传统技术中随着数据量增大，数据质量难以保证的难题。

区块链中的非对称加密技术有利于实现司法数据中的隐私保护。比如涉及个人敏感数据的场景，非敏感数据直接上链，非对称加密用来对加密密钥进行加密保护，实现分布式存储数据交易的安全性和定向共享性。零知识证明技术通常应用于用户敏感数据或商业交易数据隐秘验证的场景，比如某个人数据服务场景需要根据个人年龄判断某项检查是否合适，通过零知识证明技术，在上链个人档案信息时可以获得满足此判断的个人年龄范围，而不需要暴露个人具体生日，提供了合理的脱敏反馈。

3. 基于区块链的数字存证服务平台

区块链数字存证平台是电子数据存证的一站式服务平台，具有简单易用、开放灵活、多场景适用、可信保障等特征。平台通过电子签名、可信时间戳、哈希算法、区块链等技术，保障电子数据的完整可信、不可篡改，增强电子文件的法律效力。电子协议、合同、订单、邮件、网页、语音、图片等各类电子数据均可存证，适用多个行业。用户无须关心区块链底层细节，即可快速实现基于区块链的数据存证。

区块链数字存证平台联合仲裁委、公证处、互联网法院、司法鉴定中心等司法服务机构，打造可信联盟链网络，进而提供证据保全、司法鉴定、赋强公证、一键举证等一系列司法存证服务，多方对数据进行共识、存储和背书，可以使电子证据更为可信，减少法官在数据真实性判断上所需的时间，减少司法鉴定或者公证的需要，可以有效提高当事人的维权效率（见图 4.3）。以电子签名的区块链存证为例，研究表明，通过"电子签名+区块链存证"可将仲裁从 60 天缩减到 7 天。此外，区块链数字存证平台推出的密文电子数据托管服务，可以实现用户公私钥和存证数据的分离机制，保证司法存证的安全性、严谨性和公正性。

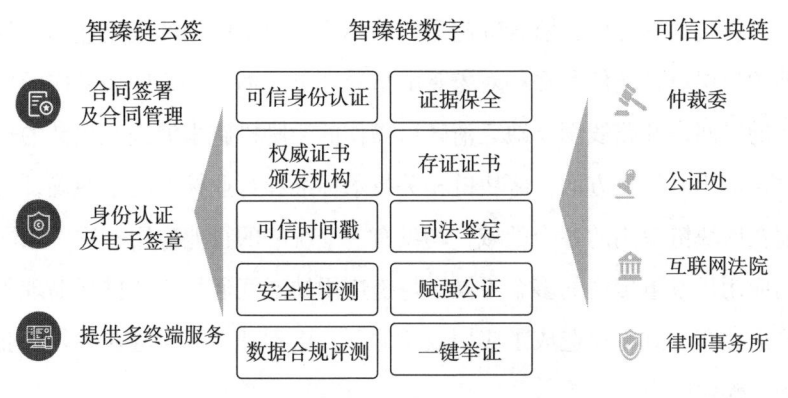

图 4.3　区块链电子数据存证服务平台

资料来源：京东数科智臻链。

第四节　区块链技术未来发展前景广阔

近年来，区块链技术创新和应用发展越来越受到各方的重视，许多行业纷纷加入区块链应用的浪潮中。但我们更应该清醒地认识到，一方面，我国区块链技术的行业应用要结合国情，走出一条具有我国特色的产业化道路。与欧洲等发达国家利用区块链开发数字货币不同，我国产业门类足、细分行业多，存在许多区块链应用的天然场景，区块链行业应用具有无限的想象空间。另一方面，要认识到我国区块链技术的发展还处于探索和研究阶段，其深入推广应用仍需要经历一段整合和发展过程，需要产学研各方的共同努力和参与。具体来看，区块链产业发展需要重点解决以下几个问题。

产业数字化

第一，区块链应用的顶层设计尚不够明确具体。目前区块链发展已上升至国家战略高度，各地纷纷出台相关政策抢占区块链技术创新和行业应用的先机，但从实际情况来看，区块链应用的顶层设计需进一步强化。一方面，监管部门需明确细化区块链应用的规划蓝图，目前的顶层设计还停留在相对宏观的指导意见层面，缺乏区块链应用发展的时间表和路线图，缺乏清晰可操作的激励措施来促进区块链的规模化应用。另一方面，区块链相关技术标准和行业标准尚不明确，目前在区块链应用的各个领域，均没有一个统一的行业应用标准，相同的应用场景下出现的多个不同区块链应用缺乏互通性，数据孤岛现象普遍存在，这不仅造成了应用效率低下，更不利于区块链在各行各业的规模化应用。

第二，区块链产业应用的基础环境有待完善。首先，区块链产业应用场景的数字化程度需要提升。由于区块链技术是数字化技术，所以区块链的产业应用场景首先需要充分的数字化，若某个行业本身没有数字化，或者数字化的程度极低，以及数字化基础设施的建设能力极差，那么该行业就不具备应用区块链的基本前提。切忌一味追求所有信息上链、所有行业上链，而应该把评估行业的内在需求和基础作为应用区块链的基本标准。其次，联盟链部署成本过高，对区块链应用规模化造成冲击。相比公有链，联盟链不仅准入门槛低，而且节点少，交易速度快，因此更受行业应用的青睐。但目前联盟链在行业应用层面仍存在一些障碍：一是在激励制度、共识算法、比较细分的性能以及社区建设等方面，存在很多不完善之处；二是在部署上链方面，联盟链开发完要部署到每个企业去，但链上的成员由于存在利益冲突，在治理上仍会存在分歧。这些问题都导致联盟链的部署成本非常高，影响了区块链在行业层面的大规模应用。

第三，防范区块链产业应用的风险。首先，严守监管合规的硬性

第四章
区块链技术构筑产业数字化基础设施

要求。区块链起源于比特币，在区块链应用的早期阶段，部分企业热衷于 ICO，进行非法集资和诈骗活动，直接挑战了监管的底线，甚至在一定程度上影响了监管部门对区块链的监管取向。安全合规的区块链产业应用是未来的主流和监管引导的方向，而以 ICO 为代表的区块链应用或者伪应用，都将是监管部门严厉打击的对象和领域。其次，注重技术风险的软性约束。区块链技术虽然集密码学、分布式技术于一身，但并不代表其没有安全漏洞，近年来区块链安全事件屡见不鲜。比如，区块链智能合约设计存在漏洞，基于 PoW（Proof of Work，工作量证明）共识过程的区块链面临 51% 的攻击问题，即黑客如果可以控制节点中的绝大多数计算机资源，就可以重改共有账本，实现 51% 的"双花攻击"。又如，私钥安全问题也存在漏洞，目前区块链中私钥存储在用户本地终端，若用户私钥被窃取，将给用户数字资产造成严重损失。区块链的技术风险需要全社会共同参与，特别是在底层算法稳定、系统漏洞加固、应用环境安全等方面，各方必须共同应对潜在的风险和挑战。

虽然区块链发展还存在许多亟待解决的问题，但随着区块链技术的不断完善和产业应用场景的日趋丰富，其发展蓝图将越来越清晰，前景将越来越广阔。

第一，区块链行业标准和监管政策将逐步完善。一方面，抢占区块链行业标准的战略高地是争取技术话语权的重要手段。具体来讲，通过行业协会牵头，依托产业联盟，加速区块链行业标准落地，推进建设政府主导制定和市场自主制定协同配套的标准体系。积极参与 ISO（国际标准化组织）、ITU（国际电信联盟）等国际机构的工作，参与国际区块链标准的制定，推动国内优势技术转化为国际标准。推动企业、科研机构、高校等共建区块链核心技术攻坚平台，加大研发力度。另一方面，区块链的监管将日益严格和规范。一是区块链行业的立法进程将加快，这也有助于填补监管缺失的真空地带；二是区块链监管的边界和底线更加明确，比如黑名单制度将有助于规范区块链行业应用的范围；三是区块链的监管沙盒制度将逐步出台，通过试点进行总结、规范和推广，将是区块链监管的重要实现方式。

第二，区块链与其他技术的深度融合将是大势所趋。区块链技术本身就是各种已有技术的融合，虽然可以解决多方参与场景的互相信任问题，但是并不能解决所有业务场景中出现的问题。要想利用区块链技术达到更好的效果和获得更多的收益，与其他技术结合是最好的选择。区块链、云计算、大数据、人工智能等，实质上是"算法＋数据"的体现，因此，相互之间的融合是必然趋势，这些技术将共同构成新一代数字科技的基础设施。

一是区块链与物联网的结合。物联网技术经历了多年的发展，已经日益成熟。无论是在生产制造车间、道路交通运营还是居家生活领域，都能看到各种物联网设备的身影，物联网设备实时采集的信息也被广泛应用于各种监控、计算和预测场景中。这种功能很适合与区块链技术相结合，用来解决区块链上链数据真实性的问题。物联网设备提供的信息具有客观、实时、错误率小、无人为干预的特点，可以有效解决区块链上链信息真实性的问题，为区块链在场景中的应用提供了有效的解决方案。

二是区块链与大数据的结合。我国大数据技术和应用已经发展多年，虽然原始数据资源非常丰富，但数据分享与交换却广泛存在壁垒，数据治理未成体系，因此形成了一座座数据孤岛，制约了数据价值的挖掘和利用。我国大数据发展并不均衡，虽然面向个人消费的应用发展较快、较好，但挖掘与利用的深度和广度均不足。区块链是全历史、全网记账的分布式数据库存储技术，因此随着应用迅速发展，链上的数据规模会越来越大。同时，结合产业数字化的应用，链上的数据不

第四章
区块链技术构筑产业数字化基础设施

再局限于一个企业的业务数据，而是慢慢积累为整个产业的数据。随着链上应用场景的不断延伸，数据也将极大丰富，形成真正意义的大数据。

数据如何在保护隐私的情况下进行共享，也是制约大数据应用发展的重要因素。区块链利用密码学技术，将原始业务数据进行哈希加密处理和脱敏处理，再利用其他密码学算法，如多方安全计算、差分隐私、同态加密等，在不获取原始业务数据的情况下进行运算，直接得到运算结果，从而解决数据共享中的信息安全问题。区块链技术的不可篡改、透明、可追溯都有助于大数据的数据质量的提高，让更多数据被分享、挖掘、利用，推进数据的海量增长，实现其真正的价值。

三是区块链与人工智能的结合。一般来说，传统的商品溯源有二维码、NFC（近场通信）和芯片加密技术，但商品交易中仍存在易仿造、易被调包、NFC芯片成本高等问题。比如更换或重新打印一个二维码，或者把RFID（射频识别）拿下来，这样就可以伪造一个ID（身份标识号）。如何确定实物唯一性是行业普遍面临的难题。区块链与人工智能的结合为这一问题的解决提供了新的思路。

比如在普洱茶的溯源问题上，通过引入图像的识别和匹配算法，将人工智能与区块链进行结合能够有效解决这一难题。茶的制作经历了称重、蒸茶、制成茶饼等一系列过程，茶饼最终形成的纹路是完全随机的，因此世界上不可能存在两个完全一样的普洱茶饼，每一个普洱茶饼在压制过程中都会形成一个随机纹路，这个随机纹路就像动物的DNA（脱氧核糖核酸）一样是唯一的。这一过程可以进行记录，当新的茶饼制成之后，可以对茶饼进行匹配，最终可实现茶饼溯源、防伪和数据不可篡改。人工智能技术可用于获取茶饼独一无二的纹路特征，而通过将追溯码录入信息写入区块链，可实现不可篡改，最终将外包装的二维码和茶饼纹路的ID进行二码合一，解决溯源问题。

产业数字化

为满足区块链大规模应用,通过深度学习图像识别和局部特征匹配技术,在对茶饼进行评价时,在十万分之一的误差率下,茶饼匹配成功率达到了99.5%,注册成功的茶饼也获得了自己的"身份证"。当茶饼注册成功之后,通过人工智能图像采集和产品查询匹配,最终可以得到茶饼ID、区块链数字证书等信息,起到防伪溯源的作用。

第三,BSN(区块链服务网络)的引入将有效降低联盟链的部署成本。BSN为开发者提供公共区块链资源,降低了区块链应用的开发、部署、运维、互通和监管成本,从而使区块链技术得到快速普及和发展。通常搭建一个传统联盟链局域网环境,根据目前主流云服务商的报价,每年最低成本也要10万元。通过BSN,一个应用每年仅需2 000~3 000元即可成链并进入运行,这极大降低了使用区块链的门槛。目前,由国家信息中心、中国移动、中国银联等机构发起的区块链服务网络正式上线和开始内测,内测结束后将进入商用阶段,可以预见,BSN的建立不仅能够降低联盟链的部署成本,而且会极大地推动区块链行业应用的进程。

第四,数据安全治理的关键作用日益凸显。区块链可以使数据低成本高效率地实现确权、流转、交易,进而实现数据的有序共享和价值分配,构建数据要素市场,对于我国发展数字经济具有重要的现实价值。但区块链技术在提高效率、降低成本、提高数据安全性的同时,也面临严重的隐私泄露问题。因此,隐私保护将成为区块链技术创新和行业应用的又一大热点,混币技术、环签名方案、同态加密技术、零知识证明等可在一定程度上用来解决隐私保护方面的问题,但这些技术仍存在优化空间。下一阶段,关于区块链数据隐私保护的技术方案将逐步成熟完善。

第五章

5G 为产业数字化搭建"云梯"

产业数字化转型的痛点是什么？网络问题是产业数字化转型的"拦路虎"。5G具备大连接、低时延、高速率、广覆盖等特性，通过其技术上的优势，帮助企业在传统业态下的设计、研发、生产、运营、管理、商业等领域进行变革与重构，进而推动企业重新定位和改进当前的核心业务模式，成为数字化转型的关键利器，为传统企业由电子化到信息化再到数字化搭建"云梯"。

进入5G时代后，无线通信的应用场景将实现进一步跨越，实现从移动互联到万物互联的延拓，推动"物理世界的虚拟化、数字化"。5G与云计算、人工智能技术深度融合，向垂直行业领域渗透，为垂直行业的高质量发展带来新契机，助推城市的智能升级，推动数字经济的发展。我国已经在数字经济领域走在世界前列，研发投入、专利数和市场占有率均有一定优势，应抓住数字经济的发展机遇，发挥5G等产业效应，致力让我国成为世界领先的数字经济强国。

第一节　中国 5G 产业链日趋成熟

我国在 5G 网络建设和应用实践方面基本处于世界领先水平。2020 年是我国 5G 网络建设的关键一年，三大运营商在年初就制定了全年建设 50 多万座 5G 基站的目标。未来，因兼顾短期拉动经济和中长期释放经济增长潜力的作用，以 5G 为代表的新基建投资将成为我国经济的新增长点。

一、我国 5G 建设处于世界领先水平

5G 即第五代移动通信技术，是最新一代的蜂窝移动通信技术，其突出的性能目标是高速率、低时延、大系统容量及大规模的设备连接。在 5G 时代，数据的传输速率最高可达每秒 10GB（千兆字节），比先前 4G LTE（长期演进技术）蜂窝网络快 100 倍，网络延迟低于 1 毫秒，而 4G 为 30~70 毫秒。基于 5G 以上的特性，原本需要固定带宽支撑才能实现的应用，可通过无线通信得以实现，从而提升外部场景输出效率，促进数字科技的远程精准输出和实时精细支持，营造便捷高效的开放生态。

全球移动供应商协会报告称，商用 5G 设备的数量持续增长，截至 2020 年 5 月底，全球已公布 296 款 5G 设备，其中至少 112 款已投入商用，全球 97 个国家和地区的 386 家运营商宣布将投资 5G。95 家运营商宣布已在其网络中部署了符合 3GPP（第三代合作伙伴计划）标准的 5G。80 家运营商已经在全球 42 个国家和地区推出了符合

产业数字化

3GPP 标准的商用 5G 服务。全球有 384 家运营商正在投资 5G 网络，这些网络处于测试、试验、试点、规划或实际已经部署等不同状态。

我国在 5G 网络建设和应用实践方面，基本处于世界领先水平。2019 年 6 月，工信部向中国电信、中国移动、中国联通、中国广电发放 5G 商用牌照，我国正式步入 5G 商用元年。2020 年是我国 5G 网络建设的关键一年，三大运营商在年初就制定了全年建设 50 多万座 5G 基站的目标。根据三大运营商披露的最新数据，截至 2020 年 4 月底，中国移动已经建设 14 万座 5G 基站，年底将建设完成 30 万座以上；中国电信与中国联通积极推动 5G 共建共享，已累计开通 5G 基站 10 万座，在全国开通 5G 共建共享，实现了 50 多个城市的 5G 正式商用，力争在 2020 年完成全国 25 万座基站建设任务。

同时，三大运营商也积极加快边缘计算、云网融合等能力建设。2020 年 4 月，中国联通发布了全球首张 MEC（多接入边缘计算）规模商用网络，探索边缘云应用加速、算力经营等场景的测试实践，为 5G 云游戏、VR（虚拟现实）直播、8K 超高清分辨率视频等业务的井喷式爆发做好铺垫。三大运营商联合发布《5G 消息白皮书》，宣布共同启动 5G 消息业务。中国移动和中国广电达成协议，启动 700MHz（兆赫）的 5G 网络共建共享。中国信息通信研究院预计，2020 年三大运营商将在 5G 建设方面投资约 1 800 亿元，到 2025 年预计投资额达到 1.2 万亿元。

未来，因兼顾短期拉动经济和中长期释放经济增长潜力的作用，以 5G 为代表的新基建投资将成为我国经济的新增长点。中国银行研究院测算，2020 年新基建的七大重点领域投资总规模约为 1.2 万亿元，其中 5G 基站及相关设备投资为 2 500 亿~3 000 亿元。5G 等新基建的核心在于，支持产业数字化、数字经济的发展，伴随着新基建的加快推进，其在推动经济转型升级、结构性改革方面也有望发挥更大作用。

第五章
5G 为产业数字化搭建"云梯"

二、5G 产业链各细分龙头加速布局

根据 5G 标准的制定日程以及基础建设的流程，5G 建设周期可以按先后顺序分为规划期、建设期和应用期。除运营商外，大部分细分行业只归属于其中一个阶段。规划期主要指 5G 网络的规划和设计，而建设期涉及无线设备、传输设备和终端设备等较多细分行业，应用期主要包括 VR/AR（增强现实）、车联网、增强移动宽带、工业互联网和远程医疗等应用场景。

从产业链来看（见表 5.1），5G 上游产业包括网络建设与规划、射频器件、光模块/光器件、小基站、光纤光缆等领域，主要公司有华为、中兴通讯、爱立信、诺基亚、三星、中天科技、特发信息等；中游主要指移动通信运营商，主要公司有中国移动、中国联通和中国电信；下游主要指应用场景，具体包括 VR/AR、车联网、增强移动宽带、工业互联网、远程医疗等，代表公司有邦讯技术、初灵信息、高斯贝尔、四川九洲等。

表 5.1　5G 产业链图谱

环节		细分领域	主要竞争厂商
上游	网络规划设计	前期技术研究，网络建设与规划	宜通世纪、富春通信、国脉科技、杰赛科技、中国通信服务、中通国脉
	基站设备	核心网、BBU（基带处理单元）、RRU（射频拉远单元）	华为、中兴通讯、爱立信、诺基亚
		芯片及模组	海思、中兴通讯、联发科、大唐电信、展讯
		天线/天线振子	通宇通讯、摩比发展、京信通信、盛路通信、齐星铁塔、梅泰诺、飞荣达、宜通世纪、华为

产业数字化

续表

环节		细分领域	主要竞争厂商
上游	基站设备	射频器件 — PCB（印制电路板）/覆铜板	生益科技、沪电股份、深南电路
		射频器件 — 滤波器	东山精密、武汉凡谷、大富科技、春兴精工、麦捷科技、信维通信、硕贝德、顺络电子
		光模块/光器件	中际装备（苏州旭创）、广讯科技、天孚通信、昂纳科技、新易盛、博创科技、科信技术、日海通讯
		小基站	京信通信、邦讯技术、三元达、超讯通信、日海通讯
	传输设备	有线传输连接	中兴通讯、华为、爱立信、诺基亚、烽火通信
		光纤光缆	中天科技、亨通光电、武汉长飞、烽火通信、杭州富通、通鼎互联、特发信息
		系统集成	中国通信服务、京信通信、三维通信、邦讯技术、宜通世纪、电信国脉、华星创业、奥维通信、三元达、立鼎技术、讯联技术
		IT集成	亚信联创、东方国信、天源迪科、亿阳信通、初灵信息
		增值业务	北纬通信、拓维信息、二六三网络通信、梦网荣信、创意信息
	终端设备	芯片及终端配套	麦捷科技、信维通信、华为、中兴通讯、高通、联发科、台积电、苹果、三星
中游	移动通信运营商		中国移动、中国联通、中国电信、中国广电
下游	应用场景	VR/AR、车联网、增强移动宽带、工业互联网、远程医疗	邦讯技术、初灵信息、高斯贝尔、四川九洲、广和通、移为通信、日海智能、南京熊猫

资料来源：京东数科研究院整理。

　　本节着重介绍上游和中游产业的情况，下游产业主要为场景应用层，将在第三节"5G驱动各行业广泛创新应用"中详细介绍。

（一）上游产业细分领域众多

1. 网络规划设计

网络规划设计包括前期技术研究及网络建设规划，比如基于覆盖和容量规划的基站选址、无线参数规划等，并通过模拟仿真对规划设计的效果进行验证。5G网络规划需要拥有3D（三维）场景建模、高精度射线追踪模型、网络覆盖和速率仿真建模、网络容量和用户体验建模等关键能力。

2. 核心网

核心网是"管理中枢"，负责处理和管理数据。对数据的处理和分发，其实就是"路由交换"，这是核心网的本质。5G核心网主要采用的是SBA（服务化架构），是基于"云"的通信服务架构。5G核心网就是模块化、软件化，以更简便的方式应对5G的三大场景。SDN（软件定义网络）和NFV（网络功能虚拟化）将是5G核心网中的关键技术，SDN偏向硬件分离管理，NFV偏向部分传统硬件功能的软件化。

3. 芯片

射频芯片负责无线通信，应用处理器就是传统意义的CPU（中央处理器）和GPU（图形处理器），基带芯片负责对无线通信的收发信号进行数字信号处理，在整个系统中的位置介于前两者之间。目前5G芯片领域美国仍占据主导优势，但同时我国芯片制造商也在寻求更大的发展。

4. 基站天线及射频

基站天线是基站设备与终端用户之间的信息能量转换器，需求主要来自运营商和设备商。无线射频主要由多个射频器件组成，主要负责将电磁波信号与射频信号进行转换。

5. 基站PCB

通信PCB可细分成不同的类型，包括光模块、基站天线、滤波器、

产业数字化

振子板等。据悉，2018年全球通信PCB的市场规模为190.65亿美元，而基站PCB的市场份额在50亿~90亿元，占PCB总产值的5%~10%。5G时代天线集成度要求显著变高，AAU（有源天线单元）需要在更小的尺寸内集成更多的组件，需要采用更多层的PCB技术，因此单个基站的PCB用量将会显著增加，技术壁垒全面提升。

6. 基站滤波器

滤波器在通信系统中的主要作用是，对通信链路中的信号根据其频率进行选择和控制，选择特定频率信号通过，同时抑制不需要的频率信号。预期到2026年，建设基站所需的滤波器市场空间约为473亿元。

7. 光模块

光模块的作用是用发送端把电信号转换成光信号，通过光纤传送后，接收端再把光信号转换成电信号，主要包括光信号发射端和接收端两大部分。以建设初期每年建设45万座基站，以及进行CRAN（新型无线接入网架构）部署来测算，前传网、接入层、汇聚层和核心层新增需求分别90万、18万、7万和0.3万。

8. 小基站

基站是公用移动通信无线电的台站。在5G时代，"宏基站为主，小基站为辅"的组网方式是网络覆盖提升的主要途径，如超高流量密度、超高数据连接密度和广覆盖等场景。小基站主要专注热点区域的容量吸收和弱覆盖区的信号增强，信号覆盖范围从十几米到几百米。根据小蜂窝论坛（Small Cell Forum，简称SCF）预测，2015—2025年，小基站建置数量复合增长率为36%，将建成7 000万站，保守估计5G小基站市场规模有望超过1 000亿元。

9. 光纤光缆

光纤通信是现代信息传输的重要方式之一，具有容量大、中继距离长、保密性好、不受电磁干扰和节省铜材等特征。5G 基站的密集组网，需要应用大量的光纤光缆，对光网络提出了更大的需求和更高的标准。根据 CRU（英国商品研究所）的报告，预计至 2021 年全球及我国的光缆需求量将分别达到 6.17 亿芯公里和 3.55 亿芯公里。

10. 设备商

5G 时代迎来了运营商 ICT（信息与通信技术）转型和融合，全球设备商数量从 2G（第二代手机通信技术规格）时代的约 15 家，下降至 3G（第三代移动通信技术）时代的六七家。目前，主要设备商有华为、爱立信、诺基亚和中兴通讯。其中，华为产业链布局最广，不仅涉及 5G，还包含人工智能、云、软件、芯片开发以及物联网。

（二）中游产业三大运营商逐鹿

中游主要指移动通信运营商，主要是中国移动、中国联通和中国电信三大移动运营商。

根据三大运营商 5G 网络建设计划，2020 年合计将建设超 55 万个 5G 基站，其中，中国联通与中国电信计划在第三季度力争完成全国 25 万个基站的建设，中国移动表示将力争在 2020 年底建设 30 万个 5G 基站。

第二节　5G 是数字化转型的重要支点

产业数字化转型与升级需要新兴数字科技作为原动力。近年来，数字经济蓬勃发展，在推动生产力发展和生产关系变革的同时，也对产业数字化转型升级提出了新要求。这次抗击新冠肺炎疫情，进一步

产业数字化

凸显了产业数字化转型的必要性和紧迫性。新冠肺炎疫情暴发后，全球经济受到较大冲击，为加速国内疫后经济复苏，国家陆续出台新基建、"上云用数赋智"等政策，推进产业数字化发展。新冠肺炎疫情为全社会加速数字化转型制造了特殊契机，为市场生态长期变革埋下深刻伏笔。传统的以生产为主导的商业经济模式已无法支撑企业降本增效的需求，数据驱动企业运营模式发生变革已成为必然趋势。

整个移动通信的发展是10年一代，每一代的速率都是前一代的1 000倍，与4G相比，5G峰值速率提高了30倍，用户体验速率提高了10倍，频谱效率提升了3倍，无线接口延伸减少了90%，连接密度提高了10倍，能效和流量密度各提高了100倍。

以5G为代表的新基建是产业数字化转型的重要支撑点。中国信息通信研究院预计，到2025年，我国5G用户将达到8.16亿人，占移动用户的48%左右，占据世界30%的连接，这意味着我国将是全球最大的5G市场，并将给全球经济、全球数字化带来巨大的影响。

5G为互联网发展增加了新动能，拓展了新应用，助力产业数字化的发展。5G高可靠、低时延、广覆盖、大连接的特点，将物联网的大数据和人工智能等强强联合，推动未来智联生态的建设，比如"5G+VR/AR"和边缘计算的结合，推动了人、机、物的自然协同，催生了新业态，提高了用户体验。5G的主要终端将从手机拓展至汽车、路灯、机床、空气净化器、智能门锁、空调以及冰箱等与日常生活相关的各类产品，全面地改变生活。5G将推动从智能家居、健康管理、智能交通、智慧农业到工业互联网、智能物流等领域和产业链的发展，促进社会效率大幅提高，社会成本大幅降低。比如，车联网产业给社会出行体系带来了颠覆性改变，创造了巨大的社会效益。辅助驾驶可减少50%~80%的汽车交通安全事故，提升交通通运行效率10%~30%，显著降低燃料消耗（28%），减少空气污染和二氧化碳的排放量（近 20%）。

随着数字经济新时代的到来，传统基建已经不能很好地满足产业在网络化、平台化、智能化等方面的需求，比如，4G 时代网络的带宽和延迟不足以支撑终端和中央的无缝连接，私有部署的传统计算无法实现算力资源规模化的整合，简单人工神经网络有限的准确率不能满足产业内对智能应用的高精度要求。而以 5G、云计算、人工智能为代表的新兴技术的发展和应用，为传统企业从电子化到信息化再到数字化搭建了阶梯，通过其技术上的优势，帮助企业在传统业态下的设计、研发、生产、运营、管理、商业等领域进行变革与重构，进而推动企业重新定位和改进当前的核心业务模式，完成数字化转型。同时，充分运用 5G 等数字科技手段有助于促进产业升级，扩大有效需求，保障民生托底，为达成 2020 年和今后更长时期内的社会经济发展目标，特别是为全面建成小康社会创造有利条件。

第一，5G 将拉动产业链上下游高速发展，有效拉动经济增长。中国信息通信研究院测算，预计到 2020—2025 年，我国 5G 商用将直接带动经济总产出 10.6 万亿元，直接创造经济增加值 3.3 万亿元；间接带动经济总产出约 24.8 万亿元，间接带动的经济增加值达 8.4 万亿元。就业贡献方面，预计到 2025 年，5G 将直接创造超过 300 万个就业岗位。预计到 2020 年，拉动 GDP 增长的关键动力是电信运营商的 5G 网络投资和各类用户的终端购置支出，产生 GDP 约 740 亿元，占当年 5G 对 GDP 总贡献的 80%。由此可见，5G 不仅能改变人们的日常生活方式，还将给社会经济发展带来根本性变革。

第二，5G 是构筑经济社会数字化转型的关键基础设施，助力数字经济发展。5G 使海量数据的有效传输成为可能，为垂直行业的高质量发展和数字化转型带来新契机。自动驾驶、智能城市、智能家居等垂直应用已经发展了很长一段时间，但到目前为止暂未取得突破性

产业数字化

的进展，关键在于网络连接。首先，现有的网络速度虽然一直在提升，但由于功耗高、可用频段少和高时延等限制，很难将所有硬件设备连接在一起，它们只是单独获得了连接能力，并没有实现真正的连动。5G 的多种连接技术可支持海量机器类通信，满足机器类通信所需的低成本和低功耗要求。其次，在万物具备互联能力的基础上，大连接、低时延的 5G 网络可以实时传输前端设备产生的海量数据，提升数据采集的及时性，为流程优化、能耗管理提供网络支撑。最后，5G 具有媲美光纤的传输速度、万物互联的泛在连接和接近工业总线的实时能力，同时 5G 可以与云计算、人工智能技术深度融合，向垂直行业领域渗透，为垂直行业的高质量发展带来新契机，助推城市的智能升级和企业数字化转型，推动数字经济的发展。

第三，5G 将成为扩大内需的新动力，拉动整个产业链持续投资。短期内 5G 将推动信息产品和服务不断创新（如超高清视频等），消费者将接触到更丰富、更高科技的应用产品，增强信息消费的有效供给，刺激信息消费增长。长期来看，5G 将与相关行业不断深度融合，催生工业、交通、医疗、教育等领域的新应用、新业态、新模式，给消费者带来前所未有的信息产品和消费体验，拉动新消费。2018 年，我国移动手机用户数量超过 14 亿，在应用场景上不可避免地成为世界第一，凭借庞大的市场需求，我国的 5G 将具备巨大的威力与潜力。同时，5G 既可以直接拉动产业链上下游的巨额投资，还可以带动各行各业扩大信息通信技术的应用投资，通过增强投资带动递增效应。5G 与产业的深度融合，将进一步催生 5G 发展的潜在动力，不仅能拉动 5G 产业链上下游加速发展，还将带动各行各业转型升级，形成新的生产方式、业务模式等，激活新的经济增长点。据预测，5G 产业每投入 1 个单位，将带动 6 个单位的经济产出，溢出效应显著。

第三节　5G 驱动各行业广泛创新应用

从 2G 到 4G 的发展过程中，伴随传输速率、传输容量和信号时延等参数指标的不断升级，无线通信的应用场景不断被丰富，移动互联网初步构建并实现全面发展。进入 5G 时代后，无线通信的应用场景将进一步跨越，实现从移动互联到万物互联的发展，推动物理世界的虚拟化、数字化。

一、5G 满足垂直行业多样化业务需求

如何把 5G 和行业痛点结合起来驱动数字化转型是当前的重要命题。5G 场景的运用既需要供应商提供大量的基础设施建设，也需要全社会加大改革力度，推动以 5G 为主的信息通信与工业、交通、能源、农业、服务业等行业渗透融合，从而带动整个传统产业和消费的数字化、网络化、智能化转型，提升整个产业链、供应链水平，促进经济转型和带动数字经济发展。

5G 革命性的意义在于，其与工业设施、医疗仪器、交通工具等的融合，满足了工业、医疗、交通等垂直行业的多样化业务需求，最终实现万物互联。

（一）5G 提升车联网高效协同

车联网是物联网技术在交通行业的典型应用，是物联网与智能汽车的深度融合，通过整合人、车、路、周围环境等相关信息，为人们

产业数字化

提供一体化服务。依靠 5G 的低时延、高可靠、高速率、安全性等优势，将有效提升对车联网信息的及时准确的采集、处理、传播和利用，提高车联网的安全能力，这将有助于车与车、车与人、车与路的信息互通与高效协调，有助于消除车联网的安全风险，推动车联网产业快速发展。预计到 2030 年，我国车联网行业中 5G 相关投入（通信设备和通信服务）约为 120 亿元。

（二）5G 加速产业互联网融合发展

1. 工业互联网

随着我国加快实施制造强国战略，推进智能制造发展，5G 将广泛深入应用于工业领域，工厂车间中将出现更多的无线连接，将促使工厂车间网络架构不断优化，有效提升网络化协调制造与管理水平，促进工厂车间提质增效。中国信息通信研究院预计，到 2030 年，我国工业领域中 5G 相关投入（通信设备和通信服务）约为 2 000 亿元。

2. 智慧医疗

通过将 5G 引入医疗行业，将有效满足如远程医疗过程中的低时延、高清画质、高可靠和高稳定等要求，推动远程医疗应用快速普及，实现对患者（特别是边远地区的患者）进行远距离诊断、治疗和咨询。中国信息通信研究院预计，到 2030 年，我国远程医疗行业中 5G 相关投入（通信设备和通信服务）将达到 640 亿元。

3. 智能城市

智能城市是 5G 的重要应用场景之一。5G 和云计算、物联网技术的有机结合，可实现车与车、车与路之间的实时信息交互，可以为城市交通规划者提供预测模型；根据路段有无行人，车辆会自动调光，既节约能源，又保护了社区安全；进行气象系统部署，发出气候预警，避免极端气候造成人员伤亡和财产损失。截至 2018 年，我国智能城市规划投资达到 3 万亿元，建设投资达到 6 000 亿元。中国信息通信研究院预计，到 2030 年，我国智能城市行业中 5G 相关投入（通信设备和通信服务）将达 1 200 亿元。

4. 智慧能源

能源互联网是一种互联网与能源生产传输、存储、消费以及市场深度融合的能源产业发展新形态，具有设备智能、多能协同、信息对称、供需分散、系统扁平、交易开放等主要特征。依托 5G 的高速、实时和海量接入等特点，将进一步促使能源互联网扁平化、协同化、高效化和绿色化。中国信息通信研究院预计，到 2030 年，我国能源互联网行业中 5G 相关投入（通信设备和通信服务）将超过 100 亿元。

5. 智能家居

5G 同人工智能的有机结合，使所有家居不会再出现控制延时等问题，例如人工智能系统会根据当日的天气预报相应调整空调温度。中国信息通信研究院预计，到 2030 年，我国智能家居行业中 5G 相关投入（通信设备和通信服务）将超过 30 亿元。

（三）5G 提升可穿戴设备网络效率

5G 将成为推进可穿戴设备物联网的重要入口与应用终端。5G 通过简化网络架构，极大地提升了网络效率，将实现小于 5 毫秒的端到端延迟，有利于提升 VR/AR 产品的用户体验。根据 ABI Research（市场研究公司）的数据，预计到 2025 年，VR/AR 的市场总额将达到 2 920 亿美元（VR 为 1 410 亿美元，AR 为 1 510 亿美元）。预计到 2030 年，我国 VA/AR 行业中 5G 相关投入（通信设备和通信服务）将超过 100 亿元。

（四）5G 支撑边缘数据中心服务

边缘数据中心指处于最接近用户的地方，直接为用户提供良好的

产业数字化

服务。边缘计算中心负责实时性业务决策和大量个人隐私数据的短周期存储，具备小型化、分布式、贴近用户的特点。5G时代的用户端将与云数据中心、边缘数据中心形成无比紧密的"云—边—端"架构。与原有的网络相比，5G网络支持的数据量将提高1 000倍。IDC数据显示，到2020年，将有超过500亿的终端和设备联网，其中超过50%的数据需要在网络边缘侧分析、处理与存储。

（五）5G提升云游戏用户体验

云游戏是一种以云计算为基础的在线游戏方式，游戏的存储、运算、画面渲染等都在服务器端运行，通过网络传输，用户终端只负责显示和接收指令。云游戏发展滞缓的根本原因在于网络带宽限制，带宽限制了画面传输，无法满足即时游戏的需求。而5G的接入速率预计将达到1 000Mbps（兆比特每秒），高速且低延迟的特征将解决云游戏的网络问题。5G网络凭借着超高速度实现"云游戏"，通过对产业链相关方的分析，游戏研发、硬件设备、通信设备商将基于现有业务延续原有行业格局，同时部分细分领域可能出现新的成长型企业。

（六）5G助推数字营销智能化

随着5G时代的到来，视频将占据越来越多的传播渠道，对于数字营销行业，短视频信息流广告形式可能成为主流。线上和线下融合加速，营销公司将充分匹配人、物和场景，突破手机和LED（发光二极管）终端面临的流量增长缓慢的问题，实现营销场景的全覆盖，通过更先进的人工智能去除虚假流量，营造更好的营销环境。5G让户外营销智能化升级路线更加清晰，包括实时定位、智慧连接、信息驱动等。

二、5G 驱动场景数字化转型

当前，移动网络与各行各业的融合应用，形成了形态各异的技术产品，比如基于移动终端的 VR/AR 眼镜、智能手表、智能手环等可穿戴设备，基于工业制造的无人机、机器人、传感器、医疗设备等，基于出行领域的智能汽车等。可以预见，随着 5G 商用的加快落地，未来，5G 的赋能场景的外延将不断拓展和延伸，驱动产业数字化的到来。本节主要从移动终端、工业互联网、医疗健康和汽车四大落地场景进行分析，探讨 5G 场景运用的背景、应用价值和产业数字化建议。

（一）5G 促进移动终端形态多元化

移动终端是第一批收获 5G 红利的行业，未来的 5G 终端将以多种形态呈现。2019 年 6 月，工信部正式向中国电信、中国移动、中国联通、中国广电颁发了 5G 商用牌照，允许其开展 5G 商用业务。工信部的数据显示，5G 商用牌照发放一周年后，我国已建成的 5G 基站超 25 万个，有 130 款 5G 手机获得入网销售许可，5G 终端连接数超过 3 600 万。运营商的数据显示，截至 2020 年 4 月底，中国移动 5G 套餐用户数为 4 374.5 万，中国电信为 2 170 万。随着 5G 建设的加快，5G 用户规模还将进一步扩大。

我国是世界上最大的手机市场之一，受各大手机厂商的重视。然而数据显示，曾经高速增长的智能手机市场经历了一段寒冬。中国信息通信研究院的数据显示，2020 年第一季度，我国智能手机出货量为 4 773.6 万部，同比下降 34.7%。

手机行业处于新一轮寒冬期，市场需要新技术的刺激。新一代移动通信技术需要匹配新制式的移动终端，才能实现新功能与新体验。根据 3G 到 4G 换代时的经验，用户对置换应用新一代移动通信技术的手机有强烈意愿，5G 的出现将引领换机潮。

同时，未来 5G 移动终端的形态将有无限可能。5G 模组成熟后，智能穿戴设备、无人机、机器人等会在各种应用场景变为主流。在拥有强大的 5G 通信功能后，移动终端自身有限的算力就成了短板。在对人工智能、大数据、云计算、边缘计算等 ICT 技术需求强烈的当下，把计算和存储从终端移到云端已成为趋势。强大的"通信能力+高性能计算"，给了 5G 移动终端无限可能。对手机来说，实现多模全频段的通信能力保持实时在线、保证连接云端、增强与用户的交互和体验是重要的要求。手机具备的功能会越来越多，也有部分功能会被其他移动终端替代。例如，5G 手机有能力在大型 AR 游戏/视频等场景替代 AR 眼镜，智能手表/眼镜完全可以在打电话、发微信等社交场景替代手机。成熟的 5G 网络会极大地提升现有移动终端的用户体验，也会激发更多行业挖掘自身需求，开发新型的移动终端以满足行业需求。

1. 应用价值

5G 增强云端能力，大幅提升终端使用便捷性。曾经需要超高硬件配置主机的大型游戏的场景，在 5G 时代，随手拿起身边的 5G 手机、平板电脑就可以连接云端畅玩。在高速连接的 5G 时代，传统笔记本电脑移动连接能力弱的问题凸显，可随时随地连接网络的笔记本电脑极有可能受到大众追捧成为爆款。最新的移动计算平台内置了骁龙 X55 5G 基带，几乎支持连接全世界所有运营商的所有频段，在没有 Wi-Fi（无线网）连接的情况下，可以为用户带来 7Gbps（千兆比特每秒）的峰值下载速度，为移动办公带来便捷。

5G 提升使用体验，拓展移动终端场景。5G 赋能移动终端实时连接云端获得强大性能后，使用体验大幅提升，应用场景对于移动终端的硬件配置要求不再苛刻，移动终端将深度渗透各行各业。例如，

VR/AR一体机广泛应用于泛娱乐行业，而现有的LTE/家庭Wi-Fi尚且无法承载高质量VR体验。5G可改善VR云游戏的画质，并降低云游戏技术中的网络时延。

降低移动终端成本，撬动产业规模。在目前移动终端普遍价格较高的情况下，5G可实现终端硬件成本的降低。如"5G+VR/AR"一体机将计算和存储功能转移至云端，在降低终端设备CPU、GPU等核心模块的计算需求和本地存储需求的同时，也大幅节省了终端设备的设计和制造成本。在装备制造、物流仓储、生活服务领域应用的机器人设计也有同样的趋势。5G大大缩短了从机器人终端接入网的时间，借助高带宽将更多的计算能力放在云端大脑，通过"云—边—端"融合，共享计算、存储、数据，在云端实现高性能人工智能计算的同时，降低机器人终端设备的价格成本。虽然对网络要求的增强会使用户网络使用成本增加，但移动终端价格的大幅下降，有利于加速其规模普及。

2. 落地建议

设立产业基金，鼓励5G研发。政府的支持对5G的成功至关重要，在5G新兴国家及地区，已出台了有关国家宽带战略、频谱价格、税收措施、跨行业合作和公共基础设施接入的积极政策。我国地方政府应出台相关扶持政策推进5G等新基建，推动三大运营商5G商用落地。建议设立产业基金，对5G终端关键环节的关键技术研发企业进行补贴，对形成技术突破的企业给予税费减免等优惠政策，引导企业研发并打通技术链，实现5G终端的规模普及。

加强政策引导，制定行业互通标准。行业协会应发挥统筹协调的作用，定期召开行业研讨会，探讨5G标准。跨行业终端需要满足行业门槛和互通标准，目前的模组行业在信息安全、设备管控、安全防护等方向缺乏行业标准，加强顶层设计和实现标准化对企业及行业意

产业数字化

义重大。建立标准体系有利于产业链上下游形成技术与产品配套，有利于加速模组成熟。

开放合作，激发各行各业的积极性。深化开放合作，共建产业融合新生态，积极推动粤港澳大湾区以及国内外企业、组织等开展多层次的沟通交流，加强在5G、人工智能、大数据、云计算等领域开展全方位合作。鼓励有实力的移动终端厂商深入相关行业调研，按需制定个性化整体解决方案，提供全生命周期的优质服务。

（二）5G加速工业互联网场景落地

近年来，受上一轮产业扩张、财政刺激政策以及经济换挡等影响，我国工业产能利用率呈现下滑态势，产能利用率皆低于79%，根据国际通行标准，产能利用率低于79%即为产能过剩。同时，制造型企业面临激烈的市场竞争和日益透明的产品定价，不得不寻找新的价值来源。此外，用户个性化、定制化需求增加，给制造型企业提出了更高的要求。智能制造要求制造系统具备感知、分析、决策和执行的能力，而这些能力均需要工业大数据分析和面向决策及服务的应用平台。企业普遍建立系统，用传感器采集动态数据，但数据分析和平台应用相对滞后。感知仅是物联网应用的初级阶段，数据分析结果能指导行动、提高效率，与服务交融创造新价值才是核心。

5G能解决工业互联网海量大数据通信传输的难题，成为工业企业流程创新的催化剂。工业互联网是应用于数字时代的先进生产模式，依托5G网络、云服务平台，面向工业客户，融合云计算、大数据、人工智能，通过对工业数据深度感知、实时传输、快速计算及高级建模分析，实现生产及运营组织方式的变革，助力传统工业企业转型。5G具有增强移动宽带、超可靠低延时、广覆盖、大连接的特性，能解决工业互联网海量大数据通信传输的难题，成为工业企业降低成本和提高效益的重要技术支撑。

利用5G，在工厂内可实现全生产要素、全流程互联互通，即设备互联、人员互联、工装互联、刀具互联、物料互联、产品互联，实现工厂全生产要素全生命周期的实时数据跟踪，并将实时产生的数据在云平台进行大数据智能分析决策，实现全连接工厂实时生产优化。利用5G，全连接工厂可实时管控工厂生产状态，不断消除工厂运营中的各种浪费，实现工厂生产的高度精益化。

1. 应用价值

优化车间网络架构。在智能制造时代，工厂车间中将出现更多的无线连接，促使车间网络架构不断优化，网络化协同制造与管理水平有效提升，保持对整个产品生命周期的全连接。未来工厂中所有智能单元均可基于5G无线组网，生产流程和智能装备的组合可快速、灵活调整，以适应市场的变化以及客户需求个性化、定制化的趋势。

赋能柔性生产线。5G能有效提高生产线灵活性，生产设备通过云端平台无线连接，根据需求进行功能的快速更新与自由组合。网络部署弹性化，根据业务场景需求编排架构、调配资源。面向未来个性化定制的新型生产模式，要求生产线具有高度的灵活性，能针对不同产品的生产要求，通过模块化的生产单元实现自组织的生产，还包括AGV（自动导引运输车）、灵活的物流等。利用5G，能够补充或替代原来有线的控制网络，实现更加灵活、互联、协同的生产。

提高生产效率。5G能助力高清影像快速传输，5G大带宽及移动性优势能够支撑工业可穿戴设备、工业AR、工业相机等高清影像实时无线传输，可提升工作效率、降低整体成本。同时，5G还能实现更安全和更大规模的调度。相比Wi-Fi，5G可实现更广泛且连续的覆盖，提供更高的安全性，能够支持移动远程控制和大规模调度。

联网效率赋能场景数据传播。大规模设备互联泛在化感知，相对

产业数字化

于传统窄带物联网，5G 网络可支持更高密度的工业传感器、变送器、仪器智能装备的接入，支持高并发、大数据量的通信。未来工业生产需要大量的人机协调，需要做指令的传输，以及大量的音频、复杂的视频和触觉等信息的同步传输，这些都是未来 5G 应用的典型场景。

云平台大数据处理。5G 云平台通过提供强大的数据传输、存储和处理能力，帮助制造企业采集和处理大量数据。制造业云平台能够让企业实现通过平台完成产品的设计、工艺、制造、采购、营销等环节，还将改变传统生产方式和制造生态。

2. 落地建议

目前 5G 配套产业和应用开发仍处于起步阶段，产业链尚不成熟，5G 智能制造内网改造的融合技术标准尚待明确，特别是结合工业实际生产现场的软硬件供给能力不足，实践中暴露上行带宽不足、时间同步精度不够、5G 模组不同等一系列技术问题。为此，有以下几点建议。

培养制造业典型，探讨统一解决方案。5G 场景落地的资金、人力等投入较大，建议培养制造业典型企业，由此激发行业数字化转型。以国有和民营大型龙头企业作为标杆，进行压力测试示范，集成 5G 数据平台和工业 App（应用程序），解决痛点问题，形成解决方案，测试成功后把整套解决方案向全行业推广应用。

设立过渡方案，融合 5G 网络系统与企业原有工业系统。因为用户要保证原有的投资，原来的控制系统要运行几十年，长时间不能更换，要把 5G 和原有工业控制系统的接口和操作的技术解决好，实现原有自动化系统的功能扩展，设立过渡方案，保证 5G 与原有工业控制系统的融合共存。

建立 5G 工业互联网安全防护和测试的标准体系。工业信息安全是信息化建设的重中之重，建议制定工业自动化领域和工业互联网领域的信息安全技术标准体系，以及信息共享、互通安全的解决方案，这有利于推动 5G 赋能工业领域的规模化发展。

（三）5G 促进医疗资源线上流动

我国作为有着 14 亿人口的大国，一直存在医疗资源供给不足、分布不均的问题。优质医疗资源高度集中在一线城市，医疗服务的倒金字塔现象愈演愈烈，导致医疗质量和病人就医体验每况愈下。看病难和看病贵在很大程度上与医疗资源供不应求和分布不均的状况有关。同时，人口老龄化在我国已呈现出明显的加速趋势，先进的远程医疗水平是老龄化社会稳定的重要保障。

5G 发展为远程医疗提供了技术上的支持，可促进医疗资源的线上流动，让不同地区、不同级别的医院之间实现互联互通，打破医患的空间限制，大幅提升医疗效率，有助于偏远地区获取优质医疗资源，从而改善医疗资源供给不足、分布不均的现状。

5G 可有效保障远程手术的稳定性、可靠性和安全性，使医生可以随时随地掌控患者的情况，及时做出诊断、及时进行治疗。这能有效解决优质医疗资源供需矛盾，消除专家和患者在途时间消耗等问题，让优质专家资源下沉，让基层的医生得到提高和学习的机会，让偏远贫困地区和处于紧急情况的患者也有机会得到有效救治。5G 使得在 4G 时代停滞于概念化的远程手术、远程急救等应用真正落地，可以满足优质稀缺的专家资源共享需求、医疗大数据收集需求、管理需求和有效缩短病人入院前抢救时间的需求。

1. 应用价值

通过让 5G 连接到人工智能医疗辅助系统，医疗行业有机会开展个性化的医疗咨询服务。人工智能医疗系统可以嵌入医院呼叫中心、家庭医疗咨询助理设备、本地医生诊所，甚至是缺乏现场医务人员的

产业数字化

移动诊所。"5G+医疗"可以完成很多任务，比如远程监测类、远程会诊和指导类、远程操控类，具体分为无线监测、远程诊断、远程会诊、移动查房、虚拟示教培训、移动急救、导航定位、远程机器人超声技术以及远程机器人手术九大应用场景。

远程监测类。通过人工智能模型对患者进行主动监测，在必要时改变治疗计划。实时健康管理，推荐治疗方案和药物，并建立后续预约。这类应用对通信带宽要求不高，只是涉及血压、血糖、血氧饱和度、心率等生命体征数据的传输，其带宽在3Mbps基本上就能满足信息传输的需求。这类应用对通信时延也没有高要求，能接受100毫秒左右的延时。而且此类连接数量较少，主要是在生命体征监护仪、可穿戴智能设备、输液袋、护士等设备和人员之间进行信息互通。

远程会诊和指导类。智能医疗综合诊断，并将情境信息考虑在内，如遗传信息、患者生活方式和患者的身体状况。这类应用包括远程诊断、远程会诊、移动查房、虚拟示教培训、移动急救等场景，对通信带宽有一定的要求，涉及生化分析结果、影像检查结果、电子病历等大量资料的传输，其带宽要求通常在3~15Mbps。远程会诊和VR/AR等虚拟示教培训场景需要较低时延才能提高会诊效率和培训效果，其时延需在20~100毫秒。因涉及检查检验资料，需要连接的数量相对较多，包括相应的检验科、影像科的部门，还需要连接专家、基层医生、护士、患者。

远程操控类。远程机器人超声和远程手术需要超高清画面，只有面对超高清画面，医生才能够精确地进行操作，因此要求带宽在15Mbps甚至1Gbps。在整个过程中需要实时同步才能保证操作的安全性，对时延要求通常是在1毫秒以内。其连接主体数量较多，特别是远程手术，可能需要同时连接生命监测仪、心电图机、除颤监护仪、高清视频设备等。

5G 应用于医疗的技术逻辑架构如图 5.1 所示。

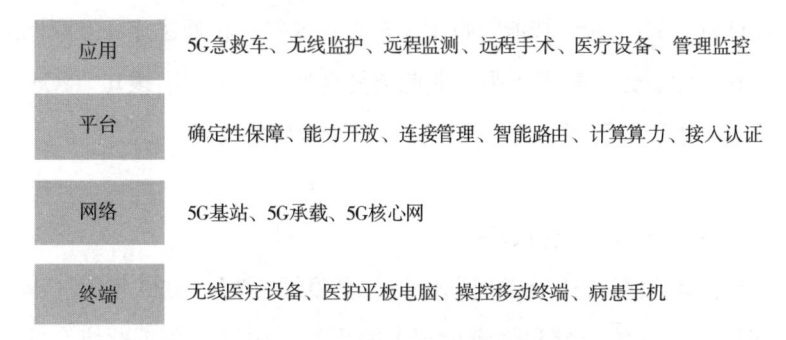

应用	5G急救车、无线监护、远程监测、远程手术、医疗设备、管理监控
平台	确定性保障、能力开放、连接管理、智能路由、计算算力、接入认证
网络	5G基站、5G承载、5G核心网
终端	无线医疗设备、医护平板电脑、操控移动终端、病患手机

图 5.1　5G 应用于医疗的技术逻辑架构

资料来源：京东数科研究院整理。

2. 落地建议

加快制定行业规范。5G 医疗在创新型医疗器械、终端设备接入方式、数据格式统一和应用数据传输等方面还存在许多规范问题，尚无具体标准规范定义 5G 医疗的网络指标要求，亟须结合医疗健康行业应用特点，面向医疗行业的 5G 标准体系的制定、实施和应用，规范针对医疗行业的 5G 结构和内容，满足产业需要。

完善法律法规和报销体系。建立 5G 远程诊疗的机制，明确医生、医院、受邀方以及终端设备、网络设施等提供方的责任，制定相关标准，出台对医疗损害责任纠纷，或医疗服务合同纠纷的民事赔偿的相关责任制度。将 5G 医疗费用报销纳入医保报销，推动医保参与支付能够让更多的患者使用智慧医疗服务，通过建立提供远程医疗的第三方平台，调动三级医院、基层医疗机构、医保、病人等各个利益相关方的积极性，整合相关的医疗资源。

打造行业 5G 医疗研究中心。目前 5G 医疗应用仍处于初始探索阶段，技术还需要进一步验证，方案推广可行性研究较少，需要打造

产业数字化

一批面向医疗行业的技术研究中心、重点实验室等融合创新载体，加强研发布局和协同创新。培养跨学科的综合性人才，远程医疗所需要的计算机、5G、人工智能等技术还未真正成熟，精通医疗和互联网的跨学科人才匮乏，需要加强培养此类复合型人才，鼓励建立"5G+ 医疗行业应用"的智库，为医疗行业提供全方位的支持。

（四）5G 改善交通出行效率

当前，汽车行业处于周期低谷。受疫情影响，2020 年第一季度我国汽车行业的产量和销量出现大幅下滑。中国汽车工业协会的数据显示，2020 年第一季度，我国汽车产量为 347.4 万辆，同比下降 45.2%，汽车销量为 367.2 万辆，同比下降 42.4%。目前，国内汽车产销规模已达到较高基数，未来行业低增速将呈常态化，市场竞争也将越发激烈，优质龙头效应显现，行业洗牌或加速到来。在汽车动力方面，国内外车企都在加快布局新能源汽车，抢占产业制高点。

在前期汽车大规模普及满足基本出行需求后，消费者对汽车产品也赋予了更多价值，汽车逐渐成为连接家和办公场所的第三空间，人们对产品也有了高颜值、高安全性、高科技含量等期望，更加注重车内体验。ADAS（高级驾驶辅助系统）、信息娱乐系统逐渐成为消费者新的关注热点，而辅助驾驶、语音交互、车载视频、车辆联网等新型驾乘体验，直接依赖于传感器、车载屏幕、计算平台、车载通信等汽车电子的使用。

当下，汽车行业正在经历着电动化、智能化和网联化三种颠覆式技术创新，汽车产业链面临变革和重构，汽车逐渐成为一个可移动的智能空间，汽车对人们生活的价值和意义被重新定义。在电动化方面，其核心动力驱动装置变为简单的电动机，进一步带动底盘和传动装置的简化，极大地降低了汽车的机械复杂度和制造门槛，更多非传统的企业（例如互联网科技企业）纷纷进入汽车行业。在智能化和网联化方面，汽车的计算能力和网络能力正在快速提升，逐步构建具备数据融合、高速计算、智能决策、协同控制能力的智能计算平台。同时，5G高速网络已成为车联网的标准协议，汽车本身已成为新一代的移动计算基础设施。无人驾驶技术也让汽车从代步的交通工具转变为一种服务设施，所有人都变成了乘客，人们在车内的时间和注意力被释放出来，其中蕴含着巨大的商业机会。

1. 应用价值

丰富汽车提供的信息服务类型。随着语音识别、动作识别等技术逐步发展，车载信息类应用将更加丰富，5G对车载AR实景导航、车载高精地图实时下载、车载VR游戏等业务的支持，结合位置信息和交通大数据，使车载服务更加场景化、个性化，也更智能化。AR导航带来易懂的精准引导，交通大数据分析结合个人驾车偏好数据，能实现最优路线规划。人们驾车出行将变得更加轻松有趣。此外，车载信息娱乐系统作为车载信息服务的主要入口，也将被5G车联网赋能，由视频、导航等单一功能向处理的信息更加复杂、功能更加强大的智能化系统演进。

降低汽车安全成本。目前，基于单车智能加装多个高清摄像头及高精度传感器，如激光雷达、毫米波雷达、超声波雷达等，可以实现部分行驶安全类应用，但也面临着一个共同的局限，即这些感知结果都是在视觉范围内的，配备这些设备的车辆只能看到车辆周边十几米范围内的情况，可能出现视线遮挡问题。5G与车联网技术的结合将形成"智能车+智慧路"的技术路线，改变智能驾驶仅依靠单车智能的局面，更好地支持避免交通事故的车辆盲区预警、紧急制动预警、前向碰撞预警、异常车辆预警、逆向超车预警等安全驾驶辅助系统类应用。

改善交通出行效率。基于5G的高精地图导航将为车辆提供传感器检测范围的超视距感知，配合实时动态的交通信息，以及基于地图

产业数字化

与定位的车路协同,让车辆对前方道路情况了如指掌,出行效率也将得到大幅提升。

赋能无人驾驶、智能汽车。未来,5G 等技术将支持构建"人－车－路－云"高度协同的互联环境,实现车路协同控制、车车协同编队、远程操作等高级/完全自动驾驶业务,最终支撑实现完全自动驾驶。此外,5G 应用于物流运输,可以通过 V2V(车与车)和自动驾驶技术,将两辆及以上的卡车连接起来,以极小的车距尾随进行编队自动行驶。未来,5G 支持下的全路况无人驾驶将彻底解放双手,汽车将不仅扮演交通工具的角色,还将成为一个可以移动的家、办公室、会客厅等私人智能空间。

2. 落地建议

出台顶层设计方案,建立相关部门、行业和企业协调机制。基于 5G 通信网络的车联网系统通过"车－路－云"共同构建一个全新的交通运输模式,在智能驾驶车辆端、路侧边缘计算节点以及云端平台充分集成 5G、车路协同技术、高精度定位技术、远程遥控驾驶技术、车辆主动安全技术等。这涉及汽车、信息通信、公安、交通等多个领域,跨行业属性特征突出,因此推进过程中还存在顶层设计规划协同、标准体系统一、端到端交互操作测试等方面的挑战。应加强跨部委、跨行业合作,以加速车联网相关新技术产业化和构建"人－车－路－云"协同的智慧交通体系为切入点,形成联动工作机制,推动解决法规、标准、技术、产业等方面的重点问题,指导出台国家层面的战略规划、产业政策等顶层设计。

加快基础建设,推动车网联技术。V2X(车用无线通信技术)包括 V2V、V2I(车与设施)、V2N(车与互联网)、V2P(车与行人),应加快研究出台支持 C-V2X(基于蜂窝网络的车用无线通信技术,包括 LTE-V2X/ LTE-eV2X/5G NR-V2X)设施建设和应用推广的发展政策，加快推进 LTE-V2X 路侧单元、5G 基站、边缘计算平台等车联网信息基础设施在城市道路、高速公路等场景下的规模化部署。网络建设还包括核心网络、边缘网络和无线网络三大部分。核心网络主要支撑云平台的通信，提供数据、业务、应用、安全和隐私保护等业务能力和业务应用；边缘网络主要支撑边缘节点和路测终端的通信，边缘云实现业务下沉，降低网络传输时延；通过网络切片保证不同的业务流服务能力，通过鉴权与认证机制保证车联网通信的安全性。无线网络主要支撑车载终端、路侧终端和智能手机的通信。建议加快建设一体化车联网中心云平台，在交通管理（管理侧）、智慧道路（道路侧）、智能驾驶（车辆侧）、便捷出行（用户侧）四个层面构建四个子服务模块，立体化支撑智能车辆出行场景，构建智慧出行的端到端方案。车联网技术视图如图 5.2 所示。

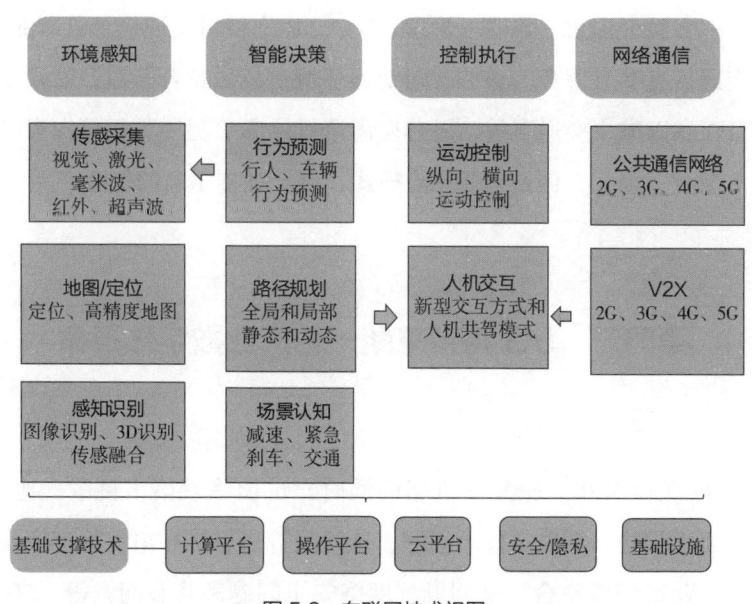

图 5.2 车联网技术视图

资料来源：网络公开资料，京东数科研究院整理。

产业数字化

加快车联网路侧设施部署，推广车载终端普及速度。一是从基础设施覆盖率方面，考虑充分利用智能城市建设、道路基础设施改造新建和升级改造的机会，分阶段、分区域推进交通标志标识等道路基础设施数字化改造和新建，并加强与视频监控设施、路侧雷达设施、通信设施等智能互联。支持建设城市级车联网数据中心和应用服务平台，推动平台间数据互通共享。二是从提升车辆 C-V2X 终端渗透率方面，加快推进 LTE-V2X 路侧单元、5G 基站、边缘计算平台等车联网信息基础设施在城市道路、高速公路等场景下的规模化部署。

建立大数据平台，健全保险产品和理赔机制。随着 5G 车联网路侧基础设施覆盖率和车载终端渗透率的提升，将产生大量车端和路侧数据。通过建设和运营数据平台，可以在更大范围内更快地收集数据，并为一系列数据分析、精确映射和实时软件更新创建更好的数据库。与交通、道路和消费者流动行为相关的信息和数据将成为一种新的资产。一方面可探索"数据＋管理"模式，面向城市交通信息管理部门，以交通信息共享服务为核心，对交通环境信息做整合管控，消除交通信息孤岛以减少交通事故，提升交通运行效率；另一方面可探索"数据＋金融"模式，创新责任保险模式，设计和推出新的保险产品。

第四节　5G 将带来新一轮产业数字化革命

5G 在迎来新一轮发展机遇的同时，也面临着诸多挑战。比如，运营商面临的巨额资金投入问题、传统的管道思维和组织管理模式问题、产业链资源整合不足问题、网络安全问题和隐私问题等。5G 不仅是技术变革，更是新生态体系的构建，认识 5G 赋能数字化的困境

第五章
5G 为产业数字化搭建"云梯"

及安全问题,既需要从技术、场景等角度进行客观分析,也需要从产业生态维度进行综合评估。具体来看以下几个问题。

一是资金、模式转换问题。在提速降费战略背景下,以及受新冠肺炎疫情影响,2020 年第一季度三大运营商收益集体下降。其中,中国移动净利润为 235 亿元,同比下降 0.8%;中国电信净利润为 58.22 亿元,同比下降 2.2%;中国联通净利润为 31.66 亿元,同比下降 13.9%。利润下降致使运营商的 5G 投资面临压力。5G 商用基站设备成本和所需数量较 4G 均有较大提高,整体建网成本是 4G 的约 2 倍,并且用电等运营费用也相应增加,单纯靠出售流量已经无法支撑运营商的持续健康发展。从消费端来看,C 端用户消费意愿不强,普华永道 2019 年的研究显示,仅有 1/3 的互联网用户愿意为 5G 支付更多费用,更多消费者表示更愿意为 5G 服务的家庭应用场景而非移动场景额外付费。运营商还面临着管道思维的调整以及运营模式的变化带来的挑战。5G 时代,要为电信运营商、设备制造商、终端制造商提供政策层面的顶层设计,尤其是电信运营商作为产业链的中游,需要在网络的建设上为其提供新的融资机制,才能达到"为有源头活水来"。

二是数字技术基础建设薄弱。当前,我国数字基础建设和技术基础研究实力较为薄弱,无论是以 5G、物联网、工业互联网、卫星互联网为代表的通信网络基础设施,还是以人工智能、云计算、区块链等为代表的新技术基础设施,或者是以数据中心、智能计算中心为代表的算力基础设施等,都存在资金掣肘、原始创新能力不足等问题。此外,新兴数字技术在具体行业的应用落地能力不足,直接影响产业数字化转型进程。

三是产业链资源整合不足。5G 应与大数据、人工智能、云计算、边缘计算等数字技术协同配合发展,这样才能加快推进产业数字化,

产业数字化

成为推动数字经济发展的重要引擎。但目前整个技术产业链还未形成协同之势，整合能力较弱。比如 5G 的可靠网络、云计算的海量算力、人工智能的应用智能正相互协同，深入各行各业之中，创造出新的业务体验、新的行业应用以及新的产业布局。当前全球技术巨头企业纷纷以平台为核心构建产业生态，通过兼并整合、开放合作等方式增强产业链上下游资源整合能力，在企业营收、应用规模、合作伙伴数量等方面均大幅领先。而我国缺少整合产业链上下游资源、引领产业协调发展的龙头企业，产业链协同性能力较弱。

四是数据安全和隐私问题。5G 网络引入的网络功能虚拟化、网络切片、边缘计算、网络能力开放等关键技术，在一定程度上带来了新的安全威胁和风险，对数据保护、安全防护和运营部署等方面提出了更高的要求。比如虚拟环境下，管理控制功能高度集中，一旦其功能失效或被非法控制，将影响整个系统的安全稳定运行；网络能力开放将用户个人信息、网络数据和业务数据等从网络运营商内部的封闭平台中开放出来，网络运营商对数据的管理控制能力减弱，可能会带来数据泄露的风险。

五是 5G 安全与标准确定的问题。目前全球在 5G 安全国际标准等方面还未凝聚全球共识，5G 安全相关国际政策和规则、多边对话协调机制、网络威胁信息共享、5G 增强技术及安全机制后续国际标准研制、5G 安全解决方案等均未完善。

未来，随着产业数字化革命的推进，在全球产业链协同发展的趋势下，5G 面临的技术和发展瓶颈将被打破，并呈现以下发展趋势。

首先，开放、合作、互信成为大趋势，推动全球产业链健康发展。未来，在全球产业链协同发展的大背景下，5G 开放合作互信将成为大趋势。比如，建立增强互信的双边或多边框架，探讨与 5G 安全相关的国际政策、规则和标准，加强信息共享，分享应对 5G 安全的先进经验；推进5G增强技术及安全机制后续国际标准研制，形成针对多场景的安全解决方案；建立5G安全国际评测认证体系，构建5G产品研发设计、生产制造和运行维护全流程的安全审计和技术安全检测机制等，推动5G全球产业链的健康发展。

其次，加快数据资产化，推进企业数字化转型。中共中央、国务院印发《关于构建更加完善的要素市场化配置体制机制的意见》，提出要把数据作为生产要素参与到分配中，未来，数据要素作用将进一步释放。进入物联网时代，数据成为一种重要资产和生产要素，5G等技术使数据的采集、存储、分析、共享变得更加丰富，数据开始改变传统的业务逻辑，以数据为生产要素可以进行更多的商业创新。数据资产化后，有利于推进企业数字化转型，提升政府公共服务效率，促进经济社会数字化转型，尤其需要关注互联网、大数据、人工智能等实体经济的深度融合。

再次，产业链上下游协同发展，驱动产业数字化革命。未来，5G产业链条辐射能力将增强，全面覆盖各行各业，整合产业链上中下游企业等创新主体与创新资源，形成以数字化转型为契机、以5G为纽带、以需求为导向的新型产业生态模式。产业链的协同发展将驱动数字化革命，数字产业化与产业数字化将加速融合，在核心技术突破、新兴产业发展、传统产业数字化、数据资源开放共享、扩大开放合作等方面，全面扎实推进，形成整体优势。

最后，支撑数字技术广泛运用，推动数字经济发展。目前，围绕5G、物联网、大数据、人工智能、云计算等新基建已提上日程。依托新基建迅速发展的良好势头，数字技术得以广泛应用，这不仅有助于推动产业升级、扩大有效需求、保障民生托底，也是稳增长工作的重要抓手。5G是数字技术应用落地的底座，构建了数字经济的基础设施平台，未来，随着以5G为代表的新基建的推进，数字经济服务实

产业数字化

体产业和智慧生活的水平将有效提升,并在助力国家治理体系和治理能力现代化过程中,起到更加不可或缺的积极作用。同时,在各项政策利好下,将形成一批有影响力、规范、可信的标杆企业,推动 5G 等新兴数字技术在行业领域的落地。

第六章

人工智能与产业发展深度融合

受益于大数据、算力、算法的重大突破，人工智能引发的智能化浪潮席卷全球。人工智能以深度学习、机器算法技术、计算机视觉、自然语言处理等核心技术为突破口，加速开启人工智能技术与各行各业的融合引擎，无疑成了科技企业在这场新浪潮中出奇制胜的重要法宝，人工智能也荣升为新一轮科技革命和全球数字经济创新发展的重要驱动力。麦肯锡的调研数据显示，2020年，预计将有85%的企业应用人工智能技术。同时，在大数据、物联网、云计算、区块链等前沿技术的加持下，未来3~5年将是人工智能产业的窗口机遇期，产业人工智能将无处不在，这一发展趋势将驱动社会数字化转型，让万物互联成为现实，信息科技将迎来一个崭新的万物智能新时代。

第一节　人工智能掀起产业智能化的新浪潮

人工智能也称为机器智能,从计算机应用系统的角度出发,人工智能是研究如何制造出智能机器或智能系统来模拟人类智能活动的能力,以延伸人类智能的科学。随着人工智能技术进入技术成熟度曲线的低谷期,行业开始回归理性,全球人工智能发展正式进入产业化落地新阶段。近年来,全球主要国家均把人工智能上升至国家战略高度,加上算力提升、资本进入以及需求增加的驱动,人工智能的发展将掀起新一轮的产业数字化、智能化、商业化浪潮。

一、全球人工智能产业进入快速发展新阶段

人工智能作为计算机学科的重要分支,是计算机研究和应用发展至一定阶段的产物,其发展主要经历了三个阶段。第一阶段是20世纪50—70年代,人工智能的概念起源于1956年,随后通过计算机来实现机器化的逻辑推理一度受到吹捧,但都未应用于实际发展中。第二阶段是20世纪70—90年代,各国在神经网络方面的投资逐渐增加,神经网络迅速发展起来,人工智能开始由单个智能主体研究转向基于网络环境下的分布式人工智能研究,人工智能更趋于实用型产物。第三阶段是20世纪90年代以后,随着数据、算力、算法的大幅度提升,推动深度神经网络技术迅猛崛起,人工智能逐渐步入快速发展期,特别是2010年之后,人工智能已经成为全球各国竞争的制高点和竞相布局的焦点。

产业数字化

经历了 60 多年的演进，全球人工智能发展终于迎来了商业化应用的新阶段，这将为产业数字化带来革命性的转变。根据 Sage（地缘政治事件协同预测项目）的数据，到 2030 年，人工智能将为全球 GDP 带来额外 14% 的提升，相当于 15.7 万亿美元的经济增长。一方面，全球人工智能市场规模将在未来几年经历现象级的增长。德勤咨询公司预计，[①]2017—2025 年全球人工智能市场规模复合增长率达 30%，2025 年将超过 6 万亿美元。IDC 预计，[②] 到 2020 年全球人工智能技术支出将达 2 758 亿元，我国将占到全球整体支出的 12%。另一方面，全球人工智能企业数量和融资规模阶段性爆发。乌镇智库统计，[③]2000—2018 年，全球新增人工智能企业 1.4 万家，融资规模 784.8 亿美元，融资轮次达 1.3 万次；我国和美国的人工智能企业融资额分别占全球的 47% 和 38%，领跑全球人工智能产业发展。

二、政策组合拳为人工智能产业融合提供机会窗口

随着人工智能对于产业数字化与智能化的重要性日益凸显，全球各国在人工智能方面的顶层政策倾斜力度持续增加，包括中国、美国和欧盟在内的很多国家，都将其上升到国家战略的高度。从 2015 年开始，我国就为产业人工智能的落地和发展制定了行之有效的措施，中央和地方政府都出台了一系列支持人工智能发展的政策文件。从 2017 年开始，人工智能更是连续三次写入政府工作报告。从具体措施来看，我国主要通过提供大量的项目发展基金、人才引入和企业创新等政策支持，加强人工智能的技术研发与产业融合应用。

---

① 德勤咨询公司，《未来已来·全球 AI 创新融合应用城市及展望》，2019 年。
② IDC，《对话式人工智能白皮书》，2018 年。
③ 乌镇智库，《全球人工智能发展报告（2018）》，2019 年。

在国家和地方政策的扶持驱动下，人工智能已经成为我国新基建的主要支撑，人工智能与产业融合发展的程度日益加深。从产业应用来看，人工智能在安防、金融、零售、医疗、政务、交通、制造、家居等行业领域得到深入应用，也进一步推动智能机器人、智能安防、智能医疗、智能教育、智能物流成为近几年的热门应用场景。

三、科技企业着力打造人工智能产业应用新生态

以人工智能、云计算、大数据等为代表的数字科技带动的新经济，已成为全球经济发展的重要方向。全球科技企业借助于强大的技术创新积累优势，积极布局人工智能产业生态链，释放人工智能在新一轮产业变革中的强大驱动作用，催生了大量新业态、新模式和新产品。早期，以谷歌、英特尔、微软、亚马逊等为代表的跨国大型科技企业，充分发挥其强大的资源整合能力与持续创新功能，在人工智能底层技术研发与应用产品实践领域进行了大量有益的探索。2015年之后，我国人工智能热潮大规模兴起，一大批科技企业开始在人工智能领域迅速布局，在人工智能通用技术、消费级终端、场景应用、芯片及底层硬件等方面取得了显著成效。一方面，很多初创企业在通用人工智能技术研发的投入，特别是计算机视觉等技术研发层面，为技术成果转化为商用场景提供了有利条件。另一方面，近几年，智能机器人、无人机、智能硬件等消费终端逐渐走向成熟，自动驾驶、智慧医疗和智慧金融等产业融合场景不断丰富，也为人工智能走向大规模商业化提供了重要窗口。

2020年初，全球新冠肺炎疫情暴发，"无接触"成为人类抗击疫情时的现实需求，人工智能产业浪潮从幕后大步走向台前，此次抗击疫情过程中催生了一批产业人工智能新生态。视觉测温系统、疫情问

询机器人、智能外呼机器人、无人配送车等无接触智能化软硬件应用不断涌现，人工智能技术在线教育、服务行业、农业、工业等多场景的应用加速落地。在国家大力发展新基建的大背景下，我国各行业企业推动人工智能应用落地的需求将大幅攀升。

第二节　人工智能关键技术多元化发展

依托于大数据、物联网、5G、云计算、区块链等前沿数字科技的长足发展，以机器学习算法、计算机识别、自然语言处理为代表的人工智能技术取得显著进步，在计算机视觉、语音识别、机器翻译、人机博弈等方面可以接近，甚至超越人类水平。与此同时，机器学习、知识图谱、自然语言处理等多种人工智能关键技术，从实验室走向应用市场。

一、机器学习算法奠定人工智能技术核心逻辑

机器学习是人工智能的核心，主要帮助计算机模拟或实现人类的学习行为，获取新技能，重新组织知识结构改善性能，是计算机走向智能化的根本途径，也是深度学习的基础。目前，机器学习算法已经有很多广泛的应用，比如电商平台的数据挖掘与分析、生物特征识别、搜索引擎、医学诊断、智能反欺诈、证券市场分析等领域。一是机器学习算法可以实现基于交互的深度用户理解，在电商平台的应用较为普遍。机器学习技术通过将用户交互信息（点击、购买、浏览、搜索、加入购物车、下单等）在时间轴上展开，利用 Transformer（一种深度学习模型）机制，通过用户历史交互信息，预测未来的交互，生成高

第六章
人工智能与产业发展深度融合

维交互用户嵌入。二是深度学习作为机器学习中一种基于对数据表征学习的有效方法，具有出色的处理复杂任务的能力，可以推动自主无人系统技术落地，使无人货运、无人机以及医疗机器人等得到长足发展。三是机器学习技术也广泛应用到户外广告的营销数字化建设中，通过搭建楼宇数字媒体平台，让户外广告投放实现内容的线上审核与监测，并且将边缘计算能力和人机互动人工智能算法内置到数字化广告智能屏幕设备中，让线下广告的展现形式不再单一，大幅提升广告主的曝光量和转化率。

二、计算机视觉技术赋予机器感知能力

计算机视觉技术是利用计算机替代人类视觉，开展信息提取、处理、理解，以及分析图像和图像序列的能力。其中，人脸识别技术的应用最为广泛，应用场景主要集中在工业生产、智能家居、智能安防、虚拟现实技术、电商搜图购物、美颜特效等领域。人脸识别技术可以通过多场景、多任务、标准化人脸图像输入，实现参数共享，有助于解决不同场景重复 ID 的问题，提高模型更新迭代效率。同时，通过搭建"多场景联合训练 + 跨场景对抗训练"的人脸识别训练框架，在只有少量标注数据的情况下，可以训练出高准确率、跨场景识别的人脸识别模型。

人脸防伪在工业界 3D 技术日益成熟的背景下，也在金融风险控制场景中起到重要作用。基于互联网行业大量的数据积累和训练，目前的人脸防伪技术可以通过多模态人脸防伪的数据集，有效抵御 3D 打印、视频、图片、面具、头套等各种人脸攻击，准确率达到金融级别的安全标准，作为金融科技的重要组成部分，在金融业得到了广泛的推广应用。

三、自然语言处理实现高效人机交互

自然语言处理（Natural Language Processing，NLP）技术是一门集语言学、计算机科学、数学于一体的科学，主要研究实现人与计算机之间的自然语言交流与信息交换的技术和方法。实现人机交互，是人工智能、计算机科学和语言学等领域共同关注的重要问题。目前，自然语言处理技术在机器翻译、文本分类与校对、信息抽取、语音合成与识别等领域已经取得一定成效。在国内，人工智能合成语音机器人正成为营销机器人场景落地的重要契机，主要利用端对端语音合成、视频生成、人脸3D建模及微表情控制等人工智能虚拟数字人技术，通过获取目标人物少量的视频、音频素材，合成该人物逼真生动的讲话视频，打造大批量、低成本、定制化视频制作的全新模式。这种真人讲解短视频的形式，也进一步丰富了金融零售领域优质内容的呈现方式，触达有不同浏览习惯的新用户群体。同时，语音识别与人机交互技术也成为我国人工智能技术出海的重要领域。以快速增长的东南亚市场为例，泰语语音识别技术在智能客服场景中的应用也有了较大突破。利用端对端语音识别模型，能够快速精准地识别用户口语化、地方化的泰语语音，在泰语电话客服中的识别率可达到85%以上，智能客服机器人和外呼机器人在金融、物流等领域的广泛应用，可以有效提升泰国金融、物流行业的智能化水平。

命题文本合成被认为是自然语言处理领域最难的一个技术课题，短文合成机器人的问世恰恰解决了这一难题。该项技术的关键在于大规模语料训练出基础的Transformer深度模型，以及全局和局部条件控制，以保证文章的整体逻辑线以及生成的文本语法通顺。目前，借助短文合成机器人，已可以生成各种类型的命题文章，只需给定文章主题、题目和一些关键词，就可以生成紧扣文章主题、符合人类写作逻辑的文章，包括商品带货文章、资管日报、股市评论、新闻报道，未来有望发展成营销文章的智能写作助手。

四、海量数据是产业人工智能不可或缺的支撑要素

作为人工智能技术底层逻辑中不可或缺的支撑要素，海量数据是人工智能算法在各行各业多场景应用的关键燃料。互联网浪潮下，全球海量数据爆发式增长，使人工智能数据处理更加高效。从车辆自动化驾驶到人工智能聊天机器人，从医学成像与诊断到农作物监测，通过基础数据服务对数据的采集、清洗、信息抽取和标注等预处理手段，人工智能拥有了高质量的海量数据进行深度学习。数据量越大、越精准，人工智能算法训练后获得的模型就越智能化。

五、人工智能开放平台贯通技术开源产业链

人工智能的发展离不开开放的生态。近年来，受益于大量的搜索数据、丰富的产品线以及广泛的行业市场优势，国内外的科技巨头开始加快布局人工智能开放平台，打造开源的人工智能工具。人工智能开放平台通过聚合人工智能研发企业，以及行业整体方案交付企业，帮助人工智能应用层面的创业者突破技术壁垒，将人工智能技术直接应用于终端产品研发，大大降低了人工智能的技术门槛，让创业者都享受到人工智能技术进步所带来的红利，也有助于连接各行各业的产学研机构，构筑完整的产业生态，大幅提升产业数字化进程中的生产效率，加速推动人工智能产业化进程。2017年以来，我国涌现出一批人工智能开放创新平台，覆盖自动驾驶、城市大脑、医疗影像、智能语音、智能视觉、智适应教育、智能零售等众多实体产业应用场景。

产业数字化

第三节 人工智能深度赋能各行各业

产业数字化带动数据基础日渐成熟,人工智能与医疗、金融、零售、农业、城市建设等领域的深度融合持续推进,开始在各领域的业务场景中规模化地展现人工智能的应用价值。产业的数字化基础设施是影响人工智能与产业融合的关键要素,一个产业的市场规模体量与数字化程度决定了人工智能应用价值的空间大小。产业的市场规模化和数字化程度越高,数据基础设施就越完善,人工智能技术的应用价值也就越显著。

一、智能金融触达金融供应链全场景

金融行业是资本生产要素优化配置的重要体现,人工智能则是金融科技的重要组成部分,两者的天然融合催生了新一轮的智能金融革命。智能金融以数据为依托,对金融市场进行优化配置,目前,智能金融在金融供应链的触达领域,主要集中在资产管理、金融客服、风控管理等关键环节,未来人工智能技术将实现金融供应链的全场景覆盖,进一步拓展金融服务价值链,创新智能银行、智能保险、智能证券、智能投顾、智能风控等金融服务新业态。

在此次新冠肺炎疫情的冲击下,金融行业线上化和数字化的庞大需求也被迅速激发,推动人工智能在资产管理行业的场景应用中脱颖而出。一方面,人工智能技术有效化解了资本市场"黑天鹅"下的投资风险,加速了资本市场的系统化与智能化进程。人工智能技术利用

海量数据构建知识关系图谱，帮助规避潜在的信用风险。图谱的准确度需要大量的数据来进行回测和喂养，数据越全，挖掘风险的能力就越高。比如，针对大型企业的风控模型构建的智能信用评估系统，通过利用人工智能和大数据，就可以实现对企业的行业维度、股权维度、关系画像、舆情维度、财务维度，以及宏观微观的因子等进行全方位整合分析。另一方面，人工智能的深度学习技术在金融资产定价领域的应用也取得了一定的突破。不同于华尔街和券商银行将数学理论应用到具体的金融资产定价上，深度学习产生后，金融资产定价模型通过引入足够多的数据与深度学习技术，就能不断纠正模型的误差，由此得到与数学理论和金融理论模型相匹配的人工智能模型。但同时，人工智能技术对影响金融市场剧烈波动的重要事件的风险判断能力还有一定的局限性，未来还需要海量的数据和更强大的人工智能技术。

未来一段时间，人工智能技术将触达资管科技和金融科技的更多场景，引领金融智能化的新趋势。一方面，推动计算和架构体系上云，包括技术上的云化以及服务上的云化。科技公司与资管机构、金融科技可以共同建立开放的平台生态，提供丰富接口、API 服务与基础资源，让用户能够在云上调用云服务。另一方面，金融科技不仅可以应用在基础金融市场上，还可以应用在衍生品对冲、风控防范的市场当中，结合更精细的测算逻辑来规避风险。在产品结构方面，通过数字化的逻辑分析，把确定性弱的从资产组合当中淘汰出去，把确定性强的、可以带来稳定和长期回报的拿到资产组合中，实现产品结构优化。

二、智能医疗在新冠肺炎疫情冲击下加速变现

近年来，互联网医疗市场在人工智能技术的推动下呈高速增长趋势，特别是在新冠肺炎疫情的冲击之下，涌现出越来越多的智能医疗

产业数字化

产品，极大地加速了互联网医疗市场的业态模式多元化。智能医疗的快速发展，在一定程度上缓解了我国传统医疗体系面临的诸多痛点，主要是医疗资源不均衡造成的资源配给不能满足日益增长的居民医疗需求，以及检测技术不足、医患关系紧张、基层民生医疗水平差等问题。比如，智能影像是最早的人工智能商业化变现的重要突破口，智能影像可以快速查证癌症等癌细胞相关疾病，迅速提高健康管理的效率，最终帮助患者从源头上改变不健康的生活习惯。

新冠肺炎疫情暴发后，人工智能作为打通无接触医疗通道的重要信息化技术，也发挥了巨大的作用。数字科技在疫情中帮助人们掌握疫情动态，进行远程信息交流，乃至线上线下物流配送，由此衍生出一批无接触智能医疗信息系统。人工智能俨然扮演着医疗信息化不可或缺的技术助手的角色，一方面，提供背后算法上的支持和辅助分析工作，开展基于人工智能技术、医疗健康智能设备的健康管理，实现个人健康实时监测与评估、疾病预警、慢性病筛查、主动干预；另一方面，科技公司和医疗机构也在积极合作，利用人工智能技术对药物、疫苗研制等方面进行探索。

智能医疗的不断普及将进一步加速互联网医疗的数字化转型，基于医护信息、电子病历等数据，打造数据中台，建立互联网医疗信息体系，发展智慧医疗、智慧管理、智慧运维、智慧服务等多个方面，最终实现人工智能与医疗健康行业的深度融合。

三、智能化农业革命一触即发

随着以人工智能为代表的新一轮信息技术取得突破性进展，以智能化的机器人技术以及机器学习算法为核心的新一轮农业革命如期而至。2020年中央一号文件指出，"加快物联网、大数据、区块链、人工智能、第五代移动通信网络、智慧气象等现代信息技术在农业领域的应用"。可以预见，未来我国的智能农场、智能化植物工厂、智能牧场、智能渔场、智能果园、农产品加工智能车间、农产品绿色智能供应链等智慧农业应用成果将大量涌现，推动农业迈入智慧农业的崭新时代。

人工智能算法与物联网共建智能化系统，打造数字化养殖大脑。以养牛为例，通过在牛场通道部署深度传感器与深度摄像头等智能化设备，可以俯拍路过的奶牛，再通过图片分割模型、3D点云分析等技术，便可智能化生成牛体况的得分情况。牛体况评估算法可以在不接触牛的情况下，自动对牛的体况进行评分，基于每天的数据会有曲线式的生长情况，帮助饲养员进行饲养情况的分析。再如水产养殖，基于人工智能的数字化养殖系统，不仅能够增加养殖密度，方便鱼群管理，同时能隔绝泥土，保障肉质的安全和鲜美，还可以实时监测分析水体温度、氨氮浓度、溶氧量等数据，为不同品种的鱼苗匹配创造最适宜的水质环境，观测鱼苗大小、重量等生长指标，识别分析行为，判断健康和饥饿状态，精准调整喂食量，提高饲料使用率。

四、智能供应链加速全渠道数字化

长期以来，我国智能供应链系统建设落后于生产装备建设，物流作业仍处于手工或机械化阶段，物流信息化水平偏低等痛点突出。近年来，在国家政策的引导之下，智能供应链逐渐成为人工智能应用场景最具潜力的区域之一。借助人工智能技术，不仅可以在制造和管理流程中提高产品质量和生产效率，同时利用智能制造产品，如机房巡检机器人、室内运送机器人、铁路巡检机器人等，可以实现供应链的智能化。在智能制造环境下，打造高效的智能供应链体系，已成为众多供应链企业在市场竞争中获得优势的关键。

产业数字化

人工智能在制造业的应用场景，主要包括智能制造产品与智能仓储系统。从智能制造产品来看，智能手机、工业机器人、服务机器人、自动驾驶汽车及无人机等，实现了人工智能技术成果集成化、产品化。从智能仓储系统来看，使用智慧搬运、智能配送机器人能优化仓储系统，机器学习算法利用物流数据能促进仓库自主优化运营，还能大幅提升仓储拣选效率，降低人工成本，有效提升生产柔性，助力供应链企业实现智慧化转型。

第四节　人工智能引领产业数字化新趋势

人工智能技术与实体经济深度融合进程的不断加速，将推动零售、医疗、交通、制造、金融等产业提效降费、转型升级。随着5G大规模商用时代的到来，人工智能技术在网络管理、资源调度、绿色节能和边缘计算等方面，改变了网络的运营模式，推动了智能5G的形成，智能医疗、智能交通、智能城市等以人工智能为核心的场景应用将大有可为。

一、人工智能行业标准评估体系建设进入快车道

标准化是规范市场秩序、提高效率、促进贸易的依据。人工智能作为新基建的重要领域之一，其标准特别是评估体系仍不健全。结合医疗、金融、农业、制造业、城市建设等应用场景，推动人工智能产业应用标准化，建立健全相应的评估评测指标，为产业发展提供科学有效的评价依据，将成为未来一段时期产业人工智能加速布局的必经之路。

二、人工智能赋能产业智能化向规模化发展

人工智能技术与实体经济深度融合进程的不断加速,将推动零售、医疗、交通、制造、金融等产业提效降费、转型升级。与此同时,随着行业门槛逐渐降低,人工智能正在从一个黑科技,变成一个全方位赋能传统行业的科技。下一步,人工智能与越来越多产业的融合应用,将推动产业的智能化模式实现规模化发展,不仅改变了传统的"需求—设计—制造—销售—服务"的生产模式,更催生了新一代智能硬件与智能软件产业,跨界融合将成为新产业生态的重要特征。

三、5G 时代将开拓人工智能产业应用新场景

随着 5G 大规模商用时代的到来,人工智能技术在网络管理、资源调度、绿色节能和边缘计算等方面,改变了网络的运营模式,推动了智能 5G 的形成,智能医疗、智能交通、智能城市等以人工智能为核心的场景应用将大有可为。2020 年初,科技企业以抗疫实践和智能化,为人工智能行业的前行按下了加速键,未来在 5G 的加持下,智能医疗的应用范围将更为广泛,可穿戴设备的普及、医疗数据 7×24 小时的实时监测、医疗无线监护、远程检测应用、远程手术等低时延场景应用将成为现实。随着互联网流量逐渐转变为人工智能流量,5G 将在更广的范围内,以更深的程度和更高的水平加速产业人工智能融合应用,为设备赋智,为企业赋值,为产业赋能。

四、网络数据安全和伦理道德风险仍需引起高度重视

随着人工智能技术的成熟和大范围应用的展开,人们可能会面临

产业数字化

网络数据安全、隐私和伦理风险等方面的挑战。近年来，国际上越来越多的国家开始进行与人工智能伦理道德相关的研究，欧盟实施《一般数据保护条例》，对民众保护和授权数据隐私方面再次收紧，主要应对人工智能技术应用过程中可能产生的伦理道德、隐私保护、算法歧视、深度造假等潜在问题。人类社会即将进入人机共存的时代，未来"发展负责任的人工智能"将成为贯穿全球人工智能与产业融合发展的一条主线，加强网络数据安全与人工智能治理相关标准研究，将确保人工智能系统在设计、研发、生产和使用过程中的安全可控，进一步妥善应对人工智能的安全、隐私、伦理风险，使人工智能技术更好地服务于人类社会。

产业篇

数字科技行业实践方兴未艾

产业数字化是指在新一代数字科技的支撑和引领下，以数据为关键要素，以科技赋能为主线，以价值释放为核心，对产业链上下游的全要素进行数字化转型、升级和再造的过程。从产业实践看，无论是农牧业、制造业、金融服务业，还是包括城市管理、社会服务等在内的广大公共领域，数字科技前沿技术均在加速落地，为传统行业升级改造和国家治理现代化注入强心剂。一方面，消费互联网驱动服务行业率先转型，已经深刻改写人们的生活方式。另一方面，越来越多的互联网科技巨头，以及重点行业中的龙头和骨干企业，通过建设科技平台，将各自数字化的实践经验赋能中小企业，形成对上下游相关主体的有力支撑。但与此同时，受限于战略认识、数字技能、资金储备等多方面因素，广大中小微企业的数字化转型困局仍难以突破，存量经济、传统产业中的数字化升级改造仍有巨大空间。

从数字中来，到实体中去，是发展数字经济、推动产业数字化的根本出发点和落脚点。作为金融科技和产业数字化的首倡者和重要践行者，京东数科从数字要素驱动、科技平台支撑、品牌价值赋能、生态融合共生、政府精准施策等多方面综合发力，因时、因地、因业、因企地提供产业数字化转型战略与产品、技术解决方案，助力企业持续释放数字科技红利，塑造实体与非实体要素组员共享，实现产业链内部环节、不同产业链间的跨界共生。通过与产业公司展开深度融合共建，行业协同效率大幅跃升，企业经营成本显著下降，市场业态焕然一新，发展势能不断积蓄，为各行各业破茧重生、求新谋变创造了有利条件。由数字科技公司定制的各个行业底层操作系统，尤其成为支撑行业主体内部和各主体间优势互补、高效协作的重要基础设施，在促成前沿技术应用转化方面扮演着关键角色。

第七章

金融科技操作系统
是金融数字化的制胜武器

金融是"国之重器",是国民经济的重要血脉,既具有突出的资本密集、技术密集和数据密集特性,又与实体产业存在千丝万缕的联系。一方面,实体经济的发展水平直接影响金融业的发展质量和效率;另一方面,金融机构和金融行业的数字化水平也会在一定程度上反作用于其对实体经济的服务能力。由此观之,金融机构既有对自身产品、服务和经营模式的数字化改造需求,又有借助数字科技深度参与金融市场,更好地服务实体产业的迫切愿望。"工欲善其事,必先利其器。"金融科技操作系统可以满足各类金融机构精益化的管理诉求,帮助其重塑经营模式,落地数字化转型战略,在全产业链资源整合过程中更好地实现获客和获利,使之更有能力和意愿加快转型步伐,在产业数字化的战役中一炮打响、先声夺人。

第一节　金融科技赋能金融机构数字化转型

金融行业数字化转型，先要转谁？毫无疑问，首先要转变的就是像人体细胞一样的存在，即作为市场主体直接参与竞争的金融机构。大量的金融机构是金融科技下半场的重要需求方，在个人金融等业务领域已初步完成数字化改造后，小微金融、企业金融、资产管理等强金融属性、强线下业务的数字化转型仍是金融科技的重要赋能方向。通过输出技术中台、数据中台、移动中台与开放银行服务，金融科技操作系统能够帮助金融机构更好地推进敏捷开发，挖掘数字资产价值，促成与多渠道、全生态的用户场景紧密连接，实现内外部资源配置效率提升与服务体验优化。

一、技术中台输出核心科技能力

随着行业信息化建设不断提速，传统金融机构在各自的数字化转型过程中，需要面对的发展机遇与挑战日益突出。比如，内部 IT 架构庞杂，不同的条线、分支机构各自为政，壁垒坚固，存在产品线或功能模块间的大量重复建设与低效运营；在面对外部业态扩张时，难以快速、有效地实现系统和产品迭代，自建系统的开发成本高、建设周期长，外部合作则受制于采购成本、系统兼容性、长期可控性、政策合规性等一系列因素；从自身精细化管理角度，现有技术支持能力也难以充分满足数据分析、用户管理、流程再造和效率提升的现实需要，成为数字化转型升级的重要掣肘。

产业数字化

配置高效的技术中台,是金融机构更好地满足客户与合作伙伴需求、合理调配IT资源、实现降本增效的必然之举。技术中台的重要作用包括:一是对来自不同团队的开发需求进行合理评估,将其中可能存在的高度类似、高通用性的业务和功能需求重新梳理与整合,减少因为分散、重复开发造成的开发效率低、成果复用性低、产研资源浪费与用户体验不统一等问题;二是对系统架构进行平台规划,避免使个别垂直的业务逻辑与基础系统、底层逻辑耦合过深,导致整体系统运行缓慢,无法满足更多新业务、新系统的接入和改造需求。

从以往的行业实践看,金融机构,特别是中小金融机构,在自建技术中台过程中存在诸多实际困难。比如,技术中台的构建需要以大量底层、基础性技术开发能力为支撑,很多中小金融机构,既不具备相应的团队建设能力,也难以持续承付相关的技术开发与人员投入成本;依靠自身力量梳理、打破已有的系统架构现状和重新规划架构方向,往往需要挑战金融机构内部的组织架构、管理体系,这对金融机构相对传统的体制机制而言更不现实。在这种情况下,借助外力寻求更具可操作性的解决方案,越发成为摆在金融机构决策者面前的现实选择。

以京东数科等为代表的数字科技企业,为传统金融机构提供的技术中台解决方案是基于分布式技术的架构转型。所谓分布式,是指在通信网络互联的多处理机体系结构上执行任务,这相对于金融机构传统的单体式架构具有显著优势:第一,可以极大地增加系统容量,适应大规模应用场景和月末、季度末、年末、全网购物节等某些特定场景下高并发业务带来的技术处理需求;第二,可以实现敏捷开发与上线,即通过并联处理开发、上线需求来提升效率;第三,可以增强系统可用性,通过整体优化实现单点故障隔离,从而在部分模块修复缺陷、变更功能时,不至于影响其他模块的正常运行;第四,可以提升系统的可延展性，即结合业务模块的特点进行伸缩，在满足弹性需求的同时，减少不必要的运营成本投入。

京东数科提供的技术中台解决方案还具有如下特质：首先，京东侧输出的是大量分布式组件、中间件，可充分赋能金融机构根据个性化的实际业务需求，灵活选用各类组件与原有系统对接、转换，既不需要对已有的核心系统推倒重来，又不必担心因为采买整装外部系统而被原系统不兼容、不互认，从而在使用组件的全过程中自主可控；其次，相关组件支持基于不同特定需求的整合包装，可过滤掉不必要的底层技术细节，而只提供便于接入、易于操作的技术能力接口，实现无缝集成，减少金融机构的学习成本、降低相应决策成本；最后，作为京东数科提升数字化服务能力的一部分，相关组件已在京东自身运营，并在与金融机构的广泛合作中得到长期实战检验，从而能为新加入的金融机构提供更多有力支持。

二、数据中台输出用户运营能力

在数据资产化的今天，大数据已成为经营机构最为重要的生产要素和战略资产之一。大数据在广度、深度上的不断延展，使之不仅可以用于存储、查询、追溯，更能通过数据价值挖掘，有效辅助决策，进而驱动企业智能化发展，并提供更多价值贡献。可以说，数据中蕴含着业务本质，蕴含着创新源泉，掌握数据挖掘和应用能力的企业，更有机会在数字化竞争中拔得头筹。

在此背景下，作为企业数据资产、数据服务的重要提供者，数据中台的概念得到了业内的广泛关注。数据中台可以简单地理解为数据服务工厂，其一端连接数据开发后台，一端连接业务应用前台，具有优化数据模型、提升数据质量的重要作用，还具有高性能、高安全、

产业数字化

快速提供服务等重要特征。通过加强跨区域数据治理，构建企业级的数据中台，将数据封装成规范服务，可以帮助前台人员以 API 等形式获取数据创新支持，从而充分挖掘底层数据资产价值，缩短新业务和新产品的创意设计、开发测试与落地推广周期，特别是利用数字化的强大计算能力、快速搜索能力与数据预测能力，实现业务模式的不断敏捷优化。

在金融领域，所有产品、服务、交易过程和客户行为都是高度数据化的，但受限于以往的数据治理能力，大量过程数据没有被存储、加工，或者即使一部分数据得到存储，也往往是基于业务人员已有的构想和需求进行定向采集、加工的，蕴含于其中的业务规律尚未得到深入发掘。时至今日，这一短板造成的弊病已充分暴露：一是包括语音、语义、图像、文本、生物特征、地理信息等在内的大量非结构化数据不断涌现，超出传统金融机构数据仓库的数据采集和存储能力；二是在开放场景和多因子复杂变量的影响下，以往有个体经验的业务专家已不再能有效判定高维运算结果，必须借助大数据、云计算、区块链等更高阶的数字科技手段探求未知的、难以完全解释的业务规律和价值。

数据中台为金融机构提供的，应是从数据获取到构建数据生态全流程的一揽子服务。在数据获取阶段，数据中台可以打破数据孤岛，全面、实时、高质量地采集不同来源和类型的海量数据；在数据治理阶段，可以高性能、多样化地实现各类数据资产的有效管理；在数据分析阶段，可以运用多种智能分析技术，对多源数据进行实时和协作分析；此外，还可以支持对数据中业务价值的快速发现和验证、数据输出的规范治理、数据资产的交易和变现，实现从数据到价值，以及在价值实现过程中积累更多数据的完整闭环。

数据中台在金融业务中一个重要的赋能方向是客户获取。以商业银行为例，无论是通过传统自有渠道吸引客户主动申请，还是利用多元化的外部场景和生态引流获客，都离不开对目标人群的精准定位和精准判断。随着科技与互联网元素在金融生活中的深入渗透，线上用户的金融消费内容、观念及行为特征发生深刻改变，海量、分散、高频、小额等趋势日益突出，金融机构由于缺乏对用户消费习惯、金融需求的全面和有效的洞察，往往出现优质客户来源匮乏、次级用户逆向选择增多、获客转化效率低下、客户流程体验不佳等痛点。与此同时，原有的线下存量客户不断流失和趋于睡眠，也倒逼金融机构深入思考如何精准获客、提升效率的现实难题。

在此方面，由数字科技企业协助构建的数据中台，可以帮助金融机构解决经营管理中的各类痛点。

第一，基于对以往优质客户初始特征、成长轨迹、需求偏好的全面洞察，从当期经营价值、未来经营潜力、忠诚度、活跃度等不同指标维度聚类客户，对新客户和潜在客户的生命周期、长期表现等做出预判，并设定不同优先级，合理分配营销资源。

第二，基于对客户在开放生态内、全场景的行为刻画，特别是在不同渠道积累的客户交互和反馈数据，更准确地把握客户潜在的金融服务需求和更多的非金融服务需求，从而找准在产品、服务、渠道、营销手段等方面的客户偏好与业务机会，制定个性化服务方案。

第三，基于客户在产品申请全流程的表现数据，包括但不限于客户在具体环节和问题上的停留、卡顿、跳出、返回等数据，重新检视后台响应速度、页面设计友好度、权益展示吸引力、问题设计复杂度、客户漏损拦截和挽回有效性等指标的改进空间，最大限度地减少客户流失。

第四，基于跨条线的数据开放共享，特别是对客户风险指标的有效协同，减少对非目标人群的不当展示和无效获取，将不符合某一业务条线获客需求、门槛的其他客户及时输送至其他高匹配的业务条线，

产业数字化

争取复用客户价值,减少流量浪费。

三、移动中台输出产品运营能力

移动端是金融机构触达客户、连接外部的重要渠道,也是其推进数字化转型的重要载体。近年来,特别是新冠肺炎疫情发生以来,大批原本需要线下办理的业务转至线上,移动端的重要性日益凸显。金融机构在数字科技助力下打破时空限制、推广产品服务,有助于客户随时随地享受移动端带来的金融服务可得性与便利性。

但不可否认的是,一些金融机构多网协同、多屏互动的美好愿景,在实操过程中并不尽如人意,突出表现在新渠道利用率低、转化率差,因此未能有效发挥预设作用。《2019银行业电子银行场景营销分析报告》显示,全市场银行App已逾万个,90%的商业银行拥有独立App,但移动金融App黏性较低,商业银行App打开率不足50%,与一些互联网头部机构App的使用情况差距较大。部分App用户规模对比情况见图7.1。

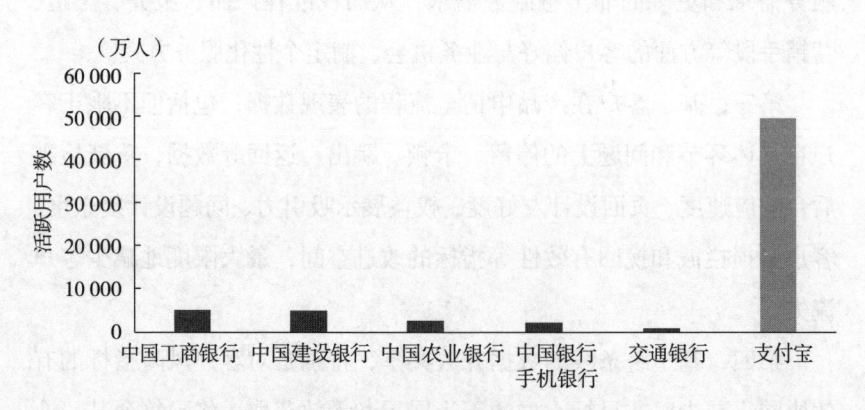

图7.1 2019年部分App用户规模对比情况

资料来源:艾媒北极星、京东数科研究院整理。

移动中台作为帮助金融机构改进线上渠道管理与运营效率的重要解决方案，建立在技术中台与数据中台的基础之上，更加贴近业务前端，可以更近距离地支持一线"战场"。由于很多金融机构推出的各个移动应用的开发服务商不同，开发时间亦有先后，所以此类移动应用在开发框架、底层架构、接口标准上并不兼容，各应用渠道间的有效集成、统一运维受到制约，在较大程度上增加了管理员的操作成本和风险，也不利于用户在全渠道下获得一致体验。

移动中台通过搭建移动框架，输出适用于不同场景、不同端口的组件体系，可以支持不同渠道端的非技术背景人员快速锁定问题、快速实现需求，完成对模块开发、页面生成、权限变更、数据投放、消息推送等操作的快速响应。无论是通用业务，还是针对特定时点、特定场景的个性化营销与活动推广需求，移动中台都可以支持业务人员简易搭建活动页面，并在不同渠道端快速发布、灵活调整，从而有效缩短开发上线周期，压降不必要的开发与改造成本，化解在全渠道高并发及各渠道调整过程中衍生的一系列问题。

除了解决在多个移动渠道快速上线和稳定运行的痛点，金融机构在渠道端管理过程中面临的另一个难题是如何激活渠道使用、增强用户活性。移动中台为金融机构提供包含App、H5［第五代HTML（超级文本标记语言）］、小程序、公众号、直播和短视频等在内的多端融合的一站式服务支持，不仅解决了开发、测试、运维等相关问题，还注重输出其长期积累的线上数字化运营能力，帮助金融机构更好地适应在移动互联网、产业互联网时代大规模上线与精细化运营特征并存的管理要求，提升渠道管理的可控性与内容输出的丰富性。

京东数科与第三方市场研究机构IDC共同发布《中国区域性银行数字化转型白皮书》，该报告显示，金融行业对数字科技企业提供的移动中台服务已产生浓厚的兴趣，移动中台具有广阔的应用合作空间。

产业数字化

26%的受访者认为,移动中台有助于加快研发、测试,加强产品迭代;21%的受访者认为,移动中台有助于带来统一的技术标准和管理规范,提升App性能;16%的受访者认为,移动中台有助于加强对移动端数据的采集和分析,实现对移动应用的全面管控;此外,还有为数众多的受访者认为,移动中台对线上拉新、促活等业务实践能产生具体帮助,这为在更大程度上发挥移动中台的价值提供了更多有益思路。金融行业引入移动中台的原因调研相关数据见图7.2。

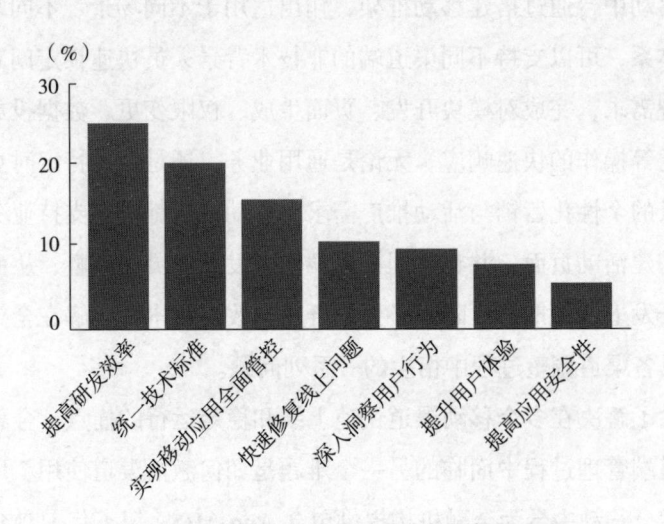

图7.2 2019年金融行业引入移动中台的原因调研

资料来源:IDC,京东数科研究院整理。

四、开放银行输出场景运营能力

开放银行是商业银行数字化转型的重要组成部分,其强调以用户为中心,以应用程序接口、软件开发工具包等技术实现方式为手段,通过双向、开放形式深化银行与外部场景和机构间的业务连接及合作,将金融服务能力与客户生活场景深度融合,从而提升金融资源的优化

第七章
金融科技操作系统是金融数字化的制胜武器

配置和服务效率，实现双方或多方共赢合作。

相较于一些欧美国家监管政策驱动的开放银行实践，我国银行业的开放银行探索带有更加明显的市场驱动特征，即银行注重通过自身App、小程序等连接用户生活场景，将金融产品和服务（主要是零售银行产品服务）嵌入外部，从而能够完成获客引流。以中国建设银行等为代表的大型国有银行，以及以招商银行为首的股份制银行，已将MAU（月活跃用户数量）作为考评零售银行效能的重要管理指标，引导更多中小银行转变经营理念，寻求以外部联盟为契机，切入能够带动用户活跃的衣、食、住、行、游、购、娱等场景。

难以否认的是，传统银行在构建开放平台的过程中，往往受到内外部多重因素制约。比如，银行针对用户场景寻找合作伙伴的连接效率偏低，企业级的开放平台尚未形成，资源把控能力较弱，在建立合作关系上主导能力不强。即使建成开放平台，也往往存在运营手段相对传统、单一等问题，导致转化效率不高，依靠金融科技驱动的新兴业务连续性与用户体验亟待进一步提升。银行业在长期强监管环境下形成的执行力文化与开放银行理念下的敏捷文化冲突明显，一些中小银行拥抱开放银行后感到收效有限，特别是认为市场环境鱼龙混杂，削弱了进一步依靠外部合作构建开放银行生态的主观意愿与资源支持力度。

事实上，开放平台是由以京东数科为代表的头部数字科技企业，向合作银行输出的金融科技操作系统的重要组成部分，其不仅包括产品、渠道相互开放，也包括在构建开放生态、锻造数字化运营能力等方面的共享开放。其中，产品开放主要是指，帮助银行产品取得更多外部渠道连接，为外部用户提供更加便捷的金融服务；渠道开放主要是指，帮助银行针对不同外部场景渠道的特征需求，梳理已有能力，重塑产品服务；生态开放主要是指，帮助银行整合内部各业务条线及合作产业平台，打破内外部的板块割裂，最终形成以客户为中心、客户场景为落脚点、产品平台为支撑的多种跨界联盟。

在这一合作生态下，底层是大数据、云计算等金融科技基础设施，中台是包括信用体系和风控体系等在内的支持系统，前端是包括消费信贷、保险、理财在内的一系列产品平台，并以超级入口为载体对接外部大流量，形成多层架构的相互依存，为打破银行用户获取和经营的封闭化、金融产品与服务供给的内部化提供精准赋能。在具体的落地实践中，开放平台解决方案通过使银行 App 在信贷、存款、理财、电商、生活缴费及其他第三方服务间的快速切换，实现各类功能一站式办理；证券客户可以在一个账户内完成资金转换与标的物买卖，获取行情资讯和增值数据分析服务；保险客户可以得到基于全生态、完整客户画像分析的智能化险种推荐，完成线上定损和理赔流程操作等。

从未来发展趋势看，金融机构建立健全开放平台还将面临更多挑战，既包括在相对封闭的内部科技架构下，对外部合作和应用开源技术的顾虑，也包括在适应敏捷文化、重组组织管理过程中的磨合阵痛，特别是在促进外部生态连接过程中的内部机制、流程卡顿。数字科技企业在不触动当期监管合规底线的前提下，针对不同银行的业务、管理现状与开放银行需求，进行一定程度的个性化改造，将更有利于合作银行缓释疑虑，在探寻新的业务模式过程中实现突破。

第二节　金融科技助推金融市场高效运转

在金融业流传着一句名言："资产管理业务是金融行业的最大横

切面。"这句话是指，在以资产管理业务为代表的金融市场上，银行、保险、券商、基金，甚至包括评级机构、会计师事务所、律师事务所等在内的大量非金融机构之间，都存在着极其密切的交互协作，高效、稳健是市场参与者的真切期盼、共同利益。在此方面，金融科技操作系统能够提供可灵活配置的服务组件，赋能各类参与者合理定价、科学决策，推进前中后台流程一体化、智能化，强化全面风险管理能力，满足银行理财子公司和托管部门、券商创新业务、中小银行等不同主体和不同场景的个性化精益管理需求。

一、共建金融市场底层基础设施

金融市场基础设施是金融市场稳健高效运行的重要保障。长期以来，受制于传统金融机构自身中心化、彼此相对分散割裂的系统与业务架构，金融市场基础设施的概念日益泛化、空洞，与其作为金融市场运作的关键枢纽的地位严重不符。作为金融网络结构的中心，金融市场基础设施连接、汇集各类机构主体，推动资金、证券资产、金融信息等要素高效流通，是金融系统有序运作的基础。同时，正是由于其高度聚合的特性，金融市场基础设施可能构成风险源和扩大器，所以各种风险交织传播，甚至酿成系统性危机。

应当看到，金融市场基础设施天然受到两方面因素的共同作用。一方面，金融市场交易规模激增，参与主体和业务类型日趋复杂，并且基于不同场景、不同资产、不同产业链条等表现出高度的适应性和灵活性；另一方面，金融交易中所涉及的大资金交互、大产业连接、大市场影响，又要求其基础设施在稳定性、可靠性、安全性与合规性方面满足不断提升的行业要求。在长期的历史实践中，金融市场由双边走向多边，由基于信任的自发交易走向基于平台的批量

产业数字化

撮合,在辐射范围延展、运作效率提升的同时,也对行业协同、风险防控等领域提出新的挑战,这为更好地发挥数字科技的作用提供了重要的市场契机。

从目前看,由数字科技企业输出的金融科技操作系统,或许可以在以下三方面破解金融市场及金融机构的切实痛点。

第一,建立健全行业数据平台,推动金融市场数据交互实时化、规范化。包括打通不同机构,甚至各机构内部的数据治理藩篱,将原本分散于各系统的业务数据(包括离线数据)有效集成;提升各节点数据间的传输效率,将原本以工作日计算的数据交互机制更迭为相关市场主体间的实时共享、实时调整;制定统一、规范的数据格式和交互标准,保证市场中的各个主体均可快速识别、采信和解析各类数据,减少因数据支撑不足造成的决策延误和判断失误。

第二,构筑多市场、跨资产的统一交易、计算平台,基于数据挖掘和智能计算,更好地实现业务价值。包括针对银行、保险、基金、资产管理机构等不同主体的交易需求,搭建涵盖货币、债券、权益类资产及各类衍生品在内的交易计算工作流,保证各类资产数据都可在规范化模型中进行实时计算;引入大数据和人工智能、机器学习、区块链等各类技术手段,构建智能图谱,深化加密计算,提升算法效率;将数据挖掘成果广泛应用于智能资产管理、智能运营管理、智能风险管理、智能客服等多种场景,强化数据预测和量化决策能力。

第三,为通用业务提供可灵活配置的服务组件,助力前后台流程一体化,支持业务底层系统与顶层应用快速连接、高效响应。包括可以为技术底层创建按需定制、组件插拔、开源可信的账本、合约、共识、私钥等组件工具,既能满足隐私计算的需要,又能符合弹性扩展的要求;可以为操作系统连接的各机构主体提供基于国密算法、兼具较高性能的应用服务,支持相关机构快速完成本地化的组网、

第七章
金融科技操作系统是金融数字化的制胜武器

部署；可以面向不同场景，支持多种组件积木化组合与区块链融合，保证即开即用。

以京东数科推出的"JT^2智管有方"产品解决方案为例。通过引入以京东智臻链为代表的区块链技术，金融机构从形成底层资产、进行产品发行和日常管理，直至完成二级市场交易的整体效率大为提升。通过实施快速组网、部署，产品上线联调从以往的2个月缩短至2天左右；各节点业务人员可透过可视化界面便捷、实时查看全流程数据，并且全部数据上链，有效防止数据丢失或被篡改；除传统的理财资产管理产品外，其构建的资产集市还可支持消费金融、现金贷、供应链金融等各类资产的识别、计算和价值管理，满足托管银行、资产管理计划管理人、资产服务商、会计师事务所、律师事务所、评级机构等其他服务支持机构的个性化管理需求，为全行业提升效率、管控风险提供了更加有利的技术工具。"JT^2智管有方"各相关机构受益点见表7.1。

表7.1 "JT^2智管有方"各相关机构受益点

合作机构	受益点
托管银行	划款凭证通过智能合约进行自动对账，保证循环购买金额准确
资产管理计划管理人	对基础资产穿透管理，高时效掌握底层资产情况，发挥主动管理的价值
资产服务商	向交易参与方及时同步数据信息，并对资产表现进行智能监控管理
会计师事务所	从链上获取充分信息开展现金流分析，分析基础更为充分
律师事务所	线上尽职调查，提高尽调效率，交易文本上传区块链系统，防止人为篡改
评级机构	更紧密地跟踪资产池的变化情况，及时做出信用评级调整

资料来源：京东数科研究院整理。

二、构筑资产管理智能决策中台

资产管理业务作为金融市场的重要组成部分，其核心在于，发现各类资产的真实价值，并基于持有、交易等操作实现投资回报。对金融市场上的多方参与者而言，对各类底层资产进行合理的估值定价，并对资产配置、资产交易进行科学决策，对资产管理全流程中的各个节点风险进行及时发现、有效管控，是长期以来的主要痛点，也是数字科技赋能金融市场及其参与主体的重要方向。

估值定价服务是数字科技企业能力输出的重要一环。通过为合作金融机构，特别是相关业务部门提供一系列工具模型，数字科技可以为包括股票、期货、各式期权等权益类资产，债券等固定收益资产，以及外汇、商品、贵金属等在内的各类资产创建定价系统，基于历史上的交易价格数据与未来价格走势预测，为各品类的基础定价及日常价格监测、报价管理、损益计算等提供智能数据支持。

在精准掌握各类资产定价机制，并对一段时期的价格变化进行合理预期后，资产管理者通常需要根据资金委托方的预期收益、流动性、风险承受能力等投资目标，对金融市场上可供选择的各类资产进行筛选入池、组合配置和灵活调整，这在很大程度上取决于管理者对各细分市场的价格影响因素、影响机制、影响范围和路径的理解与判断。由数字科技企业输出的金融科技操作系统解决方案，不仅可以为资产管理者提供覆盖全市场各类投资标的的基础数据、行业信息、专业分析与价格计算工具，还能基于其具有的大数据挖掘能力，完成多变量高维运算，特别是复杂事件下的归因分析，从而为股票、债券、基金、外汇等不同市场的大类资产配置、具体资产交易提供更实时且精细化的决策支持。

风险管理是资产管理业务中最重要的考量因素之一，既包括对目标机构、企业相关人员的信用风险判断,也包括交易过程中涉及的市场价格波动风险判断,还包括对各业务参与者的操作和合规风险的判断。数字科技带来的积极作用有以下几点。

第一,有助于强化覆盖投前、投中、投后全流程的信用风险管理能力。在投前,建设企业的核心指标数据库,对目标投资机构的整体经营情况形成全面判断,警示、剔除不能达成投资门槛的次级标的;在投中,基于由数字科技企业输出的核心评分系统,指导管理者对投资规模、投资时点、组合投资策略等形成更加精细的操作支持;在投后,加强对资金流向、企业经营、舆情和政府关系异常等各类信用风险的实时预警,进行投资策略和资产保全的及时干预。

第二,有助于强化覆盖多因子的市场风险管理能力。包括纳入市值变化速率、行业差异水平、最大回撤幅度等在内的尽可能全面的所有市场风险因子,基于多因子科学计量风险价值;通过对风险因子架构节点的设置和调节,批量配置压力测试情景,便于实施各层级的脆弱性、敏感性计算和压力测试,评估市场价格波动的极端情况和承压能力;通过风险因子获取相应市场数据,提供估值定价所需的收益率曲线,以更好地判断投资行为所处的曲线节点和可能发生的变化趋势。

第三,有助于强化全方位的合规风险管理能力。包括依靠 OCR(光学字符识别)、文本识别等机器学习手段,对资产管理全流程中的文件、图片等信息传输进行拦截,并进行敏感词解析,阻断异常行为的影响路径;对成交、确权过程进行全面监控,确保所有操作符合法律、法规和监管政策要求;对所有交易和沟通记录进行留痕,确保事后更加准确、可追溯地进行责任认定和追究。

三、满足各类机构前端应用需求

作为金融市场中的最大横切面，资产管理业务所涉及的参与主体众多，功能角色复杂，全生态下不同参与者的差异化特征和需求突出。一方面，除传统的银行理财资产管理业务外，还涉及保险、证券、基金、信托等不同类型的金融机构及存贷款、支付结算、账户管理、财富的保值增值等多种业务门类；另一方面，通过API、SDK等接口形态，还连接至更加开放的电商零售、物流、互联网金融等外部场景，服务广泛的企业客户与个人用户，为资产管理市场提供源源不断的客户和资金支持。在此情况下，借助金融科技的操作系统，在为广大用户搭建通用型账户体系的同时，针对不同服务主体、目标人群提供更个性化的解决方案，具有越发急迫的行业重要性和日渐成熟的现实可行性。

从现有实践中看，数字科技企业推出金融科技操作系统，可以面向以下目标客户及其所属的细分市场。

第一，银行的资产管理部门、理财子公司。具有一定规模的银行资产管理部门，特别是有能力设立理财子公司的大中型银行机构，往往已经构建相对稳定、体系化的科技系统。在这种情况下，数字科技企业输出的可能不是整套系统，而是可以组件化插入的独立模块，帮助银行进行平台对接，满足特定功能的快速落地实施。

第二，银行的托管部门。托管是很多银行的传统业务，但业务模式、操作流程的迭代已经相对滞后、封闭，亟待推进数字化、智能化转型。数字科技企业可以帮助普通客户破解在柜面直销系统进行频繁开户、申购、赎回等操作痛点，提升运作效率，优化客户体验，从而帮助银行扩大托管业务的规模和收入。

第三，券商及其创新业务。数字科技企业通过区块链等前沿科技的应用、转化，可以对多节点进行安全背书，实现所有数据、文件从发行准备到存续管理阶段的全部上链，为 ABS 等创新业务发展提供架构和技术支持。针对特定头部机构，还可以在匿名撮合交易、大宗交易等方面设计实施个性化改造。

第四，更广泛的中小金融机构。对于这类机构而言，基础架构搭建、底层数据治理尚未完善，并不具备或难以投入大规模的技术资源、技术能力。在这种情况下，数字科技企业从其底层的研发和服务入手重塑，能够帮助金融机构在其基础设施之上，以更高起点来更好地部署行业 know-how 和业务应用。

此外，构建基于数字科技的智能化综合研究体系，可以更好地满足各类服务主体资产管理、投资决策科学化的切实需要。以京东数科为代表的数字科技企业可以在宏观经济、股票信息、债券信息、企业财务等海量数据基础上，结合自身丰富、灵活的开发工具，特别是在不同业务场景下的指数开发模型，实现线上消费行业指数、行业预警指数及各子行业定制指数的自动持续更新、发布及个性化订阅。同时，可以在广泛采集市场信息、行业研报的基础上，通过半结构化的数据解析，自动生成差异化的研报内容，挖掘投资线索，提前预知和预示风险；还可以对市场价格、政策法规和社会舆情的变化进行及时响应、预测和预警，有效发挥智囊作用。

金融科技操作系统在资产管理业务领域的重要承载形态是资产管理平台。该平台上，数据平台和智能研究系统，以及涵盖产品选购、评价、智能投资、投后服务等功能的代销平台充分集成，可以轻松覆盖宏观经济、投资策略及各个大类资产，为满足一、二级市场上的公募、私募、结构化产品等资金需求，提供更便捷实用的交易、配置和账户管理工具。在资管科技的充分加持下，基于用户产品偏好、渠道偏好的配置模型不断优化，为生态内不同功能角色操作者的产品设计、产品销售和产品管理提供更加有利的科学决策依据，最终提升全市场的运行效率。

第三节　金融科技促进金融业务与实体产业深度融合

金融与实体产业本是"鱼水之交",促进金融业务与实体产业的深度融合是金融科技操作系统的重要附加价值。在支付、消费金融、用户权益管理及供应链金融等各个垂直领域,金融科技操作系统能够延展服务场景,强化用户黏性,为全产业链的信息共享和资源整合提供产品与技术解决方案,并通过营造更加去中心化的开放生态,促使更多机构加入、加持、加分于金融科技操作系统,激励跨界合作中的各方参与者共同创造长期价值。

一、连接支付消费外部场景

支付曾是金融科技上半场消费互联网蓬勃发展的重要驱动力,进入下半场后,将依然扮演支撑实体产业、居民生活进一步数字化、智能化的关键性角色。在广大用户已经培育扫码及无感支付习惯后,交通出行、公共服务等线下场景便捷支付需求更加凸显,传统服务机构的数字化处理能力不足、用户支付旅程断裂等问题也日益凸显。数字科技企业展开跨界合作,有效赋能各地政府和公共服务机构,有利于破解跨场景、跨终端等支付痛点,在显著优化用户体验的同时,助力相关机构改善数字化管理、减少人员投入,提升全行业的运行效率。

京东支付是全国较早发展线下便捷支付的头部机构之一。线下消费场景中,京东已实现了对全国主流商超、便利店、饭店、咖啡厅等场景的全面覆盖。凭借对智慧出行市场潜力的精准判断、抢滩入局,

第七章
金融科技操作系统是金融数字化的制胜武器

以及自身支付产品在安全、便捷、优惠力度等方面的优势,京东支付成长为大出行领域的佼佼者。截至2019年,支持京东支付的公交和地铁城市已逾700个,其在NFC支付交易市场中的排名居于前列。通过与北京地铁展开二维码乘车合作,用户可享受秒速过闸的便捷高效出行体验。此后,京东支付还与深圳通、上海大都会、青岛琴岛通等公共出行服务商合作,发挥自身在技术、运营等方面的优势,实现在本地智慧出行场景快速深扎。

"智能收银解决方案"是京东支付在城市交通领域落地的典型案例。2019年8月,京东支付在北京六里桥客运站上线这一方案(见图7.3),彻底结束了过去客运站仅支持现金购票带来的用户掏钱、接票、等待找零,以及站内售票员因为高频次现金交易处于长期紧张状态的历史,不仅缩短了等候时长,减少了排队对公共空间和资源的占用,也避免了烦琐的点钞、验真和财务对账处理,全面提升从购票通道到中后台的全流程运行效率。值得注意的是,这一方案还为客运站定制了基于售票员视角的工号管理及对账单,长足提升了数字化的经营、管理能力。

图7.3 旅客在北京六里桥客运站使用京东支付购票出行

资料来源:网络公开信息,京东数科研究院整理。

产业数字化

消费金融是伴随支付行为出现的另一重要业务方向。在市场竞争关系中，不仅多数传统金融机构缺乏针对外部生活场景、更小额和灵活的产品解决方案，很多具有特定场景优势的线上机构也缺乏场景流量转化和金融产品的设计能力，造成用户在消费、支付及申请、获取场景化信贷支持的过程中流程断裂、不畅，难以取得信贷资金和配套服务的有效支持。除严重影响用户体验外，也造成各家机构流量的实质性浪费，影响金融服务效率提升。由数字科技企业实施赋能，在场景化机构的服务端输出消费金融产品和底层能力，帮助用户在线上、线下消费及其他碎片化支付场景使用消费金融产品，在促成场景化机构流量转化的同时，也为数字科技企业自身增强用户触点、拓展服务半径创造了有利条件。

消费场景金融数字化解决方案，是京东数科联手外部合作机构共同推出的行业解决方案。京东数科通过重组内外部的技术、产品和资源，为消费场景合作方提供其所需的金融产品、大数据风控、底层账户等服务，助力金融机构与消费场景高效连接。2019年，京东数科助力国内智能大出行平台航班管家、高铁管家推出信用支付产品"伙力白条"，顺应合作机构目标用户群体对大出行服务的需求升级趋势，面向飞机票、火车票以及相关增值服务等出行消费场景，为用户提供激活、交易、查询、还款等全流程信用支付服务。伙力白条在推出半年后，活跃用户数达到50万人，京东侧输出的信用大数据模型、额度发放策略等智能风控服务，亦为合作机构塑造金融产品的构建能力提供了重要帮助。

零售电商领域是外拓消费金融业务的重要场景。对中小型电商机构，以及其他垂直行业的电商机构来说，自建金融服务系统的时间周期长、开发成本高、运营难度大，与数字科技企业合作成为其几经探索后的最终理性选择。2019年京东数科与线上电商服务机构有赞、奢侈品电商寺库落地金融数字化合作项目,分别上线有赞分期与库支票白条,用户通过两家平台的入口或京东金融App,均可申请使用由京东数科提供输出的联合信用支付产品,帮助其得到更具场景化、定制化特征的消费信贷支持,这为探索数字科技企业与更多机构合作打造更加开放的消费支付生态创建了有益的实践案例。

二、共享权益服务跨界资源

用户活动和权益是金融机构进行产品和服务推广的重要利器,也是维系和提升存量用户忠诚度、活跃度与贡献度的必要手段。在内部相对封闭的生态下,传统金融机构的权益资源,特别是线上权益资源较为受限,难以很好地满足用户在权益新鲜感、实用性、可流通性等方面的切身需求,对增强机构权益吸引力、使用率,以及借助权益达成用户运营目标方面构成明显制约。通过与电商企业、各类线上线下服务机构展开合作,金融机构可以丰富权益类型,完善用户成长体系,探索更多产品和服务营销契机;加入由数字科技企业牵头组织的全行业联盟,则可以更好地整合同业及跨界资源,规划各类权益的差异化组合与用户精准营销,在更去中心化的开放生态中达成各方共赢。

数字科技企业赋能金融机构,推动对用户权益的精细化设计和营销,是以对用户需求和权益特征的全面洞察、高效匹配为前提的。以京东数科为例,通过对用户线上消费金额、频次、品类和商品偏好,以及登录行为、浏览轨迹、地理位置、社交关系等全场景数据的深入挖掘,可以更加准确、动态地形成商旅、母婴等细分人群标签,并以此为导向有针对性地拓展航旅平台、母婴论坛等外部机构合作,将原先金融机构与权益机构基于权益批量采购的一次付费关系,转变为

产业数字化

多家机构之间联合获客、联合捕捉营销商机的长期互助关系（见表7.2）。在帮助用户得到与其潜在需求、预期更一致的权益和服务的同时，全行业联盟有助于金融机构获客和促成价值用户转化，有利于权益机构抓取具有更高匹配度的目标人群，为更长周期的用户经营奠定基础。

表7.2 京东数科权益设计

客群	平台	权益	获客支持
商旅	航旅平台	机票、酒店、门票	全场景、大流量 全面用户洞察 全自动化流程
母婴	母婴论坛	会员、折扣、特惠	
学习	在线教育		
网购	电商购物		
剧迷	视频网站		
车主	车主服务	汽车、加油、保养	

资料来源：京东数科研究院整理。

以京东数科合作平台爱奇艺为例，其对年轻人群，特别是具有直播、视频、游戏、动漫等标签属性的线上群体具有较强吸引力，是传统金融机构拓展年轻用户、强化线上权益和服务的理想合作对象。在以往条件下，部分中小银行缺乏同此类机构直接对话、确认方案及在合作过程中充分维护自身权益的能力和经验，但在加入由数字科技企业牵头的行业联盟后，可以在平台合作机制的保障下，在流量获取、场景挖掘、品牌共享、数据交互等方面得到标准化解决方案，同时还可以在一定程度上满足个性化的组合选择与改造需要。银行甚至可以通过平台获取更小、更轻型化的营销和管理工具，用于更好地监测和提升权益体系效用。

从数字科技企业赋能金融机构的具体形态看，基于权益和服务的通存通兑、跨场景和跨机构使用,将可能形成更加去中心化的生态体系。该生态中,除提供权益和服务的机构外,还有各类网络达人等新主体不断加入,从机构原有的品牌影响,扩展到平台影响力、网红影响力和大众社交圈影响力等相互叠加,从相对单一的站内运营,延展到全生态运营,并在更大范围内激发网络协同效应。以京东数科为例,其一手连接京东商城及各类合作机构的海量商品和服务供给,一手连接广大金融机构及其终端用户的权益与服务需求,有利于在搭建行业平台、精准匹配供求、提升服务效率、助力实体经济发展等方面发挥更加积极的作用。

三、提升全产业链服务水平

区块链是支撑金融科技操作系统灵活、高效运作的前沿科技手段,其在技术层面具有如下典型特征。一是多中心化。链上众多节点之间不需要相互信任,即可按照规则进行端到端的信息交互。二是开放性。每一个节点都能获取完整的数据库拷贝,并基于共识机制维护整个区块链,不会因为单一节点的失效而影响其他节点运转。三是交易透明。各节点之间无须公开身份,就可以查看每一笔交易。四是可追溯。局部节点的改动无法改变其他节点的记账,保证账本不可篡改,并可通过相邻区块间的串联追溯任意一笔交易的"前世今生"。在区块链诞生早期,这项技术主要应用于以比特币等为代表的虚拟货币和加密资产,后来衍生应用至智能合约。时至今日,区块链在许多垂直行业都得到了广泛应用(见表7.3),成为支持实体经济与金融行业的重要基础设施。

产业数字化

表7.3 区块链应用领域

应用方向	具体用例				
数字资产	应收账款	ABS	数字仓单	物流供应链	……
业务协同	数字身份	房屋租赁	养老金托管	智慧政务	……
存证溯源	电子合同	版权保护	药品溯源	抽奖摇号公证	……
数据交换	加密数据交易	数字贸易	车联网	医疗互联	……

资料来源：京东数科研究院整理。

区块链技术在金融相关行业亦有广阔的应用前景。在数字存证领域，区块链可以接入仲裁委、公证处、互联网法院、司法鉴定中心等外部可信联盟，提供身份认证、证据保全、司法鉴定、赋强公证、一键举证、安全评测等平台服务，降低全产业链交易成本。在供应链金融领域，区块链可以帮助推广电子仓单，提升金融服务可得性、便利性，降低各类企业，特别是中小企业的融资成本，同时帮助金融机构更好地探查贷款背景真实性，管控企业履约风险。在贷后资产管理领域，区块链还可以应用于ABS，其交易即清算、信息披露成本低、中介成本低等突出优势，有助于切实解决ABS交易流程环节多、步骤繁杂、底层资产透明度差等痛点，能提升资产安全性与流动性。此外，区块链技术还可以用于证券、保险、资产托管、贸易融资、监管科技等不同场景，提供扎实有效的底层技术支持。

展望未来，要想更好地发挥区块链技术在金融科技操作系统中的作用，促进产研更有效率地融合，还需在技术、应用两个维度破解当前瓶颈。在技术层面，区块链在提升处理效率、扩展共识节点以及保证密码安全等方面，还需进一步做好协同，满足不同场景在安全和效率上的差异化需求；在应用层面，区块链要求金融机构等提供的基础数据充分数字化、链上化，并交叉结合多种数字科技手段，通过形成技术组合，降低区块链技术的商业应用成本。可以预见，"以科技为美，为价值而生"的数字科技头部企业，将在推进相关底层基础技术研发、不断迭代技术应用效果等方面具有独特优势，通过组件化输出应用开发工具，推动全行业不同主体建立低成本信任、高效率协同，并在优化业务流程、扩大信用传递方面产生更多长期价值。

第四节 金融科技牵动行业生态共建

展望未来，在 C 端金融服务的数字化水平已经达到较高程度后，"金融科技 +B 端企业服务"正在成为科技巨头角力的新战场。金融科技操作系统的实质是 B2B2C，即通过赋能 B 端金融合作机构，推动不同主体融合共促，更好地满足后者服务 C 端客群的经营管理需要，其理想状态是"他好（合作金融机构好），我也好（数字科技企业好），大家好（终端用户和全行业好）才是真的好"。在生态共建过程中，政府组织、金融机构、数字科技企业等具有打破数据孤岛、激发数据价值的共同利益，在此过程中如何实现规范发展、保护数据安全，也将极大考验行业与监管智慧。

一、强金融、强线下业务迎来价值回归

在 C 端，特别是消费互联网流量增长渐显疲态时，B 端企业服务正在成为数字科技巨头角力的新战场。与销售软硬件等传统厂商业态不同，当下数字科技企业更多立足于通过输出平台产品、前沿科技及

产业数字化

衍生服务，为制造业、传统金融机构、政府和公共组织甚至其他互联网机构等提供技术解决方案，满足相关方及其终端用户的服务需求。过去数年间，大量资本投向包括互联网关键技术、网络安全、网络信息服务、人工智能、大数据、云计算及各类"数字科技+"细分产业在内的新型B端市场，截至2019年末，其吸纳的资本已接近1 500亿元（见图7.4）。

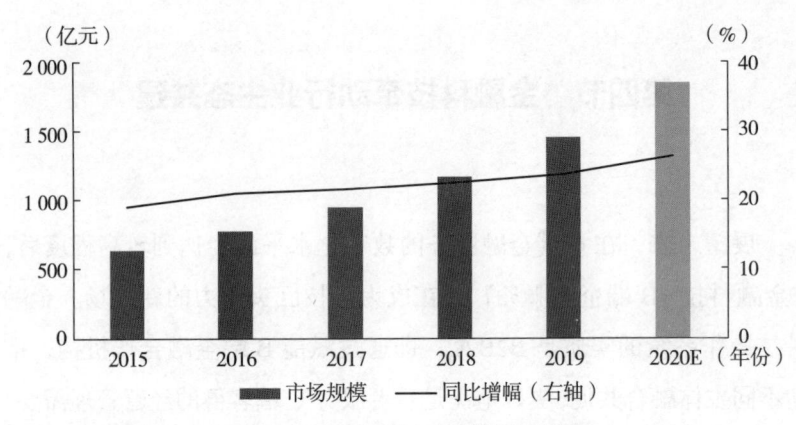

图7.4 新型B端市场规模变化趋势

注：E表示预测数据。
资料来源：中国软件行业协会，京东数科研究院整理。

从目前来看，我国包括金融机构在内的企业的数字化转型需求已被逐渐唤醒，系统上云、数据上云、业务流程上云、中后台管理上云日趋普遍，各个模块数字化、外部化被广泛接受。同时，数字科技的前沿技术已具备与产业结合并进行大规模商业推广的现实可行性，为企业级服务市场拓展创造了更大的可发展空间。与美国等成熟市场相比，我国尚未形成特别重量级的企业端科技服务商，集中程度相对有限，对各家数字科技机构来说，仍然存在巨大的市场商机。新冠肺炎疫情出现后，企业远程办公、电子政务和社区线上管理、公共卫生与

第七章
金融科技操作系统是金融数字化的制胜武器

医疗健康、智能新媒体、智能交通、智能能源等领域的 B 端服务机会更为凸显。

但换道 To B、参与企业级服务市场也存在一定的准入门槛，这主要体现在以下几方面。

第一，虽然直接面对企业客户，但其应用场景的最终使用者仍为 C 端用户，仍需要全面细致的用户洞察和精细化的运营能力，从而有效满足用户需求。

第二，在输出云计算、大数据等技术解决方案的过程中，需要数字科技企业结合相关行业实践，突出自身科技属性，为 B 端企业创造长期价值。

第三，在内部组织架构、业务推动、绩效管理等各个层面，需要根据所服务的企业特性及其所处数字化转型阶段的差异，做好整体规划与灵活调整。

在此方面，数字科技企业既有长期积累的线上运营经验，又有数据导向、技术驱动、敏捷迭代的内在基因，转型 To B 业务具有天然优势。

事实上，数字科技企业自身在 To B 转型过程中亦会受益良多。

首先，依托于企业客户的合作关系和客户自身基于真实场景、功能性需求的广大用户基础，数字科技企业可从当下流量困局中解脱出来，减少不必要或效果不佳的广告获客投入，也不必顾虑大量次级、无效用户的扰乱与挤出效应。

其次，与消费互联网不同，入局产业互联网市场将无法单纯依靠人口基数和消费红利，其对企业的服务能力，特别是数字科技能力的要求更高，有助于具备核心技术优势的数字科技企业在更加规范的市场竞争中集约发展、脱颖而出。

最后，数字科技企业通过输出平台、数据和技术能力获取平台服务型和技术服务型收入，有助于优化长期收入结构，并在行业资源整

产业数字化

合、业态升级重构过程中创造和发现新的细分市场机会与收入增长点。

回顾近年来金融科技行业的变化轨迹,可以看到在上半场发展过程中,率先引入、应用数字化技术手段的主要集中在线上的C端服务领域,并且从金融属性相对较弱的移动支付、互联网理财等业务,逐渐延展到金融属性较强的消费金融和一部分小微融资业务,而广大机构客户,特别是现有产品和业务流程仍有相当一部分在线下完成的企业融资、资产管理等业务,尚未充分实现数字化、网络化和智能化,将在金融科技的下半场进程中迎来重大发展机遇。

根据业务模式与服务对象变化,深入洞察以金融机构为代表的企业服务需求,并为其自身数字化转型升级、全市场高效运转和与实体产业各领域深度融合提供解决方案,是数字科技企业做好下半场转型、布局的重点所在。在充分发挥C端服务优势积累的基础上,加快构建B端服务的能力矩阵,也将成为考验数字科技企业的关键要求。

二、金融科技操作系统需要生态共建

金融科技操作系统的实质是B2B2C,即通过赋能B端金融类合作机构,更好地满足其服务C端客群的经营管理需要。数字科技企业依托于长期深耕C端形成的场景、数据、技术等优势,搭建金融科技操作系统,深入整合各方资源,有利于对具有不同资源禀赋、需求痛点的金融机构提供数字化的解决方案,通过推动不同主体的融合共促,创建行业发展的长期价值。

在B2B2C模式下,数字科技企业将在不同业务领域发挥To B工具箱与B端和C端的连接器作用,在与合作机构及其终端用户共建完整生态的过程中凸显自身价值贡献。在这一生态内,如果平台上的诸多合作机构可以和广大C端用户形成不均衡的双方市场与顺畅的正

第七章
金融科技操作系统是金融数字化的制胜武器

反馈机制，能够提供多样化、差异化的产品供给，并且用户对产品供给的多样化和差异化要求较高，而对产品价格要素的敏感性不强，那么会更有利于这一生态系统形成自生长能力，发挥 B2B2C 模式下数字科技企业与相关机构合作共建的最大效能。

具体在金融行业，传统金融机构的用户行为模式近年来在科技生活和互联网经济大潮中深刻改变，网上购物和生活已成为许多消费者的日常习惯，他们本身不和提供服务的机构直接联系，也不用前往线下门店或与客服沟通。在用户线上化、行为自主化转型过程中，金融机构将不仅存在新获客难题，还将面临存量线下用户流失与黏性下降的困境。用户消费习惯、金融需求更不易为金融机构所探知，使建立在用户洞察基础上的营销和风控模式难以为继。这是金融机构未来竞争的显著短板，也为数字科技企业进行数字化有效赋能、提供全行业解决方案创造了有利条件。

对数字科技企业来说，其多年沉淀的技术和产品应用为金融机构做好获客、风控和改进经营管理提供了有效工具。比如，通过发展人工智能，搭建以机器学习、知识图谱、3D 计算机视觉、语音与自然语言处理、人工智能算法为核心的人工智能模型体系，可以帮助在身份认证、支付、反欺诈等各个场景构建与用户有关的深度关系和深入洞察，人脸识别和 3D 防伪准确率接近 100%；集合机器学习平台、智能决策引擎、行为序列、图计算、流计算、人脸识别等技术自研功能在内的风控体系，主模型变量超过百万量级，从而极大地改善金融机构的实时审批、贷中和贷后管理；在区块链领域，自主可控、全面开源的底层引擎产品，可以支撑千亿数量级的交易记录，可以帮助金融机构善用其已有的数据积累，进行更好的用户和资金追溯，提升全链条的服务质量与服务效率。

与此同时，促成数字科技企业与金融机构的融合共促、生态共建，

产业数字化

也有利于数字科技企业自身实现纵向深耕、孵化与横向衍生、创新，从而有效拓宽服务半径，丰富行业知识，积累新的竞争优势。通过复用、组件化输出已经具备的产品与能力模块，推动新老业务间的更好协同，数字科技企业可以充分挖掘新市场空间，撬动更多合作资源，走出更低成本、更低风险、更能获取科技服务类收入的发展新路，实现不同业务板块、展业方向之间的相互支撑与良性循环。

三、打破数据孤岛，考验行业与监管智慧

移动互联网时代，数据资源的巨大价值已初步凸显，随着 5G 的落地，万物互联时代开启，数据资源的价值将被进一步挖掘。金融科技的发展深刻依赖于数据资源，但当前全网海量数据的分布仍具高度分散性，政府和公共服务机构、金融机构、数字科技企业等分别掌握一部分数据，打破全网数据孤岛和价值沉睡成为金融科技行业发展的必然要求。与此同时，实现数据价值过程中的数据存储、挖掘及交互等环节，都存在数据泄露、隐私侵权等安全问题，加强用户隐私保护和金融机构数据安全、促成数据规范使用亦成为亟待解决的问题。

从国际经验看，作为全球数据保护先行者之一的欧盟于 2016 年推出《一般数据保护条例》，明确个人拥有数据的控制权并具有"域外效力"，规定违反数据保护行为将遭受的最高罚款额度为 2 000 万欧元或当年全球营业额的 4% 这二者中的较高值。实际执行中，《一般数据保护条例》的严格监管不仅未能达成加强消费者隐私保护的预期效果，还限制企业正常开展业务，提升了监管合规成本，引导欧洲企业降低在数据创新领域的投入，从而在大数据挖掘和应用方面落后于美国和中国市场。因此，该条例受到广泛质疑和诟病。

应当看到，监管机构决策者需在鼓励创新和规范管理中探寻更加

协调、平衡的解决之道。当前,《网络安全法》是国内各金融机构在数据保护方面主要参照的法律文件。对个人金融数据监管更具针对性的《个人金融信息(数据)保护试行办法》也已出炉,该办法对个人用户数据获取来源、授权使用要求等都做出了原则限定,在打击前期市场上肆意爬取,甚至相互倒卖用户数据及用于暴力催收等不当用途行为的同时,也对金融机构之间、金融机构与数字科技企业及其他服务机构之间的数据交互和数据挖掘提出了全新课题。

在此方面,未来或许有两方面的解决路径。一方面,充分发挥政府和公共服务机构提供公共性基础数据的重要职能,通过搭建统一、公开的公共服务和行业数据查询平台,降低金融机构贷款和小微企业融资成本,便利居民日常生活,减少在数据不规范获取和不规范使用过程中衍生其他各类问题。另一方面,进一步发挥数字科技企业,特别是头部数字科技企业在全行业、全社会数据治理中的正面作用,比如利用区块链等技术,实现对数据使用的可靠授权及隐私信息安全保护;利用智能数据,在保护隐私的前提下,对数据进行安全计算、加密处理并输出;在合作模式上也可以通过将金融业务整合解构、模块封装或实验室联合建模等形式,在不触碰对方数据的情况下,实现在不同场景中的组合应用。甚至,数字科技企业也能更多参与各地政府主导的公共数据平台建设,帮助梳理数据架构和口径,提升数据存储和运算效能,更大限度地挖潜数字经济、公共安全等社会经济价值。

第八章

智能城市操作系统让城市生活更美好

城市承载着人们对美好生活的向往。联合国数据指出,全球55%的人口生活在城市地区,预计到2050年,这一比例将增至70%。当前我国正经历着人类历史上规模最大、速度最快的城市化进程。1949年新中国成立之初,我国城镇化率只有10.64%,截至2019年底,我国城镇化率已经突破60%,70年提升近50个百分点。中国社会科学院城市发展与环境研究所预测,截至2050年,我国城镇化率将达到80%。

城市化进程在给我们带来现代化便利生活的同时,也带来了诸如环境恶化、交通拥堵、资源浪费等一系列问题和挑战。首先,环境方面,空气污染是环境恶化的一个重要表现,联合国环境规划署预测,由于城市空气污染,每年高达一百万人口在未成熟和出生前夭折。其次,交通方面,在城镇人口迅速增加的大背景下,北京、上海、广州等一线城市的机动车保有量先后超过百万量级,早晚高峰平均通勤时间普遍在30分钟以上,以拥堵为代表的交通问题成为困扰城市发展的普遍难题。最后,资源方面,物耗高、能耗高、污染高的"三高"问题在我国各产业中普遍存在,同时我国资源人均占有量显著低于世界平均水平,资源的相对匮乏使我国产业结构显得很不合理。

发展智能城市是城市规模化发展的必然选择。利用大数据和AI技术搭建的智能城市操作系统有望不断优化并最终解决这些问题,让我们的城市拥有更合理的规划、更畅通的道路、更高效的物流、更清新的空气,直至拥有智能而美好的生活。

第一节 大数据联合 AI 是城市发展的必然方向

当前,以大数据和 AI 为代表的数字科技手段已经发展成城市建设的新型基础设施和带动经济新一轮增长的催化剂。相应地,智慧城市也正大步向智能城市迈进。未来,以大数据和 AI 作为技术支撑的智能城市将是城市发展的必然方向。

一、智慧城市正大步向智能城市迈进

过去十余年,在全球信息化浪潮的带动下,全球城市管理者先后推出了包括智慧城市在内的一系列信息化举措。2004 年,韩国政府推出"U-Korea 战略",希望通过互联网、无线传感器等技术使韩国发展成智慧化社会;2006 年,新加坡将"智慧国战略"明确为经济社会引领型战略;2008 年,"更智慧的城市"作为"智慧地球战略"的一个子项目由 IBM(国际商业机器公司)首次提出,并于 2009 年向时任美国总统的奥巴马提出建议,美国政府积极响应,宣布建设美国第一个智慧城市。此后,欧洲、亚太等地区的发达国家都相继开始发展智慧城市,如日本的"i-Japan 战略 2015"、荷兰的"智慧城市计划"等。全球智慧城市建设关键节点事件见图 8.1。

德勤发布的《超级智能城市报告》显示,截至 2017 年,全球已启动或在建的智慧城市已达 1 000 多个,其中我国以 500 个试点城市居于首位,超过 95% 的副省级及以上城市,以及超过 76% 的地级城市,已明确提出已启动或正在建设智慧城市。

产业数字化

2004年
韩国政府推出"U-Korea战略",希望通过互联网、无线传感器技术使韩国发展成智慧化社会

2006年
新加坡将"智慧"战略"明确为经济社会引领型战略

2009年
IBM董事会向美国总统提出了"智慧地球战略";日本制定"i-Japan战略2015",旨在到2015年实现社会数字化

2010年
"欧洲2020战略"提出三项重点任务,即智慧型增长、可持续增长和包容性增长;美国联邦通信委员会向美国国会提交了"国家宽带计划"

2011年
荷兰的"智慧城市计划"致力于生活和交通的可持续发展,欧盟推进能源委员会公布欧盟新智慧城市与社区行动

2012年
中国住建部启动智慧城市试点;IBM在北京正式启动"慧点先锋计划",大力推进其智慧城市项目;欧盟委员会启动了"智慧城市和社区欧洲创新伙伴行动";日本实行震后ICT智慧城综合战略

2013年
中国工信部主导中国智慧城市产业联盟成立

2014年
中国首次将智慧城市建设引入国家战略规划,并提出2020年建成一批特色鲜明的智慧城市

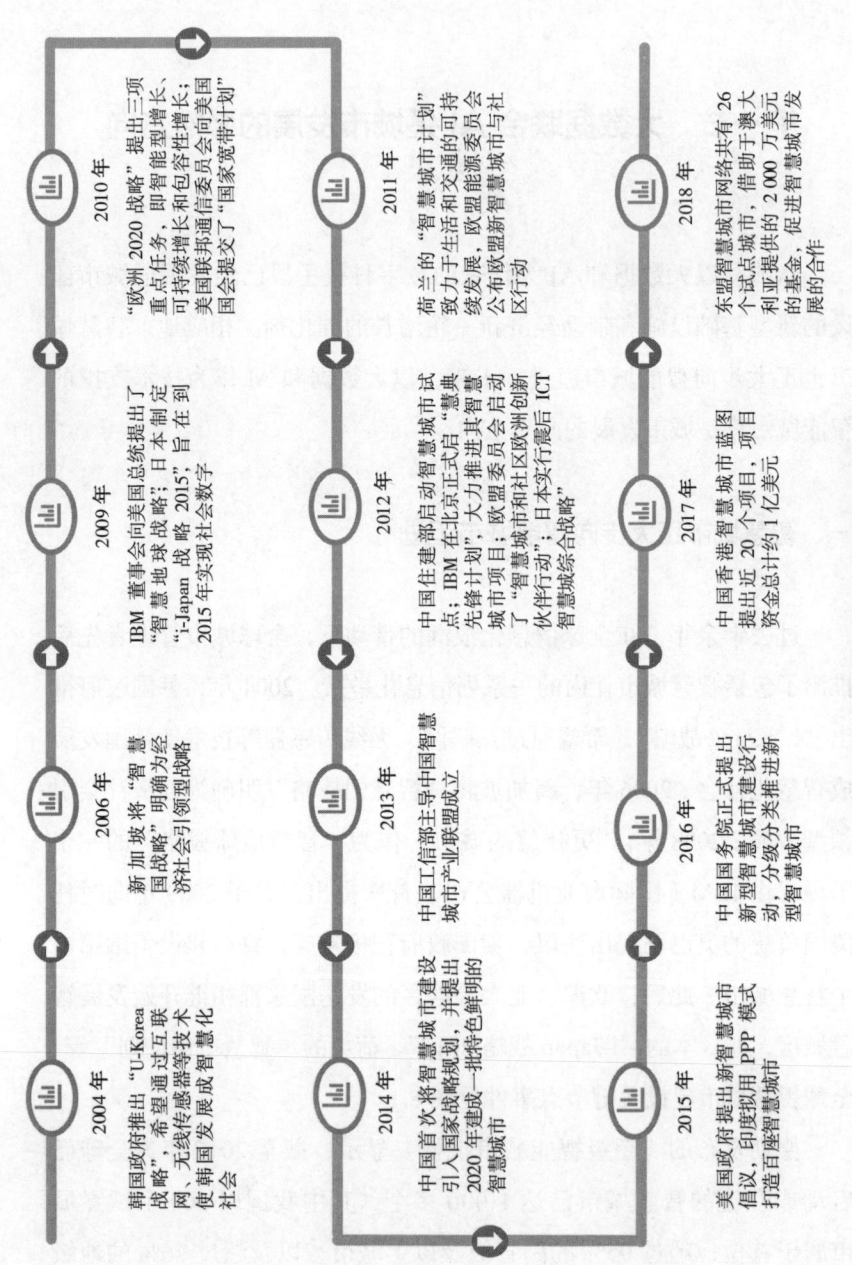

2015年
美国政府提出新型智慧城市倡议,印度拟用PPP模式打造百座智慧城市

2016年
中国国务院正式提出新型智慧城市建设行动,分级分类推进新型智慧城市

2017年
中国香港智慧城市蓝图提出近20个项目,项目资金总计约1亿美元

2018年
东盟智慧城市网络共有26个试点城市,借助于澳大利亚提供的2000万美元的基金,促进智慧城市发展的合作

图8.1 全球智慧城市建设关键节点事件

资料来源:京东数科研究院整理。

第八章
智能城市操作系统让城市生活更美好

2014年，我国首次将智慧城市建设引入国家战略规划。国家发展改革委、工信部等八部委联合印发《促进智慧城市健康发展的指导意见的通知》，提出"在2020年建成一批特色鲜明的智慧城市"。时至今日，我国智慧城市建设已经取得了阶段性的成就，但同时，一些问题和不足也日益凸显。特别是新冠肺炎疫情暴发后，表明我国智慧城市建设还在初期阶段，远未达到理想中的精细化、实时化、智能化水平，这主要与三个因素有关。一是顶层设计战略目标不明，缺乏总体规划。二是底层数据不通，普遍呈现割裂状态。三是重建设却轻运营，缺乏后期经营和反哺机制。

随着大数据和AI技术的持续发展，智慧城市正在加速、大步向智能城市迈进。所谓智能城市，即在城市规划、基础设施、资源环境、社会管理、经济生活等领域中，充分利用大数据、物联网、人工智能等技术手段，对城市居民生活工作、企业经营发展和政府行政管理过程中的相关活动，进行感知、分析、集成和智慧应对，其实质是利用先进的信息技术，实现城市智能管理和运行，进而为市民提供更美好的生活和工作环境，为企业创造更有利的商业发展环境，为政府构建更高效的城市运营管理环境。

用大数据和AI技术打造的智能城市将引领城市建设迈入全新的发展阶段。智能城市相较于智慧城市而言，主要实现了两个层面的升级和跃迁：一方面，从应用的技术手段来看，智慧城市主要强调计算机软硬件技术以及网络通信技术，而智能城市则更加注重大数据和AI等更具融合创新特色的新型数字科技手段的应用；另一方面，从发展阶段来看，智慧城市主要强调电子化、网络化和信息化，而智能城市则更加注重城市的智能化、数字化和协同化。

产业数字化

二、大数据和 AI 是智能城市建设的新型基础设施

新基建成为新时期带动经济新一轮增长的催化剂。2020 年 3 月 4 日，中共中央政治局常务委员会召开会议，明确强调要加快 5G 网络、数据中心等新型基础设施建设进度。此后，新基建被看作带动经济新一轮增长的催化剂，得到了从政府到企业的广泛关注。

智能城市是技术和时代不断发展的产物。智能城市作为智慧城市的升级版本，二者的差异要归因于其背后赖以发展的时代背景。智慧城市萌芽于电子化时代，发展于网络化时代，长成于信息化时代，故而所依赖的技术和遵循的设计理念都必然跟随当时的现实状况发生改变。而经过十余年的发展，大数据和人工智能等数字科技已经成为带动经济发展的新型基础设施，因此，这些新型数字科技手段也将赋予我们的城市新的时代内涵。

三、智能城市是新基建落地开花的有效容器

虽然新基建与传统基建不同，更加强调大数据和 AI 等新型数字科技，兼具科技和基建的双重属性，但要真正在带动经济增长、促进经济数字化转型方面发挥作用，还需要系统规划、科学决策以及有效执行。

智能城市从解决城市痛点的角度出发，不仅注重点、线、面结合的顶层设计，以规划、运维、预测的闭环思路，帮助城市实现科学可持续的发展，还致力于将大数据和 AI 技术在包括环境、交通、规划、能耗、商业、安全、医疗、信用和电子政务等众多垂直产业进行具体应用，助力产业实现数字化和智能化转型。

第二节　城市操作系统是搭建智能城市的顶层框架

智能城市建设不仅需要硬核的数字科技支撑，更需要明晰的顶层框架指引。城市是一个复杂的系统，智能城市的建设自然也需要搭配一套智能化的操作系统，提供点、线、面结合的顶层设计框架，推动城市以规划、运维、预测的闭环思路实现可持续发展。

城市操作系统是构建智能城市的数字基石和容器，是搭建智能城市解决方案的组件库，是驱动智能城市应用的核心引擎，是连接城市底层硬件基础设施和上层智能应用的桥梁。具体来说，城市操作系统会通过不断获取、整合和分析城市中海量多源异构大数据，与 AI 结合来解决城市未来所面临的挑战（比如环境恶化、交通拥堵、能耗增加、规划落后等）。城市计算将无处不在的感知技术、高效的数据治理和 AI 分析算法，以及新颖的可视化技术相结合，致力于提高居民生活品质、保护生态环境和促进城市运转效率。

一、开放合作和共建共享是搭建城市操作系统的必然要求

城市操作系统是一个错综复杂的系统工程，不仅与城镇化、数字化、市场化等趋势紧密相关，还涉及地域文化、历史沿革、消费习惯、投资心理等宏观和微观领域的方方面面。单纯依靠政府部门、学院派或者企业主导都容易导致产生偏差，开放合作和共建共享是搭建城市操作系统的必然要求。

第一，注重产学研一体化深入合作。城市的复杂性决定了搭建城

产业数字化

市操作系统需要多维度的知识体系，AI 和大数据等技术知识必不可少，行业知识是解决行业问题的关键前提，宏观经济知识亦能为城市操作系统的搭建提供方向性的指引。由具有不同学科背景和从业经验的人才从"群体决策"角度出发，从多维度进行系统科学分析，可以避免顶层框架的方向偏差。

第二，共建共享，充分发挥各主体的能力和担当。搭建城市操作系统绝不仅仅是自上而下的顶层设计，还应充分尊重自下而上的价值创造。历史曾无数次证明，世界上能长期存续的关系往往是由自然形成的，从全球范围来看，智能城市的发展建设先后经历了技术驱动阶段（主导方为高科技企业，比如 IBM 的"智慧星球计划"）和城市主导阶段［主导方为城市政府，比如波士顿的"新城市动力"（New Urban Mechanics）运动］。当前，以政府、数字科技企业以及市民多边共建共享的智能城市模式已日渐清晰。政府、企业、市民各方围绕城市操作系统形成自生长生态，它们既是城市操作系统的建设者，也是受益者。

二、技术平台和应用平台是城市操作系统的双重定位

从基本属性而言，智能城市操作系统是一个开放平台，政府、企业、市民等各主体可基于这一平台共建共享。从价值定位而言，智能城市操作系统则既是技术平台，又是应用平台。

智能城市操作系统既是技术平台。包含时空数据引擎、模块化时空 AI 算法、数字网关技术、可视化数字孪生等诸多前沿科技，可以让城市中海量数据高效、安全对话，AI 算法模块化输出。

智能城市操作系统又是应用平台。支持强交互性的应用开发，通过管理智能城市中的各项资源，高效支撑交通、规划、环境、能耗、

政务、公共服务和商业等各类垂直应用，并通过连接政府、企业和城市居民，帮助城市管理者提供点、线、面结合的顶层设计和整体解决方案，为城市打造从合理规划到高效运维，再到精准预测的闭环，实现可持续发展生态。

三、让城市生活更美好是城市操作系统的终极目标

城市操作系统的终极目标是让城市生活更美好，如果将这一目标进行拆解，人民幸福、社会公平、生态环境可持续发展都应列入其中。

智能城市的核心是以人为本，关键是建设实效，本质是改革创新。以城市操作系统为平台，以规划、运维、预测的闭环思路实现该平台的不断迭代更新是服务人们对美好生活向往的必然要求。城市在不停地演进和变化，相应地，城市操作系统也要适应城市自身的动态迭代过程，从规划、运维到预测，再到用预测指导未来规划的可持续发展模式，是城市操作系统的必然属性。

第三节　时空数据融合是夯实智能城市的数字底座

在科技与城市不断交融、相互促进的过程中，数据也在不断更新和沉淀。IDC预测，到2021年，全球至少50%的GDP将被数字化。

不断积累的数据已成为社会基础性战略资源，蕴藏着巨大的潜力与能量，是建设智能城市的基础和底座。未来的城市一定是建立在数据维度上的整体性城市，也就是在物理城市空间基础上，构建一个全新的数字城市空间。高效管理海量的时空数据，可以减少监管盲区和

产业数字化

由于信息不对称造成的风险蔓延，重构现有的生产力和生产关系，提升社会服务能力、经济运行效率以及危机应对水平，夯实智能城市的数字底座。

一、"数据烟囱"林立是数据应用的核心痛点

数字经济时代，城市在高效运转过程中产生了大量的时空数据，但由于大多数城市服务仍是单点突破的解决方案，数据孤岛现象普遍存在。所谓数据孤岛，即由不同部门产生的数字信息被分割、存储在不同的信息系统中，无法实现互通互联、互相分享，难以对数据资源进行整合利用。这其中既有数据本身的原因，也有技术和机制方面的原因。

从数据本身来看，数据的时空属性导致其具有"多源"和"异构"的特征。时间属性即数据的产生不是一蹴而就的，不同的数据产生于不同的时代，跨度可能是五年、十年甚至二十年；空间属性即数据源于不同的地域、部门、组织，比如横向可以区分为政府、企业、个人，纵向可以区分为不同的城市层级。时空属性直接导致了数据的"多源性"和"异构性"，进而造成数据的割裂。

从技术角度来看，数据基于不同的存储方法分布存储于不同的介质之中，给数据融合造成了技术阻碍。数据要得以留存，必须依赖特定时空的技术手段，技术发展日新月异，数据存储的介质、方法也必然千差万别。现阶段，技术已经不是阻碍数据融合的决定因素，领先的数字科技企业完全有能力克服技术障碍，实现数据的互通互联。

从机制角度来看，对大数据缺乏顶层设计，导致掌握数据的各个部门重视收集数据，却不愿共享数据。一是缺乏动力。政府部门因为怕承担责任而不愿共享数据，企业间也可能以保护商业机密等为由，

人为阻碍数据的有效流动。二是担心安全。数据共享和数据安全实际上是一个问题的两面，数据安全不仅关乎个人隐私安全，也关乎企业资产安全，甚至是国家和社会安全，对数据安全的担心必然导致各个部门之间缺乏共享数据的决心。

"数据烟囱"林立，主要会导致以下三个问题。

第一，宝贵的数据资产沉睡而不能有效利用。数据是活的，越用越多。数据孤岛现象不仅阻碍了历史数据的有效利用，让"沉睡"的数据不能有效地发挥作用，还阻碍了新数据的产生。

第二，信息不对称导致城市运行低效。数据即信息，数据的割裂必然导致信息不对称，进而影响城市运行效率，甚至引发风险事件。以金融数据为例，只有将政府部门的税务数据、电力企业的用电数据、互联网公司的社交数据和购物数据、金融机构的借贷数据等各种数据有效组合，才可能描绘出个人或企业的完整信用画像，进而促进高效的借贷流程。否则金融机构要么耗费大量的人力、物力进行现场"尽职调查"，牺牲效率，要么在接受信息不对称的前提下发放贷款，承担风险。

第三，不能有效地实现预测性分析。数据应用的终极目标是要实现预测性分析，准确预测下一步行动及本质驱动因素，避免"城市病"。但准确预测的前提是对数据和信息的充分掌握，否则不完全的信息或错误的信息很可能导致错误的预测和决策。

二、融合兼顾安全，夯实智能城市的数字底座

打破城市内"数据烟囱"林立的现状，破除部门间的数据壁垒，实现政府、企业、市民间的联动与协同，是夯实智能城市底座的关键。城市操作系统在采集、集成和存储海量城市时空数据的基础上，结合

产业数字化

计算机科学、城市规划、交通、能源、环境、社会学和经济等学科领域的最新研究，通过一体化、并行化的时空数据挖掘模型，获取隐藏在时空大数据下的行业知识，为城市面临的空气污染、城市规划、能源消耗和交通拥挤等问题提供一站式政企大数据解决方案。数据标准化、数据治理以及数据 AI 赋能是实现时空数据融合应用的关键步骤。

时空数据引擎将数据按照结构区分为点数据和网络数据，按照其关联的时空属性将数据区分为空间静态时间静态、空间静态时间动态、时空动态三类数据，进而得出六种时空数据模型。利用这六种时空数据模型，对城市运行中产生的多源异构数据进行汇聚，收纳万千数据，为时空数据治理提供标准化数据模型。

时空数据治理挖掘通过把时空索引算法与先进的分布式技术相结合，提供并行、高效的时空大数据管理及查询能力，将先进的数据融合技术和时空 AI 算法应用到行业中。

数据 AI 赋能，通过将数据预处理、特征工程、数理统计算法、统计机器学习算法、计算视觉、自然语言处理等通用算法组件进行封装，为用户提供触手可及的人工智能应用服务，助力客户高效构建智能城市应用。通过数据赋能平台向上层应用提供统一的数据服务与 API，提供协议适配、消息传输、文件传输、路由控制、服务编排、容错管理、服务管理与服务监控、AI 应用赋能等功能。

安全是数据融合共享的应有之义。跨域数据联合建模技术是指，在各机构数据不向外传输的前提下，利用多方机构的数据共同建立模型并提供效用。该技术可以应用于需要保护隐私，同时又有联合建模需求的领域，如医疗数据联合建模、政府与企业数据联合建模等。在建模过程当中，各机构的原始数据无须向外传输，各个平台根据自身拥有的数据联合进行模型训练，并最终在各平台之间同步模型训练结果。此技术能够在不汇聚、不传输具体数据内容的前提下，实现模型训练，并共同享受训练成果，从而解决现有模型训练中存在的数据汇聚难、数据传输引发数据泄露的问题。城市操作系统基于联邦学习技术自主研发的数字网关技术，实现跨域联合建模，通过用户隐私保护的联合建模机制和多源数据融合算法，在数据不移动的情况下，实现多业务系统之间的数据知识层面的互联互通，旨在打破数据壁垒，实现信息资源共享。

雄安新区与京东数科建设、打造全球领先的城市大数据底层平台，以"N+1+X"数据管理体系为指导，设计了块数据平台解决方案，定位于雄安新区智能城市的数据汇聚中心、数据管理中心和数据服务中心，是新区数字孪生城市的数据基底、智能城市的智慧中枢。此外，在汇聚城市数据的基础上，为城市和市民参与城市治理及运营提供有效的开放载体，为传统产业的数字化转型升级提供支撑，改善城市运行环境，提升城市智能化管理水平。

在当前的智能城市建设中，线下业务线上化已经相对成熟，但城市的治理离系统化、智能化仍有很长的距离。破解"数据烟囱"林立的现状，打破部门孤岛式运营，实现政府、企业、市民间的联动与协同，夯实智能城市的数字底座均非常重要。

第四节 开放生态平台是共建智能城市的垂直系统

在城市操作系统的基础上，打造开放生态平台，构建智能城市开放生态。以计算机类比，城市操作系统就相当于Windows（微软视窗操作系统），是智能城市的基石，智能交通、智能能源、智能信用、智能政务等解决方案相当于应用软件。城市操作系统管理智能城市中的各项资源，支撑各智能交通、智能能源、智能信用、智能政务等垂直应用。

一、智能交通

随着城市汽车保有量的不断上升，城市交通问题越来越突出。交通部统计，每年我国交通拥堵带来的经济损失高达2 500亿元，交通拥堵已成为阻碍城市高效运转的顽疾。2019年9月，中共中央、国务院印发《交通强国建设纲要》，明确提出大力发展智慧交通，推动大数据、互联网、人工智能、区块链、超级计算等新技术与交通行业深度融合。在政策推动下，为了有效解决城市发展带来的交通问题，包括智能公交、智能停车场、智能交通管控在内的智能交通解决方案不断涌现。

后台结合大数据和AI技术驱动城市交通体系的智能管控，前台融合多样的出行方式数据，实现不同出行方式的有效衔接，就人、就车、就路提供一体化的智能出行解决方案，是解决目前交通问题的关键。

以大数据和AI驱动的智能管控系统，是实现智能交通的大脑。智能管控系统基于自动定位技术、无线通信技术、地理信息系统等技术的综合运用于一体，实现车辆的定位、线路跟踪、智能停车、实时视频监控、驾驶员管理、油耗管理等功能，以及出行线路的调配和服务能力，实现人员集中管理、车辆集中停放、计划统一编制、调度统一指挥。智能交通管控通常为定制化解决方案，根据不同城市的现状和需求提供个性化的解决方案。由于硬件设备耗费成本较高，云服务将是智能管控系统的主要趋势。

MaaS（出行即服务）旨在深刻理解公众的出行需求，通过将各种交通模式全部整合在统一的服务体系与平台中，从而充分利用大数据决策，调配最优资源，满足出行需求的大交通生态，并以统一的 App 来对外提供服务。前台整合多种出行方式，就人、就车、就路协同的一体化出行方案是市民感知智能交通的直接通道。其中，"就人"主要是指信息服务 App、智能支付 App 等，"就车"包括车载定位及调度终端、车载 Wi-Fi、车载监控、车载专用道抓拍、一键报警系统、自动破窗系统、无人驾驶等，"就路"主要包括智能车道、智能信号灯、智能道路指示牌、智能充电站等。

（一）无人驾驶

无人驾驶是 AI 技术在智能交通领域的关键应用。"无人货车、无人车道分流、人行道与车道隔离"等场景是人类对未来城市的美好畅想，这有赖于无人驾驶以及高精地图、车联网等技术的成熟发展和普及应用。而在现阶段，无人驾驶技术最直接的应用场景便是无人配送。2020 年初暴发的新冠肺炎疫情触发了"无接触"配送需求，自动驾驶技术和无人配送机器人在抗疫行动中发挥了重要作用。疫情期间，京东不仅从全国各地抽调配送机器人驰援武汉，还将自动驾驶技术与套件对外开放，为其他机器人厂商提供技术支持和升级，为有效抗击疫情贡献了自己的技术力量。

（二）数字支付

数字支付作为传统支付体系的有益补充，是现代支付体系的最新主导力量之一。我国数字支付市场经过多年的创新发展，已处于世界领先地位，其中又以移动支付为先。在科技企业的引领下，数字支付技术已经应用于城市的各个场景，智能交通特别是智能公交是其中最主要的场景之一。在各地政府、科技企业的合力推进下，数字支付技术融合云计算、大数据等技术手段，集成二维码、NFC、刷脸等支付方式广泛应用于支付终端设备。

(三)智能信号灯

　　智能信号灯是缓解交通拥堵,实现交通智能管控的关键。智能交通信号控制系统,即利用视频监测器监测机动车流量、车头时距和车道占有率等交通数据,并实时传输至路口交通信号机,在保障行人和非机动车最小通行时间的前提下,动态调整绿灯放行时长,当监测器监测到当前放行方向无车或者车辆较分散时,当前放行方向就切换为红灯,另一个放行方向则切换为绿灯。

二、智能能源

　　城市的高效运转离不开能源。我国是能源生产和消费大国,在生产端,2018年我国一次能源生产总量为37.7亿吨标准煤,是1949年的158倍,年均增长7.6%;在消费端,我国从"一煤独大"转变为清洁、绿色能源消费占比逐渐升高,逐步走上节能降耗、集约高效的新道路。虽然已成为世界能源生产消费第一大国,但我国在能源生产、输送及使用过程中,还存在一些问题亟待改进。比如,设备控制、场站管理、供销平衡等环节过多地依赖于人工,随之而来的控制效果差、管网损失大、供需失衡等问题亟待解决。

　　智能能源将能源产业以及AI和大数据等数字科技手段有效融合,用智能化的思路解决能源的生产、存储、应用及再生等现实问题,通过智能监测、智能控制、智能优化的闭环思路和手段提高能源利用率,并降低能源消耗量,助力城市沿着低碳经济和绿色经济的方向实现可持续发展,以达到节能环保、产能升级的美好目标。从城市全局入手,设计能源生产、储运、应用和再生的整体解决方案,是实现智能能源的有效途径。从产业本身出发，提高能源的勘探效率、预测准确度，降低能源在生产、使用过程中的消耗率，则是实现城市智能能源的又一思路。

世界范围内，以计算机视觉以及传感器技术为代表的 AI 技术，在能源的勘探与开发中已经拥有了众多落地场景，能源企业在产品的销售、监管乃至运输等场景中的需求，也为科技公司、数据服务公司等非能源从业者带来了许多跨行业发展的机会。

壳牌公司利用机器学习、大数据、计算机视觉等技术，收集地震波信息，判断地层结构，并通过拼接不同地层切片，判断油气存储情况。道达尔则与谷歌合作，运用 AI 技术为油气的勘测开采提供智能化解决方案。京东城市采集能源流通链的大量数据，研发多源异构数据分析、深度强化学习、数据驱动优化等多种 AI 技术，通过负荷预测、控制模拟等手段，提供能源生产过程中的控制设备管理和能源区域管理，以及多能源流通调度方案，提高供能企业、售能企业和用能企业的整体技术水平和管理水平，帮助居民节能，从而达到节能降耗环保的目的。

在我国，火力发电量占据总发电量的 70% 以上，如何用更少的煤，发更多的电，同时排放更少的污染物，实现火力发电效率的优化，是电力行业长期以来的追求，同时也是一个世界性的难题。基于这个痛点，利用深度强化学习和深度神经网络的方法开发的"AI+ 优化火力发电系统"，通过发电厂反馈的数据，进行学习与分析，从而动态控制发电厂锅炉各种阀门的开度、送风、送水等环节。

一组火力发电机组的传感器监测点多达 15 000 个，主要控制参数也有 100 多个，因此优化火力发电系统相当于针对高维连续变量做优化，这甚至比 AlphaGo（阿尔法围棋）解决的围棋问题还要复杂。"AI+ 优化火力发电系统"可以将电厂的发电率由 90% 提升至 90.5%，锅炉

产业数字化

热效率提高 0.5%，意味着更多的电量生产，更少的污染排放。若将该技术推广至全国，每年至少可以帮助国家节省约 70 亿元的燃煤成本和污染治理成本。

三、智能信用

人无信不立，城无信不兴。与乡村的熟人社会相比，城市居民之间更为疏离、相对陌生。然而，信用却是城市发展的生命线和助推器，是一个城市治民、兴业的利器。一座城市的信用氛围，如同城市的信用名片，映射着城市的软实力和综合竞争力。当前，我国正处在推进社会信用体系建设的关键时刻，信用城市是社会信用体系建设的重要组成部分。

数字经济时代，社会信用体系建设呈现出数字化、平台化和智能化特征。大数据和 AI 技术加快了信用信息的产生、传播和流动速度，智能信用应运而生。所谓智能信用，即在数字信用的基础上叠加智能化属性，并借助平台的力量，实现信用的价值变现。从应用角度而言，智能信用可运用于 C 端、B 端和 G 端（政府端）等多个部门。

对于个人而言，智能信用的价值在于，可以利用低廉的成本，便利地体现个人信誉，获得价值认可、就业机会，甚至替代金钱获得免费的商品和服务。依托大数据风控能力构建的城市信用积分管理系统，将金融、商城、物流以及其他关键外部数据有效整合，为用户提供多元化的守信激励服务，如免押租赁、免费快递、会员权益、移动特惠卡等信用奖励，让市民切实感知到信用生活带来的便利。

对于企业而言，通过搭建智能信用平台，可以助力信用良好的小微企业破解融资难、融资贵这个世界难题。在城市操作系统的顶层设计框架下，智能城市将数据与场景打通，形成线上与线下结合、企业和个人征信综合评估的风控体系,帮助金融服务机构建立服务中小微企业金融的数字科技能力。通过平台的建设运营打破政、银、企之间的信息壁垒,一方面,可以帮助政府构建良好的营商环境;另一方面,可以帮助资金方合理地掌握风险,让中小微企业更便利地获得各类金融服务。

对于政府而言,技术在创造便利的同时,也带来了一定的风险。在现阶段守住不发生系统性金融风险底线的宏观背景下,金融监管、防范风险的重要性被提到前所未有的高度。依托金融业务开发和沉淀的风险防控技术优势,监管科技可助力地方政府对金融风险实时监测和提前预警,对非法金融行为实现"打早、打小",将金融欺诈风险扼杀在萌芽状态,助力城市打造诚实守信的信用名片。

四、智能政务

我国政务服务先后经过了无纸化办公、网络化办公、电子政务等阶段,目前已经逐步进入共享协同阶段的智能化发展阶段。近十年来,我国智能政务市场稳步增长,2018年市场规模为2 952亿元。根据中国互联网络信息中心发布的第44次《中国互联网络发展状况统计报告》的数据,截至2019年6月,我国在线政务服务用户的数量达5.09亿,占网民总人数的59.6%。

基于大数据和AI技术的共享协同是当前电子政务发展的主旋律,横向云端化、纵向前端化以及共享协同代表了当前智能政务的主要发展方向。

随着云计算的发展环境日趋成熟,政府IT采购开始向云服务倾斜,同时出台了一系列相应文件,从制度管理、采购管控、评估认证、规范合同、建立标准等多个环节支持政务服务向云端迈进。相应地,供

产业数字化

给侧的收费方式也由原来的售卖硬件或者搭建系统收费，转变为提供服务收费。IT 服务商将原来分散的 IT 业务集中搬到云端，未来以提供服务的形式收费，并不断根据需求在云端延伸出新业务获取盈利。

移动互联网时代，得用户者得天下。智能城市服务商通过产业链的某一环节切入，逐步向前端供应链拓展，直连用户以拓展新的业务模式。前端应用市场，分布着一些主流应用入口，例如医疗领域的互联网医疗应用平台，社保领域的社保查询、缴纳应用平台，交通领域的地图应用平台等，这些虽然不是严格意义上的智能政务，但承担着部分政务职能，蕴藏切入电子政务市场的潜能。

依托自身在大数据和 AI 方面的技术实力，结合财政行业知识和业务情况，京东城市智能政务解决方案为某省财政厅搭建大数据融合中心平台。该平台将一百多套在网业务系统进行数据融合与 AI 赋能，实现财政内外部数据的统一管理，提供多种架构模式，支持不同厂商快速搭建各类数据分析应用，依托先进的大数据和 AI 技术，提高财政相关数据的高效利用。该平台实现了财政厅内外部系统的数据实时接入，全面支撑财政厅上层业务系统数据的提取需求，构建统一的数据标准，使不同系统数据共享更为快捷顺畅，通过构建数据治理体系，进一步挖掘数据的价值并提升业务能力。模块化的 AI 算法开放平台赋能财政厅上层业务系统，减少重复开发，提升开发效率，同时为财政厅业务系统的整体升级打下了坚实的基础。

智能城市操作系统从割裂到融合，从单点到联动，从智慧化到智能化，在推动城市与科技不断融合、相互促进的过程中，也承载着人们对美好生活的向往。构筑和谐、可信、宜居的未来智能城市，需要集体的智慧和共建的力量。

硬核的数字科技武装、明晰的顶层框架指引、安全的时空数据融合，以及共建共享的建设思路，对于智能城市建设而言都是必不可少的。此外，我们必须清醒地认识到，智能城市建设不可能一蹴而就，它将是一个持续的、不断迭代的优化创新的长期事业。

后疫情时代，智能城市建设将与新基建连为一体，共生共荣。一方面，新基建作为稳定经济的强心剂，为智能城市建设的加速发展带来基础保障；另一方面，智能城市则是新基建落地开花的有效容器，帮助新基建进行系统的规划，做出科学的决策并使其有效落地。

第九章

数字农牧孵化 AI 养殖新实践

"家财万贯，带毛的不算"生动描述了多少年来养殖业的痛点，其背后巨大的行业风险，恐怕只有真正涉足过这一领域的人才有深刻体会。对于辛勤劳作的养殖户而言，不仅要为消费者带来新鲜、安全、健康的畜牧产品，更要时刻防备"扇贝跑了"的尴尬困境。随着人工智能、大数据、区块链等新技术的应用范围和边界不断拓展，其在水产行业的良种选育、精准思维、健康养殖等方面，同样能够发挥独特的作用，使智能水产养殖成为数字科技与养殖业深度融合的又一生动场景。AI养殖这一黑科技，改变的绝不只是鱼的"一生"，还改变了人类几千年的养殖习惯，也让渔民们惊呼："原来鱼还可以这样养。"

第一节　中国水产养殖业的发展现状

一、中国水产养殖业面临的政策环境

2016年12月，农业部印发《全国渔业发展第十三个五年规划》。该文件提出，到2020年，"渔业产值达到14 000亿元，增加值8 000亿元，渔业产值占农业总产值的10%左右""渔民人均纯收入比2010年翻一番""新建国家级海洋牧场示范区80个，国家级水产种质资源保护区达到550个以上，省级以上水生生物自然保护区数量达到80个以上""新创建水产健康养殖示范场2 500个以上、健康养殖示范县50个以上，健康养殖示范面积达到65%"。《全国渔业发展第十三个五年规划》的出台，推动我国大力推进渔业供给侧结构性改革，加快转变渔业发展方式，实现渔业现代化。

2018年，农业农村部发布《关于全面推广应用国家农产品质量安全追溯管理信息平台的通知》，进一步推进农产品质量安全追溯体系建设，在试运行的基础上，决定在全国范围内推广应用国家农产品质量安全追溯管理信息平台。加快推进农产品质量安全追溯体系建设，是创新提升农产品质量安全监管能力的有效途径，是推进质量兴农、绿色兴农、品牌强农的重大举措，对增强农产品质量安全保障能力、提升农业产业整体素质和提振消费者信心具有重大意义。

2019年，农业农村部等十部委联合印发《关于加快推进水产养殖业绿色发展的若干意见》。该文件明确提出："鼓励水处理装备、深远海大型养殖装备、集装箱养殖装备、养殖产品收获装备等关键装备研

产业数字化

发和推广应用。推进智慧水产养殖，引导物联网、大数据、人工智能等现代信息技术与水产养殖生产深度融合，开展数字渔业示范。"该文件的出台对于促进水产养殖业绿色发展具有重要的促进作用，对水产养殖业的转型具有重要的现实意义。

二、我国水产养殖业存在的现实困境

（一）水产对养殖环境的要求较高

水产养殖过程对养殖环境的要求较高，水产容易受到外部环境的污染，进而影响存活率和水产品质量。比如，含氧量不足导致水产大面积死亡，而水中的微生物会分解死亡水产的尸体，又使水中的含氧量降低，进而导致剩下的水产因缺氧而无法存活，形成恶性循环，最终使养殖区域内的水产消失殆尽。因此，合理的含氧量是保证水质、提高育苗成活率的基本条件。水产养殖业发展前期，增氧技术水平较低，人们的环境保护和可持续发展意识比较薄弱，而且增氧成本很高，实际效果也不够理想，在一定程度上制约了我国水产养殖业的发展。此外，养殖水域中营养物质的含量同样也会给水产存活率带来很大的影响。因此，养殖环境的优劣对水产存活率至关重要。

（二）水产养殖技术有待提高

现代化水产养殖技术创新对水产存活率具有重要影响。目前，较为先进的水产养殖技术主要有两种：一是微孔增氧技术，二是生物浮床技术。微孔增氧技术的特点和优势是，能提高增氧的工作效率，主要是利用微细孔产生的气泡与水体接触，使上浮流速控制在较低范围内，气泡与水体的长时间接触，可以提高氧气在水体中的溶解效率。

生物浮床技术则是利用选定的陆生植物，将浮床作为载体，种植到已经富营养化的水体中，使植物通过根部吸附水体中的富营养物质（氮磷钾以及各种有机物质），降低水中富营养物质含量，实现净化水质的目标，保证水体质量。这些现代化的水产养殖技术对于提高水产对环境的适应性、优化水产养殖环境具有非常重要的作用。然而，国内很多地区的水产养殖场都没有配备与这些技术相匹配的基础设施，水产养殖的科技含量普遍比较低下。

（三）水产育苗技术水平急需突破

若育苗技术不过关，就会大大降低水产存活率，给养殖户和企业带来巨大的经济损失。目前，国内水产养殖育苗水平不高，成活率得不到保证，主要是因为许多养殖户没有接受过正规、系统的培训，盲目引入相关养殖技术，不但不能达到提高水产养殖育苗成活率的目的，还会因为错误操作而使育苗成活率大大降低，甚至还有一部分养殖户为提高育苗存活率采用极端手段，如激素培养等，不仅影响水产品的口感，更给消费者的健康带来极大的威胁和隐患。因此，水产育苗技术水平还有很大的提升空间。

此外，我国水产养殖业还面临着缺水、缺地、缺蛋白源、缺劳动力、缺良药、缺深加工等多方面的挑战，这些问题深刻制约着我国水产养殖业的效率提升和产业发展。

第二节 科技驱动是中国水产养殖业的未来

近年来，在"互联网+养殖生产"方面，主要应用的是自动监测

产业数字化

养殖水质环境，实现对水质环境参数自动在线采集、无线传输，远程辅助诊断水生动物疾病，实现自助诊断和预警预报。在"互联网＋养殖管理"方面，主要应用的是养殖信息动态采集、水生动植物病情测报、水产品质量安全追溯监管、渔技服务、金融保险等，将这些应用逐渐与互联网融合，改变了水产养殖相对落后的状态，有效提升了水产养殖发展的科技含量。

"互联网＋水产养殖"给水产养殖产业带来了良好的发展机遇，但一些问题和挑战也日益凸显，亟须在优化产业与科技深度融合中寻找最佳的实践答案。一是认知不充分。主要体现在水产养殖还缺乏创新的互联网思维，人们普遍认为水产养殖是传统产业，同互联网联系不紧密，中小型养殖企业对互联网投入较大，资金回收周期长，导致不能很好地将水产养殖与互联网相结合。二是投入不足。"互联网＋水产养殖"建设是系统性工程，但目前还是以项目方式进行，缺乏后期建设维护投入，导致项目之间协同不足，难以发挥"互联网＋"的作用。三是重复开发严重。水产养殖涉及养殖、水环境监测、病情监测等方面，同时是一项长期性工程，而目前开发的水产养殖系统重复建设较为严重，系统数据不能实现信息共享，影响养殖企业参与水产养殖互联网建设。四是从业人员素质有待提高。"互联网＋水产养殖"是新兴产业形式，而大部分水产养殖业的从业者文化程度不高、互联网意识不强、主动参与性不高，基层的水产养殖技术人员缺乏互联网建设、大数据水产养殖经验。对于已建好的互联网设备维护和使用能力不足，不能充分发挥互联网系统的作用，影响了水产养殖系统的使用效果，使养殖户对"互联网＋水产养殖"体验满意度不高，导致养殖户参与积极性不高。

第三节 数字养殖的"京东方案"
——AI 重构养殖业的科技基因

京东数科以"神农大脑"为核心的数字化水产养殖解决方案，通过集装箱养殖和全方位数字化管理，不仅能够增加养殖密度、方便鱼群管理，还能隔绝泥土，保障肉质的安全和鲜美。"神农大脑"实时监测分析水体温度、氨氮浓度、溶氧量等数据，为不同品种的鱼苗匹配创造最适宜的水质环境。

一、集装箱养殖的主要特点和优势

传统的集装箱养殖需要定制 20 英尺[①]陆基推水标准集装箱体，将养殖箱体安装在池塘边，从池塘抽取上层高氧水，注入养殖箱体内流水养殖，养殖尾水返回池塘进行生态净水，池塘功能转变为生态净水池。一般而言，1 亩池塘可配置 3~7 个养殖箱体。每个集装箱长度仅为 20 英尺，占地面积约为 15 平方米，单个养殖箱体容量为 25 立方米，单箱年产量达 3~4 吨。

集装箱养殖主要有以下几个特点：一是节地节水，占地面积小，安装灵活，可减少对土地的深挖破坏，在相同产量下较传统养殖可节约土地资源 75%~98%，灵活采用水体循环利用技术，减少用水量，无清塘干塘、大排大灌、废水外排等问题，较传统养殖可节水

---

① 1 英尺 ≈0.3 米。——编者注

产业数字化

95%~98%,为水产养殖业在干旱缺水地区的发展提供了现实可能;二是集约高效,一个工人可以看管多个养殖箱,捕捞简单,劳动强度小,较传统池塘养殖节省劳动力50%以上,箱体内可以进行高密度养殖,减少饲料浪费,提高饲料利用率;三是生态环保,采用高效水体循环系统,保证水体质量,降解处理粪污,形成水产养殖与生态环境的协调发展;四是质量安全,全程可追溯,通过对鱼群整体生长轨迹的跟踪,对饲料等投入品的严格把控,保证食品安全,实现"还消费者餐桌上一条干净的鱼"。

二、京东数科智能水产养殖方案

京东数科智能水产养殖方案,主要由 SaaS 系统、智能巡检、智能饲喂、水下监测等多个模块组成。

SaaS 系统:智能水产养殖解决方案,依托京东农牧智能化系统平台,结合水下机器人和先进的水产养殖技术,为集中化水产养殖企业提供整体技术解决方案,涉及育苗、养殖、水产品加工等多个环节,可帮助企业大大降低运营成本,有效监控环节参数和病害情况,优化水产品养殖加工效率,确保水产品安全并提升产品品质。

智能巡检:巡检车可对整个养殖区进行视频监控,应用 AI 图像算法识别鱼的活动状态,监控病害、死鱼情况,并对异常情况及时报警。

智能饲喂:利用风动送料方式,可精准控制每个饲养区的饲喂量;应用 AI 相机,可分析鱼群进食系统,并统计鱼的生长曲线;结合京东"神农大脑"水产养殖的专业知识和经验,可智能调控投喂量,确保饲喂效率达到最佳标准。

水下监测:应用 AI 相机智能识别养殖目标的健康状态和生长趋势,结合大数据分析,监测水质环境,并对异常情况及时报警,以及给养殖各环节提供优化决策。

三、京东数科智能水产的信贷方案

智能水产解决方案依托京东农牧智能化平台数据，为企业和大型养殖户提供养殖过程的信贷解决方案，可为其在设备购置、饲料采购、技术服务等方面提供金融需求支持。

水产养殖贷主要用于购买水产养殖生产资料的贷款服务，基于不同水产品种的生长周期，生成养殖计划开始进行养殖，养殖完成后由合同企业回购销售，养殖期间京东数科与合同企业向养殖户提供技术指导、苗料、药品供给以及物流运输服务。贷款的基本原则是，初期综合客户的资信、规模等情况，审批整体授信额度，根据借款人批次养殖规模和历史养殖情况进行授信，该授信额度仅在该养殖批次内有效，根据养殖进度进行分笔放款。同时，京东数科会对客户养殖场地和设备进行现场调研与审核，只有达到要求的客户才可准入，并需按照京东数科的要求进行改造。基础准入条件为具有养殖场地和养殖设备，如土地使用权、购买京东数科的设备等前提条件。

四、京东数科智能水产养殖的保险方案

为分散养殖户的风险，京东数科还为养殖户量身定制了保险方案。保险期限从投苗到捕获为止，以实际生长周期为准，最长不超过1年，同时要求有一定期限的疾病观察期。养殖户投保的基本条件是，水产品所在地符合智能水产的放养规格及要求，同时符合水产养殖部门相关规定；养殖场地位于安全区域，并安装相应的配套设备；养殖期间的采购票证，养殖生产记录、用药记录及销售记录等做到公正查询；

产业数字化

养殖品种符合智能水产设备规定的相关品类。在此基础上，详细界定了不同损失条件下的保险责任。

京东数科推出的智能集装箱水产养殖模式已在全国多地设立扶贫点，模式多为由政府出资或贴息，建设扶贫性质的养殖基地（养殖集装箱已纳入国家农机补贴名录，可享受国家补贴）。由当地多户贫困户成立合作社承接部分或整体养殖基地股份，当地贫困劳动人民可到园区就业参与生产活动。京东数科与合作企业负责园区的整体规划、养殖工艺设计、养殖技术培训等工作，保证生产工作可正常运转。为最大限度地降低养殖风险，京东数科还提供养殖贷款和养殖保险，并为基地提供优质的饲料、动保必需品等，协助基地获得国家颁发的绿色认证标志。最后，养殖成品由京东数科和合作企业回收。京东数科智能水产养殖服务模式见图9.1。

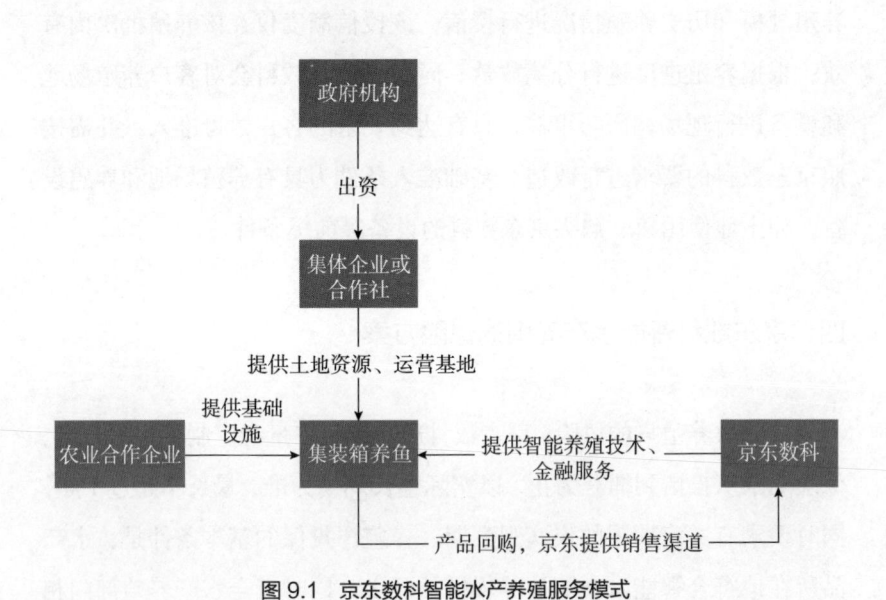

图9.1　京东数科智能水产养殖服务模式

资料来源：京东数科研究院整理。

这种经营模式改变了农业生产靠天吃饭的巨大弊端，让农业生产得到科技的加持、金融的保障、销售的畅通，可为当地贫困户带来稳定持续的收益，为贫困地区的脱贫攻坚和乡村振兴战略实施形成巨大的推动力。

此外，智能集装箱水产养殖模式内置的粪污处理模块，完全符合我国日益严格的环境保护政策，通过集装箱水循环系统抽出沉积在箱底的粪污及饲料残渣，通过固液分离器分离固体，变废为宝，可作为高质量有机肥的基肥。其液体部分利用三级沉降池的模式完成有机降低氮磷、杀菌、灭藻、增氧等重要步骤，最后回收到集装箱循环，真正做到零排放、无污染、节约水，完全符合我国可持续发展的基本国策。

第四节　中国水产养殖业的发展趋势和实现路径

数字化是实现水产养殖业现代化的关键手段，找到一条适合我国水产养殖业数字化的具体实现路径，是业界和政府有关部门面临的重大现实问题。

一、水产养殖的数字化趋势

第一，数字化是水产养殖业实现跨越式发展的重要实现路径。

水产养殖业要想实现环境友好和经济效益的双赢局面，必须想方设法降本增效。以大数据、人工智能、区块链等为代表的新技术，能够将水产养殖环境标准化、规模化，大大降低水产养殖过程中的风险，进而提高养殖效率、技术水平和经济效益。数字化养殖是我国水产养殖业未来发展的主流趋势和发展方向。

第二，数字化养殖能够大大提高水产养殖的标准化程度。

利用传感器、无线通信、大数据、云计算、物联网等技术进行数据收集和分析，建立可视化模型，实现对水产养殖的精准管理。通过电脑、手机等设备，可对鱼类的生长情况进行实时跟踪，在线监测水中的含氧量、pH（氢离子浓度指数）、盐度、浊度等多个参数，实现对水产养殖过程的动态管理。

第三，数字化养殖能够极大地提升水产养殖的规模化水平。

数字养殖使渔业养殖人均管理养殖面积，从 20~200 亩提升至 500~1 000 亩，大幅降低了养殖劳动强度和劳动力成本。依托数字技术研发的养殖管理设备，可以长期在复杂的水体中正常工作。比如饲料自动投喂系统，由料仓、称重系统、投喂系统、控制柜等组成，除了可实现定时、定量投喂外，还可以通过设置养殖模型，根据实时溶氧量自动调节投喂计划，最大限度降低饵料系数。因此，数字养殖极大地提升了水产养殖的规模化水平。

二、水产养殖的数字化发展路径

第一，完善"数字水产养殖"标准体系建设。

为促进"数字水产养殖"的发展，应根据水产养殖行业的特点，建设水产养殖信息平台，实现水产养殖信息共享，采用统一的信息数据系统。根据水产养殖特点进行信息分类、采集、交换，保障信息的开放性，为水产养殖的信息化建设、运行、维护制定相应的标准，逐步建立完善的水产养殖信息化技术标准和规范，实现信息的交换服务和信息共享，发挥互联网优势，促进水产养殖业的不断发展。

第二，强化网络运行体系建设。

第九章
数字农牧孵化 AI 养殖新实践

通过整合现有的水产养殖系统，建设覆盖重要水产养殖区的监测监控系统，制定详细的互联网运行方案，建设水产养殖综合数据中心，实现水产养殖数据的统一管理、信息数据共享，为水产养殖提供动态和数据支撑。

第三，促进水产养殖应用体系建设。

水产养殖产业应用体系，要着重建设公共服务平台和综合管理平台。公共服务平台是在已有网站的基础上，实现各种信息发布、公开、交流，以及在线服务、投诉反馈处理等多项功能，实行多种渠道、多种方式的公共服务平台。综合管理平台主要负责水产养殖监测监控、水产资源管理、水产品市场信息、水产品病情监测以及水产品质量安全管理等，实现对水产品养殖全流程的覆盖管理。

第四，完善保障体系建设。

为加强水产养殖基础安全体系建设，应建立应急响应机制，制定水产品安全管理的规章制度，为水产品提供基于网络、数据的安全保障体系，保障水产养殖系统的正常运行。

第五，水产养殖管控体系建设。

根据水产养殖的实际需要，建立水产养殖的信息化管控体系，制定和完善水产养殖管理的规章制度和技术标准。通过信息化管控体系进行水产养殖信息化决策与风险评估，实现水产养殖安全管控。降低养殖风险，提高水产养殖信息化管理水平。

第十章

物联网助推数字营销"蝶变"

过去几十年，互联网从无到有，并以迅雷不及掩耳之势深刻改变着人们的生活。随着物联网技术的日趋成熟，万物互联的时代将带来继互联网后的新一轮产业革命。万物互联意味着万物皆媒，移动与通信不再是智能手机的专属，任何终端都可能作为通向互联网的接口，使我们融入虚拟世界之中。

物联网逐渐模糊了数字世界和物理世界的界限。基于物联网的数字营销，是以价值观连接大数据、场景、新一代分析技术为基础造就的思维变革。它不仅提高了数字营销效率，还扩大了数字营销边界和范畴。未来，在人工智能、区块链、云、数据和边缘计算等技术的赋能下，数字营销有望从营销自动化跨步到自动化营销，迈向 MarTech（营销技术）2.0，最终实现提升消费者体验和驱动业务增长的目的。

第一节　技术推动数字营销内涵演变

数字营销的定义不是一成不变的，随着数字营销技术的更迭、场景的丰富以及市场需求的变化，数字营销的外延和内涵意义不断扩大。相比传统营销，数字营销更强调 MarTech 的运用，推动营销的数字化、智能化、效果化，最终达到及时、高效、便捷、效益最大化的宣传和推广目的。

一、数字营销历经四次迭代

市场营销发端于 19 世纪末至 20 世纪 20 年代的美国。在第二次工业革命的背景下，资本主义国家在经过工业革命加之泰勒"科学管理理论"的指导后，劳动生产率快速提高，生产增长速度超过了需求速度，企业间的竞争加剧，开始寻求其他增长渠道。于是，市场营销的思维和概念出现了。

1923 年，美国人尼尔森创建了专业的市场调研公司，建立营销信息系统的工作成为营销活动的重要组成部分。此后，市场营销逐渐从理论落地到实践，历经三个发展阶段。20 世纪 20 年代至第二次世界大战结束为市场营销的形成应用阶段，其开始被企业重视并应用到案例中；20 世纪 50 年代至 80 年代为市场营销学的发展阶段，营销的市场规模扩大并出现供过于求的现象；20 世纪 80 年代至今，市场营销逐渐形成了自身的理论体系，进入现代营销领域。

现代营销标志着传统营销到数字营销的跨步，数字营销是现代营销的核心要素。数字营销的雏形发端于20世纪90年代末，互联网技术的发展运用催生了新一轮营销革命。1994年10月，全球第一个标准Banner（横幅）网络广告在美国诞生；1997年3月，中国出现第一个商业性的网络广告；1998年，《互动营销期刊》（*Journal of Interactive Marketing*）开始发行，该期刊在1999年发表了一个重要观点，即所有的营销都是或很快将会是互动营销。千禧年之后，数字营销概念基本成形，行业发展走向正轨。根据我国网络营销的发展历史和特征，可以将数字营销的发展归纳为四个阶段。

第一阶段（2000—2008年）：口碑社区营销。我国互联网进入普及应用的快速增长期，当时，互联网的主要形态为"以内容为主、服务为辅"的传统互联网网站，主要特点是通过静态网站来实现内容的展示。搜索引擎是获取信息的唯一渠道，故这一阶段也称为SEM（Search Engine Marketing，搜索引擎营销）阶段，主要以搜索、口碑和社区营销为主。比如，用户通过搜索某种产品，页面跳转到在线口碑网站和社区论坛，进而影响用户的消费决策。

第二阶段（2009—2011年）：社交网站营销。社交网站活跃，微博发展迅猛并逐渐渗透人们的日常生活。这段时期，互联网网站与内容流型社交网络并存发展，互联网形态仍然以内容为主、服务为辅，传统社交网络面临从内容流型社交网络向消息流型社交网络迁移的问题，内容与服务提供方则主要提供多种信息块和信息流。搜索引擎不再是获取信息的唯一渠道。

第三阶段（2012—2016年）：移动互联网营销。智能手机、各类社交应用的崛起，4G网络的落地，标志着移动互联网时代来临。这段时期，互联网的主要形态是App和消息流型社交网络并存，数字营销的主要媒介是App、电商、社交媒体。比如，微博、微信的红包营销，以及京东商城的活动营销等。

第四阶段（2016年至今）：全媒介数字营销。网络直播、内容创业、短视频、智能营销成为热门风口，"双微一抖"（微博、微信、抖音）成为数字营销新标配。移动互联网应用全面发展，各大领域超级App诞生，线上全媒介营销集体发力，营销出现场景多元化和智能化。"技术+营销"成为这一阶段的主要看点，企业试图通过人工智能、大数据等进行智慧营销，追求精准和量化。比如，以京东、阿里巴巴、腾讯为代表的互联网巨头，实施中台战略，实现"业务+数据"的打通和共享，支撑用户全新体验与个性化服务。

历经20余年的发展，数字营销已逐渐成为主流的营销模式，市场规模日益扩大。根据中泰证券的数据，2018年，我国数字营销市场总体规模约为3 694.23亿元，同比增长24.21%，占我国总体广告市场的46.23%。数字营销作为数字经济的组成部分，在产业升级过程中，不断驱动着数字经济业态的发展。数字经济已然成为我国经济的支柱产业。在经济转型升级走向高质量发展的背景下，数字经济的占比还将进一步提高，作为数字经济重要组成的数字营销市场也将迎来红利期。作为世界领先的数字技术应用大国，随着新基建的推进以及前沿技术的不断发展，我国的数字营销还将释放巨大潜力。

总的来看，数字营销的发展主要依赖于以下几大因素。

第一，宏观经济环境发生变化。在整体下行的宏观经济环境变化下，企业更加注重投资成效，收缩整体营销预算。广告客户越发看重实效与性价比，此时，数字营销的优势得以充分显现。AdMaster（营销数据技术公司）发布的《2019年中国数字营销趋势》显示，2019年79%的广告主会增加数字营销投入，预算平均增长20%。数字营销领域的行业实践，使数字媒介的优势不断呈现，加深了广告客户对数字营销的认知。

第二，互联网渗透率不断提高。随着信息通信技术和互联网技术

产业数字化

的发展，我国网民规模不断扩大，互联网渗透率日趋上升。截至 2020 年 3 月，我国网民规模约为 9.04 亿，互联网普及率达 64.5%，较 2018 年底提升 4.9 个百分点（见图 10.1）。我国网民中使用手机上网的比例为 99.3%，手机网民规模约为 8.98 亿人。用户是营销的基础，互联网用户是数字营销的主要受众群体，特别是随着千禧一代成为消费主力，推动消费者端数字化发展，未来数字营销的市场潜力将进一步释放。

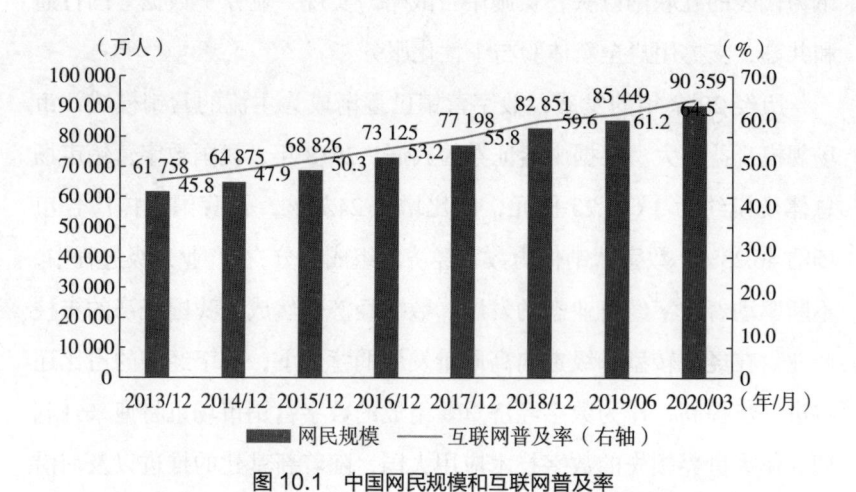

图 10.1　中国网民规模和互联网普及率

资料来源：《中国互联网络发展状况统计报告》，京东数科研究院整理。

第三，数字技术的发展落地。人工智能、大数据、区块链等技术为数字营销的发展提供了支撑。技术的迭代让数字营销的媒介形态、内容形态和呈现模式不断演变，满足了用户的多元化消费需求。2018 年，中央经济工作会议提出，加快 5G 商用步伐，加强人工智能、工业互联网、物联网等新型基础设施建设。2020 年 3 月，中共中央政治局常务委员会召开会议，在会议中提出加快 5G 网络、数据中心等新型基础设施建设进度。此后，国家发展改革委再次明确新基建包括信息基础设施、融合基础设施和创新基础设施三大方面。随着新基建的加快落地,将进一步催化户外媒体的数字化进程,数字科技在数字营销领域的渗透和赋能能力将更加深化。

第四,数字营销生态逐渐完善。目前,广告主、代理方、户外营销场所方、媒介方、投放平台、技术支持方等营销产业链条已经成熟,基于线上的数字营销生态建设基本完成。搜索引擎、社交媒体、视频网站、垂直平台、电商平台等数字营销,已呈现平台化、闭环化和智能化的特征。营销的数字化进程,正从广告向营销全链条的数字化进程方向演进,从过去的 AdTech(广告技术)逐渐整合为 MarTech。自动化营销/营销云、人工智能、DMP(Data Management Platform,数据管理平台)等营销技术已在市场中成熟运用。未来,随着数字产业化的推进,进入物联网时代,线下/户外营销也将呈现数字化趋势。

第五,数字经济带动了数字营销产业的发展。越来越多的传统行业数字化转型加快,线上教育、在线医疗、生鲜物流等数字经济领域需求上升,新领域带来新的消费市场,将侧面刺激数字营销市场的发展。同时,数字经济的发展也将带动周边行业联动发展,这为数字营销提供了历史机遇和动力。

二、技术推动数字营销概念泛化

数字营销的定义不是一成不变的,随着数字营销技术的更迭、场景的丰富以及市场需求的变化,数字营销的外延和内涵意义不断扩大。关于数字营销理论的研究也从口碑营销、搜索营销、内容营销、电商营销、社交营销、直播营销、KOL(关键意见领袖)营销转向为对营销技术的关注。未来,随着产业数字化的加快,数字营销的概念还将泛化。

当前,数字营销是指,借助计算机、智能设备等硬件设施,以及

产业数字化

人工智能、区块链、云、数据和边缘计算等数字技术，推广产品和服务的实践活动，从而以更高效的方式与消费者进行沟通和品牌宣传。

相比传统营销，数字营销更强调 MarTech 的运用，推动营销的数字化、智能化、效果化，最终达到及时、高效、便捷、效益最大化的宣传和推广目的。

总的来看，数字营销主要有以下几大特点。

第一，节约成本。企业主可通过媒介平台直接向消费者推广信息，减少了分销环节，降低了人员销售费用、仓储费用，节约了企业的营销成本。

第二，方便快捷。企业可根据自身需求，利用多媒介随时随地发布产品信息，方便快捷，并且推广渠道更广，传播范围更大，营销更加高效快捷。

第三，精准营销。数字营销可利用大数据、人工智能等技术进行用户挖掘、需求分析、个性化设置，追踪消费者习惯和爱好，并进行用户画像，最终实现精准营销和个性化营销。

第四，效果监测。数字营销可实现对营销的前期、中期和后期全程效果监测、评估及分析，企业可根据监测情况进行生产、营销调整，提高用户获得感和转化率，以及实现效果量化。

第五，转化率高。数字营销的目的是提高转化率，将受众变成商品消费者，以最少的投资达到最大化的效果。相比传统营销，数字营销方便快捷、媒介渠道广、画像精准、效果可监测，并且更易提高转化率和更受企业青睐。

第六，资金高效。数字营销在交易结算方面便捷高效，企业和广告主在线上即可完成整个交易流程，并且在技术赋能下降低资金风险成本，这极大地提高了资金的有效利用率，加速了企业资金的流转，提高了企业的产出比。

三、物联网重塑数字营销内涵

互联网的下半场是物联网时代。过去几十年，互联网从无到有，深刻改变着人们的生活。随着物联网技术的日趋成熟，万物互联的时代将带来继互联网后的新一轮产业革命。

物联网是一个基于互联网、传统电信网等的信息承载体，它可以让所有能被独立寻址的普通物理对象形成互联互通的网络。1999年，美国自动识别（Auto-ID）中心首先提出物联网的概念。当时将其称之为"传感网"，指建立在物品编码、RFID技术和互联网基础上的技术。这一年，中国科学院也启动了对传感网的研究，并建立了一些适用的传感网技术。2005年11月17日，在突尼斯举行的信息社会世界峰会上，ITU发布的《ITU互联网报告2005：物联网》正式提出了物联网的概念。报告指出，无所不在的物联网通信时代即将来临，世界上所有的物体，从轮胎到牙刷、从房屋到纸巾都可以通过互联网主动进行交换。RFID技术、传感器技术、纳米技术、智能嵌入技术将得到更加广泛的应用。

物联网概念被正式提出后受到全球各国的关注，美国更是将物联网的建设提到了国家战略高度。受国际浪潮影响，我国物联网的建设规划也迅速提上日程。2010年，物联网建设被纳入"十二五"规划，大量企业和资本涌入，形成了物联网的建设浪潮。2016年，物联网建设又被纳入"十三五"规划。2017年，国务院印发《关于深化"互联网+先进制造业"发展工业互联网的指导意见》，提出到2025年基本形成具备国际竞争力的基础设施和产业体系。2018年6月，工信部发布《工业互联网发展行动计划（2018—2020年）》提出到2020年底，初步建成工业互联网基础设施和产业体系。2020年，"新基建"成为我国经济热词。4月20日，国家发展改革委新闻发言人明确了新基建

产业数字化

的范畴,包括信息基础设施、融合基础设施、创新基础设施三个方面,其中信息基础设施明确包括以 5G、物联网、工业互联网、卫星互联网为代表的通信网络基础设施等。物联网相关政策梳理见表 10.1。

表 10.1 物联网相关政策梳理

发布时间	发布名称	发布内容
2010 年 10 月	《国务院关于加快培育和发展战略性新兴产业的决定》	加快培育和发展以重大技术突破、重大发展需求为基础的战略性新兴产业。到 2020 年,战略性新兴产业增加值占国内生产总值力争达 15%左右。而物联网正是战略新兴产业中新一代信息技术的重要组成部分
2011 年 4 月	《物联网发展专项资金管理暂行办法》	明确了国家专项资金的支持范围包括物联网的技术研发与产业化、标准研究与制定、应用示范与推广、公关服务平台等方面的项目
2013 年 2 月	《国务院关于推进物联网有序健康发展的指导意见》	到 2015 年,在工业、农业、节能环保、商贸流通、交通能源、公关安全、社会事业、城市管理、安全生产、国防建设等领域实现物联网试点示范应用,部分领域的规模化应用水平显著提升,培育一批物联网应用服务优势企业
2013 年 9 月	《物联网发展专项行动计划(2013—2015 年)》	计划包含了顶层设计、标准制定、技术研发、应用推广、产业支撑、商业模式、安全保障、政府扶持、法律法规、人才培养 10 个专项行动计划。各个专项计划从各自角度,对 2015 年物联网行业将要达到的总体目标做出了规定
2016 年 3 月	《国民经济和社会发展第十三个五年规划纲要》	实施"互联网+"行动计划,发展物联网技术和应用,发展分享经济,促进互联网和经济社会融合发展
2016 年 12 月	《"十三五"国家信息化规划》	推动物联网感知设施规划布局,发展物联网开发应用,发展分享经济,促进互联网和经济社会融合发展

续表

发布时间	发布名称	发布内容
2017年1月	《信息通信行业发展规划物联网分册（2016—2020年）》	我国到2020年将基本建成具有国际竞争力的物联网产业体系，包含感知制造、网络传输、智能信息服务在内的总体产业规模将突破1.5万亿元，智能信息服务的比重大幅提升。同时，将推进物联网感知设施规划布局，公众网络M2M（机器到机器）连接数突破17亿
2017年6月	《关于全面推进移动物联网（NB-IoT）建设发展的通知》	到2020年，NB-IoT（窄带物联网）实现全国普遍覆盖，面向室内、交通路网、地下管网等应用场景实现深度覆盖，基站规模达到150万个
2017年12月	《国务院关于深化"互联网＋先进制造业"发展工业互联网的指导意见》	到2025年，覆盖各地区、各行业的工业互联网网络基础设施基本建成，工业互联网标识解析体系不断健全并规模化推广，基本形成具备国际竞争力的基础设施和产业体系；到2035年，建成国际领先的工业互联网网络基础设施和平台，工业互联网全面深度应用并在优势行业形成创新引领能力，重点领域实现国际领先
2018年6月	《工业互联网发展行动计划（2018—2020年）》	到2020年底，初步建成工业互联网基础设施和产业体系，初步建成适用于工业互联网高可靠、广覆盖、大宽带、可定制的企业外网络基础设施
2018年9月	《物联网安全白皮书（2018）》	到2020年，车联网（智能网联汽车）产业跨行业融合取得突破，具备高级别自动驾驶功能的智能网联汽车实现特定场景规模应用，车联网综合应用体系基本构建
2018年12月	《车联网（智能网联汽车）产业发展行动计划》	从物联网安全发展态势出发，从物联网服务端系统、终端系统以及通信网络三个方面，分析物联网面临的安全风险，构建物联网安全防护策略框架
2019年4月	《关于开展2019年IPv6网络就绪专项行动的通知》	推进IPv6（互联网协议第六版）在网络各环节的部署和应用，为物联网等业务预留位置空间，提升数据容纳量

产业数字化

续表

发布时间	发布名称	发布内容
2019年4月	《关于开展深入推进宽带网络提速降费 支撑经济高质量发展2019专项行动的通知》	进一步升级NB-IoT的能力，持续完善NB-IoT覆盖。建立移动物联网发展监测体系，促进各地NB-IoT应用和产业发展
2019年6月	《电信和互联网行业提升网络数据安全保护能力专项行动方案》	加强网络数据保护，制定行业网络数据安全标准规范
2019年12月	交通运输部举行"加快交通强国建设"专题发布会	推进基于物联网、5G等技术的智慧交通新型基础设施示范建设
2020年2月	中央全面深化改革委员会第十二次会议	加快物联网、5G网络、数据中心等新型基础设施建设进度
2020年4月	国家发展改革委首次明确新基建范畴	新基建包括信息基础设施、融合基础设施、创新基础设施三个方面，其中信息基础设施明确包括以5G、物联网、工业互联网、卫星互联网为代表的通信网络基础设施等
2020年5月	《关于深入推进公路工程技术创新工作的意见（征求意见稿）》	推广智慧公路技术，加快推进智能感知、5G通信、高精度定位和边缘计算等技术在公路工程和路网管理中的应用，大力推进北斗卫星导航系统在公路基础设施的系统应用

资料来源：网络公开资料，京东数科研究院整理。

根据艾瑞咨询的数据，2018年我国物联网连接量直逼30亿，连接量增长率高达81.6%（见图10.2）。艾瑞咨询预测，受益于智能家居场景的率先爆发，2019年物联网连接量达45.7亿，而后由于5G的商用，以及低功耗广域物联网的超广覆盖，预计2025年我国物联网连接量将增至约199亿。物联网支撑计算机技术与企业生产的新融合发展，未来数百亿的设备并发连接互联网产生的交互需求、数据分析需求，将促使物联网与人工智能的更深融合。当前，互联网正从消费互联网向工业互联网、产业互联网、产业数字化发展，可以预见，物联网技术和相关产业将颠覆传统产业，引领信息产业发展的第三次革命。

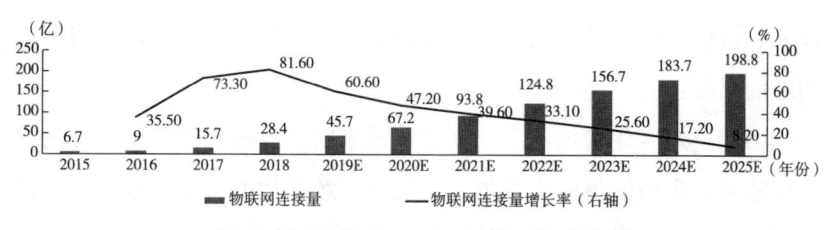

图 10.2　2015—2025 年中国物联网连接量

注：E 表示预测数据。
资料来源：艾瑞咨询，京东数科研究院整理。

物联网的发展将给数字营销带来深刻变革。万物互联意味着万物皆媒，移动与通信不再是智能手机的专属，任何终端都可能作为通向互联网的接口。在此背景下，企业能更容易接触到消费者的"衣食住行"、娱乐、工作场景，更容易寻找目标消费者。基于物联网的场景营销让企业将营销的重心转移，更注重如何与消费者积极互动，尊重消费者作为"主体"的价值观，让消费者更多地参与到营销价值的创造中来，提高了消费者的参与度和体验效果。在消费者与消费者、消费者与企业不断交流的过程中，由于物联网所带来的"连接红利"，大量的消费者行为、轨迹都留有痕迹，产生了大量的行为数据，这些行为数据为企业洞察消费需求提供了基础。

物联网逐渐模糊了数字世界和物理世界的界限。基于物联网的数字营销是以价值观、连接、大数据、场景、新一代分析技术为基础造就的思维变革。它不仅提高了数字营销效率，还扩大了数字营销边界和范畴。具体来看，有以下几大特点。

第一，无界营销。物联网意味着万物互联，传统的线上线下营销的明显分界将不复存在，线上线下融为一体，营销产品、方式、模式将更加丰富，更容易满足消费者的需求。万物皆媒意味着数字营销的边界将被模糊，最终走向无界营销。营销模式从报纸、期刊、电脑、智能电视、手机、地标等"媒介营销"延展到"场景营销"，包括社区、校园、出行、娱乐等场景均可实现数字营销，打破了营销在时间和空间上的限制。

第二，差异化营销。万物互联将带来更多数据资产，企业可基于公域流量、私域流量的大数据、小数据、场景数据、位置数据等进行分析并制定营销策略，实现精准化和差异化营销。比如，企业可以对不同市场消费者选择的产品的编码进行统一分类，运用物联网技术，系统地分析产品选购的时间、地点、数量，以及选取其他哪类产品进行组合。物联网会帮助企业分析产品所处的市场环境，以及各个市场消费者偏重的产品型号，甚至更为具体地得出不同消费群体的消费爱好和消费习惯。

第三，链条化营销。进入物联网时代，产品从材料引进、生产制作、加工包装、销售交易等都可实现程序化甚至自动化营销。比如，消费者在购买产品时只要将产品的编码进行扫描或输入，通过自己的手机或者电脑就可以对产品各方面的信息进行直接查询，包括产品原料供应商、设计公司、加工企业等。

第四，一体化营销。基于物联网的数字营销实现了前、中、后台的紧密结合，不仅能快速响应客户的需求，同时还能提供商品信息、收付款、售后服务一体化服务，企业可利用技术进行统一规划和协调实施，最终实现全面集成营销。

第五，创新营销。数字营销具备多媒体、跨时空、交互式、拟人化、超前性、高效性、经济性等特点，创新了营销的特性。数字营销在改造传统营销手段的基础上，增加了许多新的特质。企业营销模式以及受众接受形式多样，营销空间和市场得以扩展。

第二节　物联网带来新一轮营销变革

技术是第一生产力，技术推动了一次次营销变革，从1995年以前的"传统营销"，1995—2004年的"互联网+营销"，2004—2012年的"技术+营销"，2012—2018年的"AI+营销"，逐渐走向MarTech 2.0智慧营销纵深发展阶段。营销技术日益成为企业营销的"必修课"，越来越多的企业开始加大相关领域研究、投入和运用。根据斯科特·布林克尔发布的《全球营销技术全景图》，2019年，全球营销技术公司数量从2014年的1 000家增长到7 040家。未来，在人工智能、区块链、云计算、数据应用和边缘计算等技术的赋能下，物联网时代的数字营销有望从营销自动化跨步到自动化营销，迈向MarTech 2.0，最终实现提升消费者体验和驱动业务增长的目的。

一、技术赋能物联网时代的数字营销

（一）人工智能推动营销自动化

人工智能是研究和开发用于模拟、延伸及扩展人的智能的理论、方法、技术与应用系统的一门新技术科学。在营销领域，人工智能技术的发展直接推动营销行业向MarTech方向迭代。

人工智能在数字领域的应用可分为三个阶段：在营销策划阶段，

产业数字化

运用人工智能技术进行数据分析、用户画像、市场研究，依据分析结果进行营销策划和产品策划，甚至提前预测营销结果；在营销过程中，基于物联网的场景可实现用户数据留存分析和实时监测，企业可利用人工智能进行数据分析，并实时调整营销策略和模式；在营销后期，企业可利用人工智能进行数据分析、效果反馈和验证。

具体而言，人工智能赋能数字营销以下几大优势：人工智能可以简化和优化营销活动，还可以消除出现人为错误的风险；人工智能可以改进客户路径，通过大数据分析、机器学习等了解目标受众，提高营销活动的投资回报率；人工智能可以让流程更加自动化，包括自动内容生成、PPC（每次点击付费）广告、网页设计、电子广告牌等，甚至广告可以自动购买、按比例定制等。

（二）区块链支撑数字营销交易线上化

区块链具有不可伪造、全程留痕、可以追溯、公开透明、集体维护等特征。基于这些特征，目前区块链在营销领域的应用有三大思路：第一，推出基于区块链的营销交易平台，营销交易整个过程均可在该平台实现，方便、安全、快捷；第二，利用区块链的技术优化现有的营销交易系统，构建基于区块链技术的数字营销基础设施；第三，利用区块链技术构建数字营销数据资产，防止数据欺诈。

总的来看，区块链赋能数字营销具有以下几大优势。一是追溯营销成果。营销数据是重要的考核指标，企业对数据资产的需求也日趋旺盛，而区块链可以实现数据留痕，进而对营销效果追溯和量化。二是节省成本。区块链具有公开透明、不可篡改的特征，如果接入区块链系统，能准确地验证媒介的诚信度、真实度，包括媒介真实的数据以及资费标准等，媒介、场景方以及广告主之间可以通过区块链系统签订协议，并推进合作，节省了中间"代理商"环节，减少了成本，提高了资产产出比。三是减少网络欺诈。区块链作为一种不可被入侵的分布式分类账本，可以记录每一笔交易、每一个场景数据，具有一定的透明度和可信度，减少了网络欺诈。

（三）数据支撑营销数字化

数据是营销数字化的基础，数字营销的过程，包括营销策略制定、投放监控、投后验证等都需要数据要素作为支撑，它既是技术，也是资产。尤其是进入物联网时代后，基于万物互联的各个场景数据将是巨大的无形资产。企业如果充分对数据资产进行挖掘，将有效提高营销回报率。

数据管理平台是营销数字化转型的基础构件，几乎所有营销技术的应用都要基于数据管理平台实现，有利于推动营销获客、实现程序化广告精准投放、获取广告触达人群画像、管理投放人群数据、广告资源深度应用和受众广告触达归因等。目前，数据管理平台主要包括DMP、CDP（Customer Data Platform，客户数据平台）、CRM（Customer Relationship Management，客户关系管理）。DMP偏向于在企业数字营销中发挥作用；CDP则倾向于在企业的客户和潜在客户转化与维系中发挥价值；CRM多面向To B企业，解决销售跟单、商务管理等问题。DMP更多源于公域数据，有利于精准投放、人群画像等；CDP和CRM更多来源于私域数据，有利于用户运营，包括可实现自有数字平台数据管理、采取营销自动化运营手段、个性化设计营销方案或营销体验、销售跟单、商务管理、与企业直接接触交互等。

数据从概念上可划分为大数据和小数据。大数据是巨量资料，指无法在一定时间范围内用常规软件工具进行捕捉、管理和处理的数据集合，是需要新处理模式才能具有更强的决策力、洞察力和流程优化能力的海量、高增长率和多样化的信息资产。企业可通过大数据进行分析整合，精准圈选用户，降低转化成本，避免多渠道重复圈选、重复投放的弊病，节省预算，提高转化率。"大数据＋人工智能"在营销投放环节中起到了提升广告投放效率的作用，使营销更加精准：一是策略指导，通过技术带来精准的用户画像提炼，使有效模型预测达到精准营销的目的；二是创意生产，机器依据"大数据＋人工智能"进行文案设计等的运用已较为成熟，甚至赶超创意人员作品；三是建立 DMP 实现规模投放和精准营销，进一步提高营销效率和投资回报率。

小数据，并不是指数据量小，而是以个人为中心的全方位数据，以及配套的收集、处理、分析和对外交互的综合系统。小数据是人产生的数据，包括生活习惯、社交、财务、娱乐、场景位置、行为等，通过对这些数据的收集和分析形成数据系统，帮助企业更好地识别、挖掘用户个性化需求，推出更适合营销的产品，达到精准营销的效果。目前，国内对于小数据的分析和利用仍处于起步阶段，企业在利用小数据的同时引入社会、心理、人文等因素，能够多方位、多维度进行营销分析，实现高效营销。小数据的应用将是未来数字营销发展的一大趋势。

（四）云计算推动营销模式创新

基于云计算的数字中台，具有超强的数据分析、挖掘和存储能力，这将给企业带来全新的商业模式和更大的市场空间。在数字营销领域，企业可借助云计算提升数据分析和处理能力；研发出具备智能化、自动化的数字营销工具及平台，推进营销智能匹配、智能标签化、智能获取和智能执行；运用云平台进行海量数据存储，并实时共享文件；运用云计算建立企业数字中台，即通过一个共享的数字化平台承载所有业务系统，包括营销、客户关系、销售、研发和服务等所有业务环节，形成从前端客户营销到后台业务系统的闭环，让整个企业演变成可以快速感知和响应客户需求变化的数字原生企业；企业还可通过上云，搭建营销开放平台，提供 API 和 SDK 两类服务。

（五）边缘计算提升营销效率

边缘计算起源于传媒领域，是指在靠近物或数据源头的一侧，采用网络、计算、存储、应用核心能力为一体的开放平台，就近提供最近端服务。其应用程序在边缘侧发起，产生更快的网络服务响应，满足行业在实时业务、应用智能、安全与隐私保护等方面的基本需求。边缘计算处于物理实体和工业连接之间，或处于物理实体的顶端。

IDC 曾预测，2020 年将会有超过 50% 的数据在边缘侧处理。大量的业务场景对边缘智能已经提出了明确的需求，并且开始在应用中落地。具体而言，在场景营销方面，物联网时代，场景是需求的核心，企业可借助边缘计算实现实体场景数据实时计算、分析和推送，根据业务场景需求设计边缘智能的各项支撑性技术和方案；在差异化营销方面，边缘计算的赋能可根据用户产生的个性化数据及时分析并推送营销产品，做到响应及时和精准营销。

二、物联网创新数字营销模式

人工智能、区块链、云、数据应用和边缘计算等技术，既是建设物联网的基础，也是物联网发挥赋能作用的着力点。从具体实践来看，企业可利用人工智能、区块链、云计算、数据应用和边缘计算等技术与物联网深度结合，赋能数字营销。在策略阶段，企业可以基于精细化数据来分析投放方向、圈定契合的覆盖群体，并以此制定营销策略；在生产阶段，企业可以在程序化平台上挑选创意组成因素生成创意，

产业数字化

并根据不同媒体形式灵活调整；在投放阶段，企业可以在播控平台进行一体化操作，降低中间成本，提升效率，户外媒介也可以通过后台远程投放，实施投放监测；在展示阶段，渠道联通，线上线下融合，媒介和产品更加多元丰富；在评估阶段，投放平台和媒介能直接获得管理、消费者、场景和交易数据，量化营销效果和闭环验证。总的来看，可以将技术赋能数字营销划分为三个阶段：制定营销策略、动态监测和效果量化。

制定营销策略。物联网让传感器、联网设备、网络、云和分析交织在一起。企业可以根据数据归因分析，制定相应的营销策略。物联网意味着场景互通、全场景覆盖，企业不仅可以根据各种媒介特点和目标群体进行精准选点，系统化投放和目标人群定向投放，提升投放效率，还可运用物联网等技术提前评估各种媒介的营销效果和特点。比如，企业可以根据小数据进行用户画像，根据用户的偏好、年龄、性别、社会地位等进行定性分析，制定营销策略，从而推出适合用户的营销产品。

动态监测。物联网、大数据、人工智能等技术的广泛应用，不仅可以降低传统企业产品营销的能源消耗，还能实时监测运送、用户体验、产品质量等数据。先进的数字营销平台能够大规模地提取、分析和处理海量数据，并实时处理、解读和评估数据集，实现投中监播。企业可以利用技术对多场景媒介传播情况、用户停留、高频次的广告内容采集、实时交易等进行动态监测、实时递送、交互与共享，并同时进行多维度分析和效果验证，为及时决策提供依据，灵活调整营销策略。

效果量化。物联网区别于其他互联网技术的特性是全面感知、可靠传递与智能处理。这些感知层设备相对低廉，各级终端可随时随地进行信息采集和获取，并通过区块链等技术记录整个营销过程，包括签订协议、制定营销策略、实时数据、最终交易，企业再通过对大量数据分析进行智能化识别、定位，进一步跟踪和管理数据、分析和验证营销结果。

随着技术的日趋成熟，有望实现从自动化营销到营销自动化的跨步，即通过"模仿"人类智能进行推荐营销行动，包括预测性领先评分和产品推荐，基于账户的营销和B2B（企业对企业）品牌的社交媒体活动整合，以及高度个性化的B2C（企业对消费者）网站体验，分析内容消费趋势、现场行为和CRM数据。

营销自动化是一个可用于自动执行营销任务的工具，目前主要面向中大型客户，包括B2C企业和B2B企业，其中B2C主要是以具有高客单价、高频次消费特点的行业，如美妆、快消、零售等为主，它以可视化的流程编辑器形式，帮助用户全局性地组织企业的营销战役，并且基于全营销触点管理和全渠道的客户识别，使企业可以更好地围绕整个用户生命周期来进行客户运营和营销。

营销自动化将帮助企业做到以下三点。一是基于用户资料、行为和消费数据等，进行用户分群和分层，准确识别出企业需要的特定营销对象。二是监测丰富的用户行为事件或其他类型事件，通过对事件进行分析判断，可以完成场景化的营销以及支撑客户旅程的搭建。三是提供包括消息触达在内的一些营销动作能力，比如除了能发送召回消息给流失的用户，还能进行价值评估，完成营销信息分配。

第三节　物联网重塑数字营销业态

随着物联网技术和产业的发展，我们将迎来万物互联、产业数字化的时代。万物互联意味着万物皆媒，数字营销的媒介也不再只聚焦

产业数字化

于线上营销，基于户外的线下营销也将迎来新的增长点。产业数字化推动线下场景数字化，场景数字化将带来线下数字营销革命，数字营销不仅强调"精确达到"，还强调"场景共鸣"。

随着我国互联网用户对总人口渗透率的高速拉升期的结束，互联网用户的增速大大放缓，2008—2018年，从41.9%的增长率大幅下滑，尤其在2014—2018年，增长率一直在5%~7.5%低位运行。线上用户增长面临瓶颈，互联网端流量存量之争加剧，间接推高了企业营销成本，降低了营销的转化率。

互联网风潮喧嚣过后，具有数字化赋能并渗透消费者行为轨迹的户外广告价值重现，再度获得广告主的关注，尤其是在物联网的推动下，户外广告场景化和强制性等特征和数字化赋能的增强，使广告主对其的需求不断增强，成为拉动线下广告增长情况回暖与持续提升的主力军。预计到2021年，户外广告将占据整个线下广告市场规模的39.2%。

从宏观因素角度来看，户外相关政策对产业和市场的规范，城镇化建设为户外不断开辟优质空间以及对资金的关注和推动，让户外广告拥有了更强的生命力。国家统计局的数据显示，我国的城镇常住人口规模从2009年的6.22亿增长至2018年的8.31亿，城镇化率在2018年也上升至59.6%（见图10.3），已接近达成《国家新型城镇化规划（2014—2020年）》预计的60%的常住人口城镇化率目标。除了人口城镇化率的增加，城镇相关基础设施的建设和完善也是国家城镇化规划中的重要组成部分，包括建设铁路、公路客运站和机场等综合客运枢纽，合理布局与综合利用商业、办公、居住、生态空间与交通站点等。线下场景的优化和拓展，以及消费者生活便利性的提升，都为基于场景呈现的线下广告创造了更多、更大的市场空间。

图 10.3　2015—2019 年常住人口城镇化率

资料来源：国家统计局，京东数科研究院整理。

户外广告几乎贯穿了每个生活场景，对消费者进行了全方位的触达，并且随着消费者对场景需求和使用的转变，户外广告能借助不同场景中的特有媒介进行延展。不同于其他线下广告和网络广告穿插于资讯之中，容易被用户主动忽略，户外广告的强制性和巨大视觉冲击，在带给消费者的影响力和回忆度上仍占据着优势。正是因为户外广告场景化、无限延展性和强制性这三大特征，其传播价值才没有在时代和需求的多番转变下消磨殆尽，反而历久弥新。2015—2021 年我国户外广告市场规模及增速如图 10.4 所示。

图 10.4　2015—2021 年我国户外广告市场规模及增速

注：E 表示预测数据。

资料来源：艾媒咨询，京东数科研究院整理。

产业数字化

从产业链来看，一般线下户外广告的流程是：广告主或代理方向投放平台支付费用并提出营销要求，投放平台和线下媒体公司（包括自营媒体和代理媒体）合作推广并进行投资分成，线下媒体公司向场所方提供租赁费用，场所方提供广告资源位，制作、创意和监测公司向媒体公司提供支持，广告产品上线后触达用户。未来，随着物联网等技术成熟，用户数据可反作用于营销的策略制定、产品设计以及投放平台等，形成闭环的营销自动化模式。

以京东钼媒为例，京东钼媒已整合超过1 000万块线下屏幕资源，面向社区、出行、零售、办公、公共五大场景，覆盖全国360多座城市，日均触达4亿人次。京东钼媒的MoOS是专为物联网时代的商业场景深度定制的商业显示屏的智能操作系统，支持市面上95%以上的B端开发。它最大的优势在于整合能力，可交付一套完整的产品，打通用户系统。此外，它还具备生物识别、在线支付、数据分析、智能管理、数据存储、传输加密、漏洞修复等技术功能，可以给各种场景提供深度定制，是物联网广告体系的神经中枢。

目前，我国户外广告市场生态基本完善，但由于场景的多样化、产业链较长、参与主体众多，目前仍未形成较为成熟的模式、稳定的市场格局以及典型性企业。未来在物联网的发展趋势下，市场有望被重塑，产业链和模式会更加清晰和成熟，产生具有代表性的户外广告公司。本文重点围绕社区、校园、办公、消费/公共领域和出行五大场景，来探讨物联网时代的数字营销新业态。

一、智能社区场景为数字营销创造多元化业态

社区是人活动的主要场所之一，完善的社区囊括了人的"衣食住行"、教育、娱乐等活动场景。社区大门、主干道、活动中心、广场、

第十章
物联网助推数字营销"蝶变"

单元楼梯口、公园、物业中心等都是社区居民经常停留的地方。

随着 ICT 基础设施的完备以及物联网等技术的发展，传统社区将逐渐转型升级为智能社区。智能社区将整合社区的各类服务资源，涉及智能楼宇、智能家居、路网监控、个人健康与数字生活等诸多领域，为居民提供数字政务、商务、娱乐、教育、医护及生活互助等多种便捷服务。智能社区既能提高政务办事效率，还能改善居民生活，提升社区品质，促进现代服务业发展。

社区是居民日常生活集中度最高的场所，并且社区具有网格化管理的特色，在流量经济时代具有 LBS（基于位置的服务）的优势，亦有垂直化信息分发、商品配送的有利条件。

从产业链角度来看，社区数字营销的场所提供方为物业，媒介包括社区门禁灯箱、框架海报、楼道门禁屏、道闸、社区物业中心等。目前，社区营销多以传统海报、图文、报纸等方式为主，未来，在社区物联网化、智能化后，可进一步探索数字屏营销、LBS 营销、智能营销等方式。

社区场景的数字营销具有以下几种模式。

第一，垂直营销模式。社区营销场景有固定的受众、精确的 LBS、高密度的人群，这为社区精准营销和垂直营销提供了便利。

第二，强迫阅读营销模式。社区是居民生活的主要场所之一，居民的"衣食住行"场景都与社区紧密联系，这使社区数字营销具有强迫阅读的特点，能让营销更加高效、便捷和直接。

第三，高密度营销模式。社区具有高密度人群的特征，基于社区的数字营销覆盖广，并且居民在社区场所比较放松，对营销接受度较高。

第四，终端营销模式。居民生活和社区紧密联系，社区数字营销可实现零距离接触，缩短营销成本，最终达到终端营销。

产业数字化

二、智能校园场景为数字营销培育精准用户

智能校园是指以促进信息技术与教育教学融合、提高学与教的效果为目的，以物联网、云计算、大数据分析等技术为核心技术，提供一种环境全面感知、智慧型、数据化、网络化、协作型一体化的教学、科研、管理和生活服务，并能对教育教学、教育管理进行洞察和预测的智慧学习环境。

2012年，教育部发布的《教育信息化十年发展规划（2011—2020年）》提出，要运用云计算、顶层设计等先进技术和理念进行智能校园的建设，依托云计算、云操作系统、云存储、虚拟化、云服务、物联网等先进技术的优势，结合教育智慧化、云服务化的实际，打造基于数字校园的智慧校园。2018年6月7日，国家标准《智慧校园总体框架》发布，文件中明确规定了如何部署智慧校园的总体架构，如何构建智慧教学资源、智慧教学环境、智慧教学管理系统以及信息安全体系。

从产业链来看，校园数字营销的场所提供方为物业或后勤部门，媒介包括校园自助打印机、数字电子屏、校园户外LED、自动售货机、校园便利店收银屏、校园快递柜、校园公告栏、运动场围栏、食堂餐桌桌贴、校园内灯箱、自主快递柜等。

校园场景的数字营销具有以下几种模式。

第一，精准营销模式。校园的数字营销用户群体比较固定，包括小学生、中学生和大学生等，年龄段特点和用户特点比较清晰，更有利于精准获客、精准触达、提高转化率。

第二，强迫阅读营销模式。校园是学生和教师比较固定的学习、教学和生活的场景，人流量较大且固定，场景营销具有一定的强制性，触达效率较高。

第三，品牌营销模式。校园社区场景用户多为学生，这类群体比较年轻，对数字化产品接受程度高，这给营销的转换和触达提供了便利。同时，基于年轻群体的营销也是在培养潜在用户，因为用户更容易对熟悉的品牌产生好感，所以当其具备一定购买力后更易促成成交。

三、智能办公场景提升数字营销转化率

工作场景是消费群体的重要活动场所。上班族有固定的收入，有一定支付能力和消费需求，有基本成熟的消费观，对营销更加敏感，并且成功率较高。

随着物联网等技术的应用及落地，工作的办公场景，包括写字楼、商务楼等有望升级为智能楼宇。智能楼宇的核心是5A系统（OA：办公自动化系统；CA：通信自动化系统；FA：消防自动化系统；SA：安保自动化系统；BA：楼宇自动控制系统），智能楼宇就是通过通信网络系统将5A系统进行有机综合，集结构、系统、服务、管理及它们之间的最优化组合为一体，使建筑物具有了安全、便利、高效、节能的特点。

从产业链来看，办公区的数字营销场所提供方为物业公司或企业主体，媒介包括电梯、办公楼宇、写字楼、商务楼、办公区、LED屏幕、自助快递柜、会议室智能设备、智能控灯、门禁等。

办公场景的数字营销具有以下几种模式。

第一，直接营销模式。工作场景的数字营销目标群体是有一定支付能力和消费需求的上班族，相比其他场景，工作场景的营销更加直接高效，转化率更高。

第二，精准营销模式。工作场景的数字营销受众群体相对稳定，具体营销策略可根据公司性质和所属行业进行差异化制定，达到精准

投放和分类营销的目的。

第三,高密度营销模式。大多数成年人都处在一定的工作场景内,目标受众群体庞大,营销触达面广,可进行高密度营销,进而提高转化率。

四、消费/公共服务场景推动数字营销模式创新

消费/公共服务场所具备天然消费属性,是数字营销最常用的场景之一。消费/公共服务场景基本囊括在智能城市形态中,随着物联网、5G、人工智能等技术的发展,智能城市建设有望提速,基于消费/公共服务的营销场景更加数字化和智能化,媒介和产品模式更加丰富。

智能城市主要包含智慧管理和智慧营销两大维度。智慧管理包括数字政府、居民服务等,智慧管理并不能增加城市的财富,只能提升效率,而智慧营销能增加城市的财富。物质和商品转移到消费者的过程是创造财富的唯一的通道,智慧营销则能够促进通道的实现。

数字化、网络化的智能户外媒体,是智能城市公共空间中的一种感知终端,也是连接城市大数据系统的上下行接口。作为公共空间一对多的大型图像显示端,城市数字广告牌播控系统有望通过预装人工智能化的图像识别审核软件,摆脱烦琐冗长的审核流程,通过连接公共云,及时传播、发布信息,提高宣传效率。

消费/公共服务场景的数字营销具有以下几种模式。

第一,互动型营销模式。商圈、购物中心、影院等是天然的特定消费场景,这类场景的营销更加贴合市场,用户接受度较高。同时,配合商超等消费场景,可以在营销设计上增加购物体验,提高转化率。2015—2021年我国影院户外广告市场规模情况见图10.5。

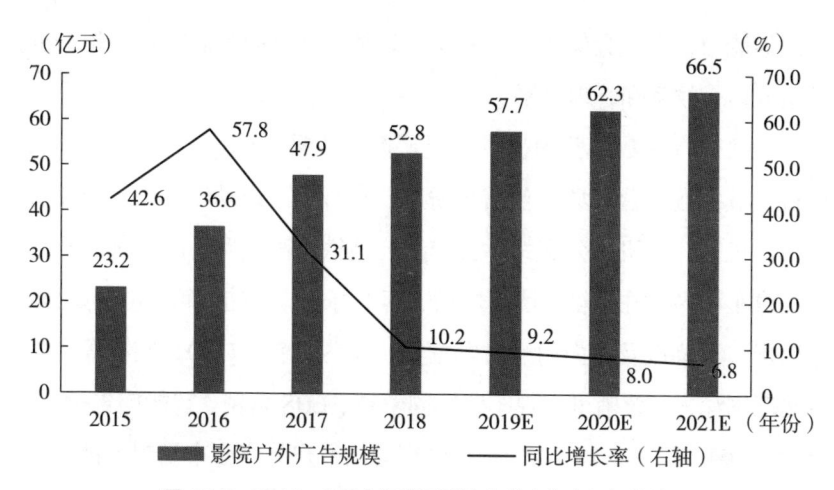

图 10.5　2015—2021 年我国影院户外广告市场规模情况

注：E 表示预测数据。
资料来源：艾媒咨询，京东数科研究院整理。

第二，高密度营销模式。消费及公共服务场景用户聚集、人流量高，营销可触达范围广，可达到规模营销的目的。

第三，多元化营销模式。消费及公共服务场景多样、受众多元、媒介丰富，故基于此场景的数字营销产品形式更加灵活多元，可探索多媒体、跨时空、交互式、拟人化、超前性、高效性、经济性等营销形态。

五、智慧出行场景促进数字营销精准化

随着车联网、物联网等技术发展，传统出行将逐步升级为智慧出行。智慧出行指充分运用物联网、云计算、人工智能、自动控制等技术，通过高新技术汇集交通信息，对交通管理、交通运输、公众出行等交通领域的全方面，以及交通建设管理的全过程进行管控，使交通系统在区域、城市甚至更大的时空范围，具备感知、互联、分析、预测、

产业数字化

控制等能力，以充分保障交通安全，发挥交通基础设施效能，提升交通系统运行效率和管理水平。

智慧出行为数字营销提供了更广阔的发展空间。从产业链来看，出行领域的数字营销场景包括小轿车、自行车、地铁、高铁、公路客运站、机场、飞机、公交站、公交车、地铁、高速路、路标等，产品包括停车场内包柱灯箱、墙面灯箱、落地灯箱、悬挂灯箱、电梯媒体、透明屏、天幕以及车内门贴窗贴框架、站内灯箱、LED、闸机等。随着车联网深入，营销可实现车路协同营销、LBS营销、智能广告投放、自动化营销等。2015—2021年我国交通出行户外广告市场规模情况见图10.6。

图10.6 2015—2021年我国交通出行户外广告市场规模情况

注：E表示预测数据。
资料来源：艾媒咨询，京东数科研究院整理。

智慧出行场景的数字营销具有以下几种模式。

第一，位置营销模式。出行场景最大的特点是具备地理位置的属性，车联网、物联网后，广告主可根据地理位置变化进行精准营销，提高转化率。

第二，高密度营销模式。多数公共交通出行场景范围广，人流量大、人员密集，这大大提高了营销的覆盖范围，能达到规模营销的目的。

第三，强迫阅读营销模式。基于交通工具的数字营销场景比较封闭，具有强迫阅读的特点，增加了营销的触达率。

第四节　物联网推动智能营销革命新浪潮

营销从营销 1.0、营销 2.0、营销 3.0 到营销 4.0，进入智能营销时代，行业将进行重塑，企业将迎来新的发展机遇。物联网让智能营销成为现实，利用"数据＋技术"助推企业营销数字化，加速产业数字化进程，助力数字经济的发展。

一、"5G 协同物联网"为数字营销提供了新发展契机

2019 年 6 月，工信部正式向中国电信、中国移动、中国联通、中国广电发放 5G 商用牌照，标志着我国正式进入 5G 时代。目前，多部委、地方政府、三大运营商、技术支持企业、手机厂商等都在积极部署 5G 建设。截至 2020 年 3 月底，全国已建成 5G 基站达 19.8 万个，5G 套餐用户规模超过 5 000 万，截至 4 月 22 日，已有 96 款 5G 手机终端获得入网许可。中国信息通信研究院预计，到 2025 年，我国 5G 用户数量将达到 8.16 亿，占移动用户的 48% 左右，将占据全世界 30% 的连接，这意味着我国将是全球最大的 5G 市场，将为全球数字化做出巨大贡献。

产业数字化

5G 的应用将是物联网发展历程中的重要节点。5G 的高数据率、低延时、大容量、可靠连接等特点，能满足物联网的海量终端连接的特点。5G 的商用无疑为物联网产业的发展搭建了一条高速公路。在数字营销领域，5G 在推动产业互联网发展、促进产业数字化的基础上，将进一步赋能数字营销，是后工业对工业化的迭代：形态多样，表皮多元，适应不同消费偏好、不同审美偏好。5G 让户外营销智能化升级路线更加清晰，包括实时定位、智慧连接、信息驱动等。5G 时代，在人工智能、区块链、云计算、数据、边缘计算等技术的共同加持下，未来有望实现场景数字化、营销自动化。

在数字场景方面：技术的进步为数字营销提供了更多选择。

在媒体呈现方式方面：一是让媒体范围扩大化、边界模糊化，无论是摩天大楼，还是古建筑等都可以成为户外营销的媒体，甚至可以变成互动媒体；二是让媒体场景融合化，线下媒体所在的场景越发呈现出与空间场景化融合的趋势，给营销带来更多体验和表现形态。

在技术赋能方面：一是技术应用深入化，5G 等技术应用的深入化和复合化打造出更生动的营销活动；二是技术应用复合化，打造智能城市的综合技术应用创造了更多新的户外广告营销场景；三是 5G 赋能可以带来海量数据，通过数据进行精准营销升级，并实时优化和修正，做到真正智能投放；四是提高交付效率，5G 可以帮助企业克服在处理移动广告活动时所面临的规模、交付等难题；五是追踪投放效果，5G 可以通过眼动追踪和生物识别技术，实时衡量广告效果。

在内容呈现方面：一是 5G 让视频传播成为主流，4K、8K 超高清视频内容产出与传播将成为主流，视频与直播无处不在；二是 5G 让 VR、AR 升级改造，360 度全方位展示，立体鲜活，提升用户体验；三是 5G 可实现场景式互动，将广告展示转变为社交沉浸式体验，增加虚拟场景的可触知维度，比如物联网感知试衣等；四是 5G 可进行视频转化，帮助营销和广告从"基于横幅的广告"过渡到移动图像和视频。

随着 5G 时代的到来，物联网的信息处理和应用服务等产业将扩大，推动智能家居、智能交通、智能社区、智能校园、智能城市等智能形态加速落地，场景数字化的加快将给数字营销生态带来深刻变革。

二、价值营销将引领营销新时代

营销的核心，即需求管理、利他、创造价值，是永恒不变的。云计算、大数据、AI 能让分析更有效、更快、更精准，但它们未必有"战略"的思维，未必有"人的情感共鸣"的本能。任何营销都离不开人的参与，最终的成效也是以人为本的，人是驱动营销技术变革的核心。

人的核心是"价值观"，未来，数字营销一定是围绕人的"价值观"驱动的，科技应作为一种有效的工具，赋能"价值营销"，引起"场景共鸣"。掌握数字营销的未来趋势，了解消费者的"价值观"至关重要。通过技术，洞察消费者的心理，影响消费者的行为，衡量消费者的变化。

价值营销是指契合消费者"价值观"的营销，通过赋予抽象品牌契合消费者文化圈层、兴趣爱好和心理属性等可感知的价值，达成现实销售。价值营销的目标是，回到消费者运营和创新，探索商业增量的可能性，将营销链路进行数字化改造。

物联网可以让价值营销更加高效，万物互联，人的"需求"可以通过"数据"被感知，数据和数字化场景连接后，通过后台分析形成营销策略，先进行价值发现，再进行价值营销，营销数据实时反馈后进行价值重估和匹配，最终达成营销。价值营销的特色是，让消费者真实地感知到品牌价值，也让企业实实在在地收获营销的效果。将心比心，以真诚换取双赢的结果。

在科技时代，一个企业的价值主张反而变得更重要，在连接时代，有价值观的企业能真正形成自己的群落，让企业与客户实现共创价值。数据是冰冷的，"人"的世界不可能全部被数字替代，营销要在数据的基础上直击消费者的心灵，数据应该被战略思维所用，而不是替代。消费成了消费者寻找自我的过程，因此，品牌价值更加重要，寻找"价值"也是Z世代（在1995—2009年出生的人）消费的重要驱动力之一，营销如果能帮助其表达自我，那么就能找到共鸣圈层。

三、智能营销开启营销4.0变革

当代营销大师菲利普·科特勒将营销分为了营销1.0、营销2.0、营销3.0以及营销4.0。营销1.0是工业化时代以产品为中心的营销；营销2.0是以消费者为导向的营销；营销3.0是合作性、文化性和精神性的营销；营销4.0是数字化时代的营销价值共创，本质是依托数字化营销平台连接和运营消费者，运用大数据和人工智能思维开展全数据、全链路、全媒体、全渠道和全场景的营销运营。

营销4.0的核心是智能营销。智能营销是通过人的创造性、创新力以及创意智慧，将先进的计算机、网络、移动互联网、物联网等科学技术融合，应用于当代品牌营销领域的新思维、新理念、新方法和新工具的创新营销新概念。智能营销是以人为中心、技术为基础、营销为目的、内容为依托，为消费者实现个性化、定制化和智能化的营销，实现品牌与实效的完美结合，将体验、场景、感知、美学等消费者主观认知建立在文化传承、科技迭代、商业利益等企业生态文明之上，最终实现虚拟与现实的数字化商业创新、精准化营销传播，高效化市场交易的全新营销理念与技术。

第十章
物联网助推数字营销"蝶变"

物联网让智能营销成为现实，利用"数据＋技术"助推企业营销数字化，加速产业数字化进程，助力数字经济的发展。工信部的数据显示，2018年我国数字产业化规模达到6.4万亿元，在GDP中的占比达到7.1%，在数字经济中的占比为20.5%。智能营销是数字经济的组成部分，未来随着营销数字化的深入，其在数字经济上的比重将进一步提高，为经济转型升级做出贡献。

智能营销是营销数字化后的必然趋势，产业数字化推动数字产业化，智能营销将迎来蓬勃发展。产业数字化能提高技术的赋能能力，将直接推动人工智能、大数据、区块链、云计算等技术的应用和发展，智能世界将颠覆数字营销，带来新的产业革命。在产业数字化的背景下，可穿戴设备、智能家居、智慧社区、智能出行、智能城市和智慧政府等皆可成为营销场景，万物皆媒，智能电视、智能社区、智能楼宇、智能屏幕等都可成为营销的媒介平台，企业可以运用"场景、媒介和人"的数据进行研发、分析、监测和反馈，还可以制定营销策略、推出营销产品、验证营销效果等，最终实现营销智能化。

第十一章

数字技术引领消费升级新趋势

消费已经成为拉动我国经济增长的强劲引擎，随着新型工业化、城镇化的推进，消费增长潜力还将进一步释放。当前，我国消费从量变到质变的趋势已经越发明朗，"人民日益增长的美好生活需要"集中反映在对品质生活的追求上，消费升级已经在各线城市、各年龄段中悄然发生。

在大数据和AI等科技手段的驱动下，产业发展趋向于数字化和智能化。产业数字化转型一方面能够突破时空限制，大幅提高信息连接效率，降低时空交互成本；另一方面可以对生产、经营、销售等环节进行精准预测、优化布局、实时反馈，并能反复修正。在此背景下，数字科技手段的普及应用，不仅可以大幅提高用户消费体验、缓解消费不平等、助推消费升级，还可以帮助产业端提前洞悉消费趋势及个性化需求，实现C2M（用户直连制造）的反向定制，并助推产业数字化转型。

第一节　消费成为拉动经济增长的强劲引擎

相比于发达国家，目前我国私人部门消费占GDP的比重依旧偏低。未来，随着我国人均收入水平的进一步提升以及工业化、城镇化的进一步发展，消费作为我国经济增长"稳定器"和"主引擎"的作用将进一步凸显。

一、国内消费潜力依旧巨大

2019年，我国社会消费品零售总额为41.2万亿元，同比增长8%。消费对经济增长的贡献率为57.8%，拉动GDP增长3.5个百分点，连续六年成为我国经济增长第一拉动力。2020年新冠肺炎疫情暴发后，我国乃至全球经济遭受到前所未有的冲击，为了实现"六稳六保"，政府出台了一系列促消费政策。随着工业化、城镇化的发展，以及一系列鼓励消费政策的落实，消费增长潜力还将进一步释放，消费作为我国经济增长"稳定器"和"主引擎"的作用将进一步凸显。

尽管消费对我国经济增长起到的拉动作用越来越大，但我国未来的消费增长潜力依旧巨大。从国际比较来看，相比于发达国家，我国目前私人部门消费占GDP的比重依旧偏低。以2017年的数据为例，美国、日本和德国等发达国家的私人部门消费占GDP的比重分别达到68%、55%和51%，而我国的私人部门消费占GDP的比重还不到40%。随着我国人均收入的进一步提高，以及经济增长模式日益由投资驱动向消费拉动转变，私人部门消费占比预计将有明显提升。纵向结合我国自身发展进程来看，我国的工业化、城市化进程尚未结束，随着越来越多的农村人口进入城市，这部分人群对美好生活的需求将进一步得以释放。

二、消费升级正在发生

消费增长在经历了量变积累后，质变的倾向已经越发明朗。党的十九大报告提出，"在中高端消费、创新引领、绿色低碳、共享经济、现代供应链、人力资本服务等领域培育新增长点、形成新动能"。所谓中高端消费，就是更加追求品质、更加追求个性和更加追求全面发展的新型消费。"人民日益增长的美好生活需要"将持续引发消费方式发生革命性变化。

如今的消费者在购物时不再只关心价格高低，而是更加在乎品质和品牌。消费力提升和对品质生活的向往，催生了各种全新的消费需求。《2020京东电脑数码新品消费趋势报告》显示，越来越多的用户开始要求电脑数码新品"内外兼备"，沉浸感、人性化、高效率、高颜值成为当下用户对新品消费的主要诉求。

三、消费偏好正在沿着"生活必需品—耐用消费品—服务产品"的轨迹变动

随着人均收入的快速增长和消费观念的不断升级，我国消费者开始越来越注重生活品质，也越来越舍得在服务上花钱。这一点可以从城乡居民的消费结构中看出，结合2013—2018年的数据来看，城乡居民消费结构中占比下降最为明显的是食品烟酒和衣着类消费，全国居民人均食品烟酒消费占比从2013年的31%降至2018年的28%，其中，城市、农村居民相应支出占比分别从30%、34%下降至28%、

30%。与之相对应的是居民消费中教育文化娱乐、医疗保健、交通通信等享受类消费支出占比的上升。比如2013—2018年，城市、农村居民在医疗保健上的消费支出占比分别从6%、9%上升至8%、10%，反映出我国居民消费偏好正沿着符合国际一般经验的"生活必需品—耐用消费品—服务产品"轨迹变动。

第二节 科技助力升级消费体验，促进消费公平

数字科技的应用使消费者的消费体验得以提升，并使消费品类大大增多。同时，地区间的消费不平等也逐步有所缓解，这使部分此前由于信息不畅、交通不便等因素被抑制的消费需求得以释放。

一、数字技术提升消费体验

30多年前，消费者购物时是被动接受货品的，这主要受制于当年商品贫瘠的选项和高度的同质化。目前，消费者被动接受货品的时代已经结束，当年跑断腿的"货比三家"放到现在，完全可以通过互联网实现。对于快节奏的现代生活而言，网上购物的好处非常明显：一是免去了逛街购物之累，二是可选择的商品种类大大增多，三是可以进行全网比价，四是能享受快速送货上门的服务，可谓省心、省时、省力、省钱。得益于数字技术的发展和应用，人们的消费体验得以迅速提升。

一方面，数字技术让消费者个性化的消费需求得以满足。过去，商品在不同地区之间只有轻微的差异，主要取决于销量、气候和竞争强度等宏观因素。而现在，消费者已有非常大的选择空间，可以随意

产业数字化

挑选一款提供特定功能、符合特定需求的产品。比如手机外壳是否可以挂绳、奶粉罐的盖子是否方便打开等,都有可能影响购买决定。《2020京东电脑数码新品消费趋势报告》指出,人们消费力的提升和对品质生活的向往,催生了各种全新的消费需求。从对2019年京东电脑数码品类用户消费评论的整理来看,越来越多的用户开始要求电脑数码新品"内外兼备",沉浸感、人性化、高效率、高颜值成为当下用户对新品消费的主要诉求。借助大数据进行反向定制,可以最大限度地洞察并满足消费者的个性化需求。

另一方面,数字技术可以支撑更多引爆消费需求的渠道和玩法。无论是从激发用户认同感、兴趣度出发的跨界联名、直播带货等玩法,还是切中用户痛点、抓住用户心理的免费试用、分期免息等手段,新的营销玩法层出不穷且屡获硕果。而这些玩法都离不开数字技术的发展和支撑。

2018年以来,直播逐渐成为Z世代聚集的流量大户,其中不乏明星带货。2020年初的疫情更是让直播带货成为重要的销售渠道之一。直播旨在通过不断升级的产品和技术能力,为商家提供新的营销工具和渠道,为平台营销提供新场景,为用户提供从种草到购买的消费新体验。

二、数字技术促进消费公平

从线上数据来看,数字科技的普及大大提高了消费可获得性,同时也缩小了不同地区间的消费不平等,这一点对于偏远地区、内陆地区尤为明显。分区域来看,近年来,线上消费增长较快的地区主要集中在中部地区。此外,东北地区的辽宁、东部地区的山东以及西部地区的西藏、青海、云南等地也都迎来了消费的快速增长。从不同城市的消费增长来看,消费下沉的趋势同样也能得到验证。从人均消费额增长来看,二线城市增长最快，其次是五线及以下城市，一线城市增长最慢。概括而言，城市规模越小，线上消费增长越快。不仅如此，相对于2017年，2018年线上消费下沉的趋势进一步得以强化，并且五线及以下城市的消费相对增长指数较2017年进一步攀升。消费不平等的缩小还可以从用户数据看出，以青年人群为例，2018年，青年人群线上消费同样表现出明显的下沉趋势：城市规模越小，青年人群用户数增长越快，其中31~35岁、28~30岁、18~22岁的用户增长更快，一线城市用户增长相对较慢。整体来看，线上消费的用户人群在进一步向四、五线城市快速渗透。2017年和2018年不同城市地区消费相对增长指数的情况见图11.1。

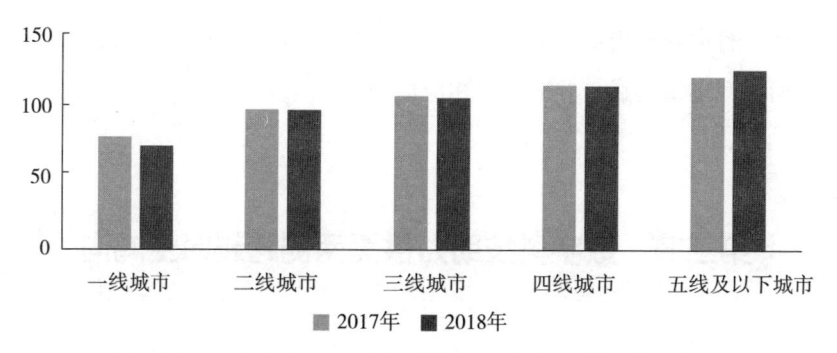

图11.1 2017年和2018年不同城市地区消费相对增长指数情况

资料来源：京东大数据，京东数科研究院整理。

这里尤为值得一提的是农村电商的兴起。农村电商作为精准扶贫的重要抓手，对推动乡村振兴、促进农村产业升级、帮助农民脱贫增收起到了重要作用。近年来，农村地区网络零售规模不断扩大，2017年全国农村网络零售额已经突破万亿元大关。随着越来越多的农民加入电子商务领域，全国多地涌现出各类特色"电商村"，这使村里的产品得以"走出去"，同时也帮助外面的产品"走进来"

数字科技正在有效弥合城乡间的"数字鸿沟"。数字科技深刻改变了农村的面貌和人们的思想观念。随着移动互联网的发展与技术水平的提升，各类智能设备已经深入广大农村地区，促进乡村振兴与消费升级。借助移动互联及更多数字科技手段，电商、物流、全球化要素走向万物互联，在一定程度上弥补了二元隔阂，推动了城乡一体化发展。从物质到信息，"数字鸿沟"正越变越小。

技术层面，迎来了"数化万物"的时代，随着人工智能、大数据、云计算等数字科技手段的突破应用，科技手段能够更好地赋能包括农业在内的各行各业，加速信息技术传播，带动产业服务创新。在农村扶贫战略中，农村电商借助互联网渠道和数字化手段，"为农民赋智、为农产品赋值、为农业赋能"的重要作用得以凸显，在依托线上线下优势、打通农村电商的发展壁垒、帮助农产品上行和带动农民增收等方面展开丰富实践，并取得了相应成绩。

第三节　数字科技助力供需两侧跨越时空鸿沟

供应链是一个高度复杂的"实体＋数字"网络，由于业务目标和运营模式的冲突，原材料供应商、制造商、零售商和消费者往往难以步调一致。数字技术正是帮助供需两侧跨越时空鸿沟的有力武器。数字技术驱动之下，人、货、场实现全面重构，并正在超越原有的价值链，产生全新的价值。

一、综合电商平台是供需两端的数字化连接节点

一直以来，购物都是一次有计划的"旅行"。不过在30年前，消

第十一章
数字技术引领消费升级新趋势

费者除了计划之外还需要一点运气,因为消费者并不知道什么商品正好陈列在柜台里,也不知道什么商品断货了,生产者也不知道消费者需要什么,以及什么时候需要,因此那时消费者去百货商店购物,无异于一场生产者与消费者的"双盲测试"。

此后,这一信息断层逐渐被各种手段填补,但消费者依然是被动接受方,如果想对品种、功能、价格进行筛选,则需要货比三家,选择空间也不大。而对于厂商来说,则需要很长时间才能发现哪种产品受欢迎、哪种滞销,信息的反馈因冗长、迟缓的供应链而滞后。

如今,随着电商平台和移动技术的普及,消费者的"旅行"目的地已从商店变成了商品:以往"生产端—零售端—消费端"的单向传导早已实现逆向传导,供应链的迟滞效应已极大地缩小。

供应链是一个高度复杂的"实体+数字"网络。由于业务目标和运营模式的冲突,原材料供应商、制造商、零售商和消费者往往难以步调一致。

对于生产端而言,企业何时推出新产品、推出什么样的新产品,已不再单纯由生产环节决定,"永远在线"的消费者对产品的外形、价格、功能、送货、服务以及生产方式、环保等级等都有十分明确的要求,甚至细微到角落的各种"微需求"。因此,获知消费者的喜好与心理的重要性日益凸显。

电商平台是诞生于数字经济时代的新生态、新模式。通过连接前端"时刻在线"的消费者,以及后端纷繁复杂的供应链网络,电商平台成为供需两侧的数字化连接点。基于这个连接点,好的产品可以"多、快、好、省"地送达到消费者手中,以满足人们日益升级的消费需求,消费者的需求变化也会实时反馈给供给侧,反向推动供给侧产业数字化转型。

二、数字科技助力供需两侧跨越时空鸿沟

相比 30 年前的"双盲测试",当前消费者的购物方式已经发生巨变,电商平台始终在线,消费者通过电商平台就可以货比万家,购买想要的产品。消费者越来越能够洞悉自己的真实需求,从而制定合理的预算,"聪明"地购物,简单地获取与自身价值观相符的具有特定属性的产品,这包括尽可能地减少选择商品所付出的时间成本、购买商品所花费的经济成本,以及尽可能地增加购买后所获得的品质、功能、品位甚至圈层升级体验。

面对用户权力的日益崛起,广大品牌和零售商也倍感压力,它们需要更敏锐的市场洞察、更快的反应速度,以及更敏捷的生产能力,来随时满足消费者的购物需求和使用体验,这为它们创造了赢得消费者信任的机会。摆在厂商面前的首要问题是,如何尽可能地跨越供应链迟滞效应这一鸿沟,更快速地获取最精准的市场需求信息,跑赢市场,抢先洞悉并锁定摇摆的消费者们日益增长的"微需求"?

数字技术正是帮助供需两侧跨越时空鸿沟的有力武器。在数字技术的驱动之下,人、货、场实现全面重构,并正在超越原有的价值链,产生全新的价值。

三、C2M 反向带动产业数字化转型升级

C2M,即用户直连制造,是一种新型的产业数字化商业模式,又被称为"短路经济",如今该模式已被应用于诸多行业和领域。

基于当前的数字化水平,C2M 的实现路径可以分为五步(见图 11.2)。第一步,基于用户大数据和行业洞察形成需求报告;第二步,对目标消费者进行仿真测试,完善新品方案;第三步,厂商依据需求

第十一章
数字技术引领消费升级新趋势

分析报告进行产品设计，之后研发匹配生产要素柔性生产；第四步，产品研发出来之后，通过电商平台发布；第五步，结合大数据对兴趣用户进行精准营销。

厂商研发
厂商依据需求分析报告进行产品设计，研发匹配生产要素柔性生产

需求报告
基于用户大数据和行业洞察形成需求报告

精准营销
结合大数据对兴趣用户进行精准营销

仿真试投
对目标消费者进行仿真测试和完善产品方案

平台发布
产品研发出来之后，通过电商平台发布

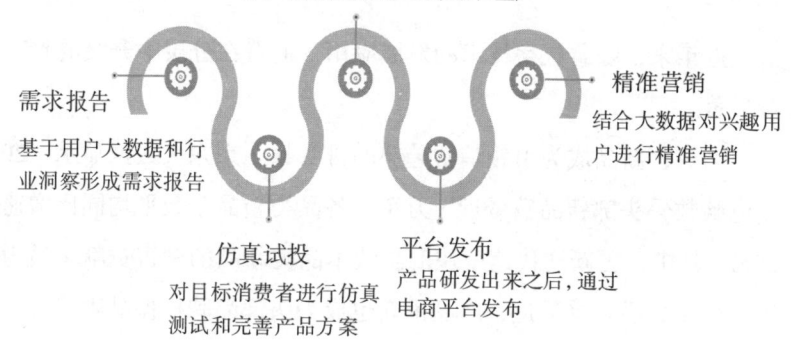

图 11.2 C2M 五步法示意

资料来源：京东数科研究院整理。

C2M 的优势在于，可以砍掉所有中间环节，利用智能引擎、大数据分析、供应链协同等，让消费者和制造企业的连接更加紧密、顺畅、多元化，除了减少企业库存压力外，还能大大让利于消费者。

需要特别指明的是，C2M 并不等于"山寨"，C2M 的真正价值在于，从消费端需求反推产品设计、产能投放、产品流通等各个环节，让制造者精准对话消费者，从而为商品带来新的销售增长渠道，实现品牌商、厂家、消费者与平台的共赢。

产业数字化与 C2M 两者相容一体，共存共生。满足消费者对产品的个性化需求和对美好生活的向往是 C2M 最终的目的，要实现这个目的，产业数字化则是必由之路。原因在于，如果产业没有达到足

够的数字化水平，那么企业必然会在"规模化"和"个性化"之间权衡取舍，真正的C2M也就无法达成。

第四节 线上生活面面观

近年来，随着数字技术的发展应用，消费在分层中升级的趋势日益显著。

第一，新品成为引领消费趋势的排头兵。京东大数据显示，2019年电脑数码头部新品数量近5万个，各品类新品个数平均同比增速超25%。其中，更新迭代速度快的游戏本品类新品的销售贡献率最为突出。由于新品备受追逐，产品推新也成为头部品牌提振品牌优势、获取新粉丝的必争之地。来自京东大数据的典型品类的新品销售额占比增长概况见图11.3。

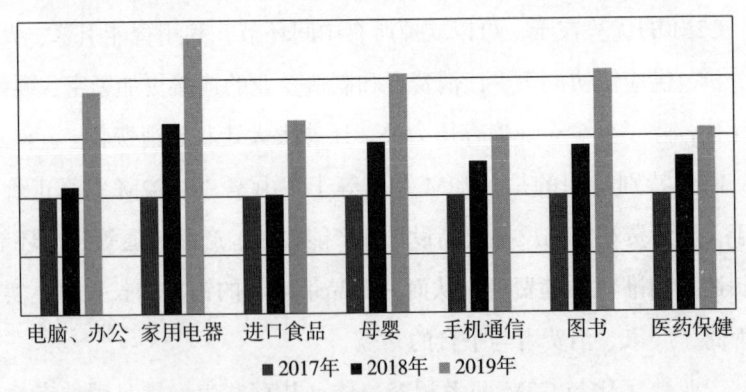

图11.3 典型品类的新品销售额占比增长概况

资料来源：京东大数据，京东数科研究院整理。

第二，Z世代数字消费习惯逐渐养成。京东大数据显示，2017—2019年，Z世代消费人群的占比增长最为惊人（见图11.4）。这类人群购买的倾向性新品品类是电脑、手机和电器类，他们的需求和反馈也反向推动厂商设计生产更智能、高端、绿色、跨界的产品。

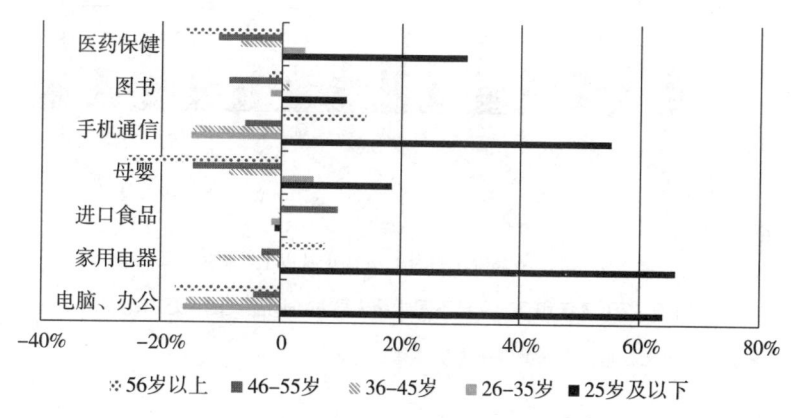

图11.4 2017—2019年不同年龄对不同品类的偏好占比

注：图中数据是2019年相对于2017年的增减。
资料来源：京东大数据，京东数科研究院整理。

第三，低学历、老年人群渐次加入"数字俱乐部"。驱动增长的消费人群逐渐出现向低学历倾斜的趋势。京东大数据显示，在购买手机类新品的用户群中，高中（中专）及以下学历人群占比提升56%，成为增长最显著的人群之一，手机也已超越电脑成为接入互联网的最佳选择。这可能是因为大学专本和硕士及以上人群最早接触高科技产品，目前其对3C产品（计算机类、通信类和消费类电子产品）的需求已趋于饱和，而逐渐转向环保升级和精神追求。3C产品的消费下探意义重大。世界银行在《2016年世界发展报告：数字红利》中提出了"数字红利"的概念，指出"发展中国家拥有手机的家庭比有电或清洁用水的家庭还多……要消除横亘于前的数字鸿沟，尤其是在互联

产业数字化

网接入领域"。不同学历人群对不同品类的偏好占比变化见图11.5。

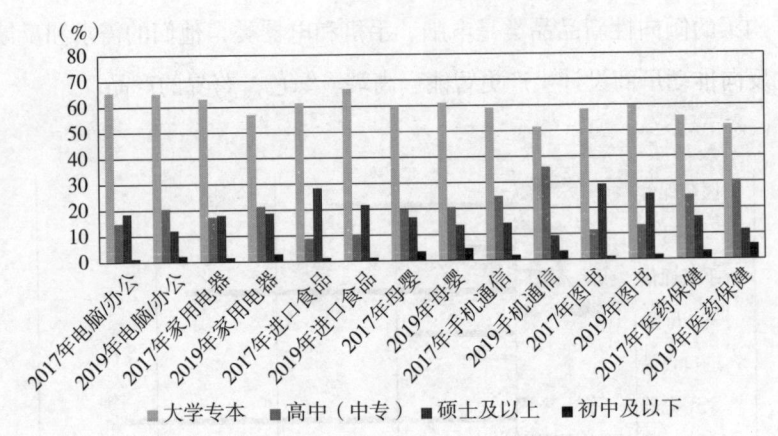

图11.5 2017年和2019年不同学历人群对不同品类的偏好占比变化

资料来源：京东大数据，京东数科研究院整理。

第四，中老年消费者也正在接轨数字化消费。对比近三年来的手机消费，可以发现中老年消费者并不满足于"直板功能机"，而是同样寻求"互联网接入口"，甚至需要更多功能。以京东在2020年初上市的"时光机"为例，这款手机具备最高2 400万像素的后置三摄、64~128G内存、6.5寸屏幕、5000mAh（毫安时）电池等硬件，并不太逊色于主流手机，软件上则配置了体检套餐、一年在线问诊、亲情小时光功能等来契合老年人的需求。这款智能手机上市三个月内，128G版的销量是性价比版本（64G）的3.2倍，说明中老年消费者的购买行为正在发生根本性变化。

消费趋势逐渐由高线级城市向低线级城市传导。《京东"异地订单"大数据报告》指出，从高线级城市向低线级城市发送的异地订单具有非常鲜明的指导性和示范性，不仅在商品质量、用户体验上引领消费理念，更在能效、环保、绿色等方面带动低线级城市的市场更快

第十一章
数字技术引领消费升级新趋势

地升级换代。加之平台电商品类丰富、物流下沉等因素的保障与推动，低线级城市的用户自身购买的商品品质、档次也在逐年提高，其中就包括功能更强大、颜值更新潮但价格也较高的新品。

我国经济在发展，消费者在追求品质经济的路上从未止步。如何满足"人民日益增长的美好生活需要"是摆在企业、学者和社会面前的现实问题，也是数字科技以及相关企业可有所作为之处。消费数据表现出的种种特征启示我们，人口老龄化和生育意愿的下降，并不必然意味着消费需求的疲软。相反，新的消费"蓝海"会渐次出现，新的商业业态会孕育而生。但要捕捉住这些迹象，则要求企业对消费需求有更深入的了解。我国经济在发展，国人在追求生活品质的道路上从未止步，数字科技将见证并助力我国消费的升级。

从性别角度来看，男性和女性在消费特点上表现出明显差异。整体而言，男性用户消费呈现价高的特点，女性用户消费呈现量大的特点。而对于每次下单消费，女性用户线上消费有"超市购物"的特点，倾向于一次购买更多的商品，而男性用户则是消费目标明确，每次消费的金额更高。此外，不论城市规模大小，男性用户的人均消费额均高于女性用户，这与其线上消费的品类差异有关。从人均消费额增速来看，除二线城市外，其余规模城市地区男性均具有比女性更强劲的消费增长动能。

从代际角度来看，不同年龄段人群的消费偏好有较大不同。在老龄化和放开二孩的背景下，了解各代际人群的消费偏好对于消费趋势的预判十分重要。分年龄段来看，整体上"70后""80后""90后"占消费总额的绝对比例。若以人均消费量来看，"80后"依旧毫无疑问是消费的主力军。但如果看人均消费额，"60前"则远超其他年龄段。具体到各代际的主要消费品类来看，年轻的"90后"用户更偏好电子、美妆等产品；进入婚姻生活的"80后"更偏好母婴消费；"70后""60

后"用户除了更加偏好家装家居等家庭生活消费外,对酒类的消费偏好也在显著上升;"60前"用户更加关注健康,对家具、生鲜偏好上升,同时对酒类消费偏好下降。

青年群体的消费呈现出以下几个特点:小镇青年消费异军突起,越来越愿意为美付费,单身经济蓬勃发展,品质需求日益提高。

从不同的城市地区来看,小镇青年群体正在成为线上消费的新增长动力。一是从青年人群整体消费总额来看,城市规模越小,青年人群线上消费额增长越快,其中18~22岁和31~35岁群体的表现尤为明显。二是从青年人群的人均消费额增长来看,2018年,人均消费增长最为亮眼的是二线城市的青年人群。在工资水平较高,而房贷压力、生活成本不及一线城市的情况下,二线城市的青年人群的消费更为洒脱。不同规模城市间,刚上大学放飞自我,并且没有什么生活压力的18~22岁年轻人的消费增长最快。

除此之外,青年人群的消费特征还有如下几点:一是越来越愿意为美付费,特别是更年轻的青年人群,对美妆个护、钟表、珠宝首饰等产品的消费需求明显上升,爱美年轻化趋势愈加明显;二是单身经济蓬勃发展,23~27岁、28~30岁人群对母婴产品的消费偏好明显下降,表明年轻人群生育意愿在下降,同时,23~27岁人群对宠物相关产品的消费需求正在快速提高;三是品质需求日益提高,比如18~22岁人群对电脑、手机的品质需求较高且仍在上升,越来越舍得在电脑、手机上花更多钱。23~27岁人群不仅对美妆个护产品的消费需求显著上升,对其品质要求也在明显提高。

一二线城市的青年人群更注重个人品质消费。从品类偏好上看,一线城市青年人群更偏好3C、食品、宠物、生鲜等消费,相对而言更侧重于个人消费。在18~22岁、23~27岁的更年轻的群体中,一二线城市的人群更热衷于消费手机、数码产品、宠物相关产品等。在消费品质上，一二线城市的 18~22 岁、23~27 岁人群，更注重美妆个护、钟表、珠宝首饰等产品的消费品质。一线城市的 28~30 岁人群，更注重钟表、珠宝首饰等产品的消费品质。

四五线城市的人群更注重家庭务实消费。从整体上看，城市规模越小的人群则更偏好服饰、鞋靴、汽车用品、家具、家电等消费，相对来说更注重家庭消费。以 18~22 岁、23~27 岁这两个更年轻的群体来看，四五线城市人群更喜欢消费服饰、鞋靴、运动户外等产品。在消费品质上，四五线城市的 18~22 岁、23~27 岁人群，更注重电脑办公等产品的品质。此外，四五线城市的 28~30 岁人群，更注重生活产品的品质。就整体消费品质需求而言，大城市年轻人群更重装饰，小城市年轻人群更加务实。

第十二章
数字支付打开产业数字化升级之门

从聚合的视角看支付体系的演进，可以将我国电子支付划分为三个阶段：聚合1.0阶段，银联聚合银行卡收单；聚合2.0阶段，码牌聚合扫码收单；聚合3.0阶段，智能硬件升级多维聚合支付。

支付之外，帮助商户实现线上化和数字化转型，是支付下一站的关键方向和盈利点：一是通过收单、账务数字化，提升支付效率，升级账务管理体系；二是用户引流数字化，打通线上线下场景限制，实现导购服务闭环；三是全运营数字化，结合智能软件、硬件，实现门店用户生态运营。数字支付作为企业数字化转型的关键一环，将在产业数字化时代发挥先导作用，助力产业打开数字化升级之门。

第一节　聚合视角下的中国支付体系演进

关于支付体系的演进路径，有不同的划分思路。从参与主体的角度来说，可以将其划分为一方时期（现金支付）、二方时期（银行卡支付）、三方时期（银联、网联以及持牌非银支付机构）和四方时期（狭义的聚合支付，即监管定义的收单外包）。从支付方式来说，可以划分为实物支付（物物交换和金银）、信用支付（纸币和票据支付）、电子支付（银行卡支付和数字支付）三个发展阶段。

聚合顾名思义即汇聚、融合，指将不同支付主体提供的分散支付方式和支付技术汇集到一起，以提高支付的便利性。自从支付进入电子化阶段，聚合便成为必然，而且随着支付行业的参与主体不断丰富，支付方式不断多元，聚合的意义和作用也显得更为重要。从聚合视角看支付体系的演进，可以将其划分为三个阶段。

一、聚合 1.0 阶段：银联聚合银行卡收单

1985 年出现的国内第一张银行卡拉开了我国使用银行卡消费的序幕。在当时的时代背景下，各家银行的 POS（销售终端）机，只支持自家的银行卡，"银行 POS 机推广的商户越多，银行卡就越好用，持卡人也就会越多"是基本的商业逻辑。于是此后，各个银行一边向消费者发放银行卡，一边在商户端营销 POS 机，随着发卡和刷卡消费的不断普及，一柜多机的现象普遍存在。

2002 年，经国务院批准，中国银联成立，随后发布了中国银联

卡标准,实现了银联 POS 机和银联卡互认,银联 ATM(自动取款机)和银联卡互认。中国银联通过整合银行支付渠道完成了银行卡线下收单支付业务的聚合。当时聚合支付这个概念并不存在,因此本次聚合在我国支付史上的意义不言而喻。在这次政策推动的变革中,中国银联作为聚合方,一方面在商户端营造了便利的收单服务,另一方面作为垄断者统领了我国银行卡收单的黄金十年。中国银联 2012 年的审计报告显示,银联总资产达 253.5 亿元,十年间暴涨 37 倍,同时,其控股的银联商务也顺势成为除银行外市场份额占比最大的收单机构。

二、聚合 2.0 阶段:码牌聚合扫码收单

2011 年,包括支付宝、财付通、网银在线在内的 27 家第三方支付企业,获得中国人民银行颁发的首批非银支付(第三方支付)牌照。2014 年以后,随着线下扫码支付的发展,十几年前的一柜多机现象变为一柜多码,困扰商家和消费者的难题再次出现,提供支付方式一体化整合服务的机构也再次迎来发展机遇。不同的是,上次是"三方聚合二方(银行)",而此次是"四方聚合三方"。

狭义的聚合支付即所谓"第四方支付",属于不持牌的收单外包机构,但其在我国移动支付发展史上的作用却不容忽视:一方面,弥补了支付宝、腾讯、京东等互联网巨头线下拓展能力的不足,帮助三方支付机构快速拓客,助推了我国移动支付的快速普及;另一方面,将碎片化的支付场景和不同的二维码支付方式进行有效整合,在便利商户经营的同时,极大提升了消费者的支付体验。

2018 年,随着"收单方—银联 / 网联—支付宝 / 财付通—银联 / 网

联—发卡行"的清算链路被监管确认,支付机构之间通过银联或网联转接的模式合规性得到了认可。三方支付机构、银行也加入了聚合支付业务的竞赛。此时的聚合支付不仅包括四方聚合,还包括三方聚合,甚至二方聚合,赛道变得异常拥挤。

三、聚合 3.0 阶段:智能硬件升级多维聚合支付

聚合码支付只是移动支付聚合的雏形,随着行业的不断发展和技术手段的不断革新,智能 POS 机、扫码枪、扫码盒子以及智能收银台等软硬件结合的一体化收银设备,逐渐成为聚合支付的主流载体。2020 年 6 月 8 日,中国人民银行发布的《中国人民银行关于加强支付受理终端及相关业务管理的通知(征求意见稿)》明确指出,"鼓励收单机构为特约商户提供支持银行卡、条码支付等多种支付方式的支付受理终端"。

目前,刷脸支付的走向已日渐明朗,2019 年被誉为刷脸支付元年,相比于其他支付方式,刷脸支付的商户属性体现得更为明显。艾媒咨询发布的《2019 年中国刷脸支付技术应用社会价值专题研究报告》显示,2020 年,刷脸支付用户将达到 1.18 亿人,预计到 2022 年将突破 7.6 亿人,届时将取代扫码支付成为主要支付方式。

未来,随着支付巨头、银行、银联等在资本和技术层面颇具实力的竞争者入局聚合支付赛道,聚合银行卡收单、码付收单以及刷脸收单等多种支付方式的一体化智能硬件,将逐渐取代原来碎片且零乱的支付方式,从头部商户切入,并不断向下沉市场延展普及。

支付体系的演进阶段如图 12.1 所示。

产业数字化

聚合1.0：银联聚合银行卡收单
2002年中国银联成立，实现银联POS机和银联卡互认，银联ATM和银联卡互认。银联通过整合银行支付渠道完成银行卡线下收单支付业务的聚合

聚合2.0：码牌聚合扫码收单
2018年"收单方—银联/网联—支付宝/财付通—银联/网联—发卡行"的清算链路被监管确认

聚合3.0：智能硬件升级多维聚合支付
智能POS机、扫码枪、扫码盒子以及智能收银台等软硬件结合的一体化收银设备，逐渐成为聚合支付的主流载体

图 12.1 支付体系的演进

资料来源：网络公开材料，京东数科研究院整理。

第二节 数字支付打开产业数字化升级之门

2018年以来，消费数字化逐渐成熟，产业数字化在驱动增长中的关键作用逐渐在行业内达成共识。但长久以来，数字化转型对于大部分企业而言是一件需要做而非必须做的事情。新冠肺炎疫情的暴发及长时间持续，使企业数字化转型的必要性和紧迫性充分体现。

一、产业数字化转型迫在眉睫

数字经济时代，技术在产业链中的渗透作用呈现逆向特征。互联网、大数据、人工智能等数字技术，通常最先在接近前端消费者的商业和服务业兴起并广泛应用，如电商、餐饮、信息、娱乐、消费金融等，而后再逐渐向后端生产和制造行业渗透。运用数字技术对产业进行武装和赋能，以便更好地同前端消费者正向协同，实现数字经济的全面

健康发展,将是未来十年我国经济的重要机会所在。

2020年暴发的新冠肺炎疫情对各行各业都造成了重大影响,同时倒逼大数据、人工智能、5G、区块链等新技术加速落地,刺激无接触零售、智能化服务等新业态创新发展,驱动新一轮的产业数字化变革,为后疫情时代的中国经济破茧重生、求新谋变创造了特殊契机。如果说2019年及以前,数字化转型对于各个企业而言是一个没有具体时间表的选答题,那么2020年暴发的新冠肺炎疫情则彻底将这个选答题变成了一道必答题,并且直接关乎企业生死。

首先,维持企业正常运转的员工在疫情期间流动受限是一个最基本的事实。云办公成为疫情期间各类企业的普遍需求。疫情期间,企业若想维持正常的沟通和运转,在线办公软件必不可少。可以预见,远程办公、远程会议等作为能够打破集中办公时空限制、减少通勤成本的办公形式,将在后疫情时代部分行业和一定场景内得以延续,提升企业日常经营和管理效率。

其次,疫情之下,线下零售、餐饮、娱乐、教育和培训等行业最基本的销售业务几乎被完全切断。这些行业中的企业意识到,如果没有一套数字化销售系统作为备份,面对疫情,企业将毫无招架之力。

最后,以制造业等为代表的实体产业数字化水平和敏捷应对变化的能力,在疫情期间也显得尤其重要。受疫情影响,人们的消费方式、消费心理、消费需求剧烈波动,这种需求变化传导到供给侧就需要生产制造业务敏捷应对,而数字化和智能化水平则是保证生产企业敏捷应对能力的关键。

二、数字支付对于疏解小微企业数字化转型之困意义重大

大型企业在数字化转型方面具有先发优势。例如,三一重工作为我

产业数字化

国工程机械龙头企业，2008年开始便基于自主研发的控制器和智能器件、专用传感器等终端，实现了对泵车、挖掘机、路面机械、港口机械等132类工程机械装备的位置、油温、油位、压力、温度、工作时长等6 143种状态信息的低成本实时采集，实现了全球范围内212 549台工程机械数据接入，至今积累了1 000多亿条的工程机械工业数据。青岛红领则致力于自主开发基于工业大数据的个性化定制平台，实现"智能化的需求数据采集、研发设计、计划排产、制版"，以及"数据驱动的生产执行体系、物流和客服体系"等，把互联网、物联网、大数据等技术融入大批量定制，实现在一条流水线上制造出灵活多变的个性化产品。

中小企业在数字化转型中却面临困境。

首先，由于数字经济具有典型的规模效应，即相关行业和企业只有达到一定规模体量后，基于海量大数据的数字化营销、经营、管理、风控的效率优势和成本优势才能更好地凸显出来，这种规模优势在中小企业中很难体现。

其次，区别于大型企业和头部机构，中小企业资金实力和融资能力有限，具有更强的成本敏感特性，在不能看清数字化转型的当期收益情况下，难以持续投入大量成本进行IT架构搭建、数据积累等基础设施建设。

最后，中小企业普遍对数字化转型失败的风险承受能力薄弱、容错区间狭小，从而对决策数字化转型和在转型过程中进行前沿探索构成严重制约。

在实践中，部分中小企业采取"大企业跟随"策略，即仅引入已被证明完全成熟的数字化模块，这固然在一定程度上较低了转型成本、风险和不确定性，但也损失了转型收益，丧失了转型先机，造成在未来与大型企业的数字经济竞争中处于更为不利的境地。以金融行业为例，一些中小银行缺乏数字化的获客渠道、营销费用、审批系统、管理系统和

第十二章
数字支付打开产业数字化升级之门

足够大的风险缓释池，因此回避、拖延数字化转型，或倾向于将部分模块直接外包、分包给合作机构，其自身的数字化能力并未得到长足提升。

而数字支付是产业数字化的关键一环。一方面，在我国目前二元化的支付结构下，数字支付在C端市场相对普及，而在B端市场却应用有限，企业支付是数字支付市场的新蓝海；另一方面，数字支付的价值和外延远超支付本身，可谓助力企业数字化转型的关键一环，主要体现在以下三个方面。

第一，支付数字化打通企业信息流和资金流之间的"割裂鸿沟"。支付作为一种支付手段，首先要解决的是企业资金流动的问题，这也是企业实现数字化转型的第一步。在传统的企业支付中，信息流和资金流相互割裂，一笔付款要经过采购、业务、财务等多部门人员线上、线下反复沟通及确认之后，才能发起银行付款流程。即便是B2B电商，多数也存在线上信息检索、线下成单支付的痛点，严重影响了企业的资金流动效率及运营效率，尤其是处于供应链核心位置的企业或电商平台，每天要实现的收付款数量以千或万计，对人力和财力造成极大浪费，并且存在事后对账难、信用关系维护成本高等诸多痛点。数字支付通过嵌入多样化的"支付唤醒"手段，实现企业间交易信息流和资金流的统一，同时通过自动结算、在线分账、批量收付款等产品思路，大大简化了支付流程，提高了支付效率。

第二，资金管理数字化变革企业营运资金管理方式。从财务管理角度而言，企业对资金的筹划可分为长期资本管理和短期资金管理，其中，短期资金管理不仅反映和制约公司的运营效率和盈利水平，还与公司的流动性和稳健性息息相关。支付机构通过为客户提供数字化支付服务，可以掌握产业链条中各个企业之间的交易、结算信息，并且对资金流具有一定的控制能力，进而可为企业提供基于运营资金的投融资服务，变革企业的营运资金管理模式。融资方面，数字支付机

产业数字化

构可为客户企业引入担保支付、融资支付、账期支付等信用支付手段，解决企业在运营过程中的短期资金需求。投资方面，数字支付机构为企业开通理财账户，使企业在运营过程中产生的短期闲置资金也能赚取理财收益。资金管理数字化将极大提升企业的资金管理效率，通过更加便捷的短期融资手段增加企业的流动性水平。从支付数字化到资金管理数字化，是企业实现数字化转型的第二步。

第三，企业管理数字化由外到内助力企业实现数字化转型。数字支付的全面应用还将帮助企业构建起包括上游供货商和下游采购商在内的客户账户体系，帮助企业实现客户管理的数字化，依托客户账户系统，企业可以通过会员管理、客户互动、客户维护等多元化的手段运营客户关系。更进一步，在外部客户关系维护之外，数字支付还可以帮助企业搭建内部员工薪酬支付体系，为员工提供理财、借贷等金融服务，通过便捷、高效、高收益的员工服务，打造"以人为本"的企业文化；打通财税、社保、公积金等G端账户，帮助企业实现便捷的行政缴费。以支付数字化为起点，企业可以实现数字化转型的关键一跃，与之相对应，数字支付机构也将通过企业支付打开企业服务的大门，成为企业数字化转型的综合服务提供商。

相较于大型企业来说，中小企业数字化转型之路面临更多困境，正如国家发展改革委创新和高技术发展司司长伍浩所言，对于广大中小企业而言，数字化转型当前主要存在三个问题：一是转型能力不够，"不会转"；二是转型成本偏高，"不能转"；三是转型阵痛期比较长，"不敢转"。而数字支付对于疏解小微企业数字化转型之困意义重大。

针对"不会转"的问题，一方面，数字支付企业可以发挥平台经济的优势，基于丰富的线下场景和流量，更好地帮助中小企业分析挖掘目标用户特征和潜在需求、市场与行业发展规律，帮助中小微企业突破在全场景、长周期的数据积累及建模过程中的自身局限。另一方面,数字支付企业还可以将自己积累的数字科技进行整合,向中小企业输出标准化的数字化转型方案。

针对"不能转"的问题,数字支付企业可以根据其以往的数字支付数据积累,创建企业的"数字足迹",评估中小企业的信用风险,进而帮助其在金融机构获得数字化转型的资金支持。2019年的新冠肺炎疫情对现金的使用造成了明显限制,全球对数字支付的需求不断增加,更多的中小企业融资开放数据平台正在兴起。

解决了技术成本和资金来源问题,中小企业数字化转型的阵痛期大大缩短,转型成功率也有了保障,相应地,"不敢转"的问题自然也迎刃而解。

三、线下零售门店的数字化解决方案

线下零售门店是众多中小企业中,最具代表意义的一种类型,数字支付可为其提供数字化转型的一体化解决方案。

传统零售门店面临三个方面的痛点:一是客流获取渠道受限,实体门店宣传及引流方式受到地域限制;二是线下数据无法被充分收集利用,线上线下交易订单"两张皮",不能依托数据进行客户运营;三是收单渠道多,对账难度高,尤其是对于品牌加盟店、连锁店而言,不同门店对接POS机、第三方支付等多种收单渠道,效率低下且造成资源浪费。

在技术赋能的背景下,数字科技企业为商家提供针对品牌实体门店、中小零售门店的一整套数字化门店解决方案。数字化门店解决方案依托数字科技技术,赋能门店商户获取、整合、分析、利用线上和线下数据的能力,从而实现用户引流数字化,用户运营数字化,收单、账务管理数字化。

用户引流数字化,打通线上、线下场景限制,实现导购服务闭环

产业数字化

依托数字科技企业获取、整合、分析、利用线上和线下数据的能力，零售商能够深耕线下场景，利用线上数据获取客户、精准转化到店流量，构成线上、线下服务闭环。具体而言，零售商可通过入驻线上电商平台的特定频道，在其线上门店中投放适用于线下门店的优惠券，发布门店活动动态，引导客户到店消费。用户在线下门店消费时，可以实时核销线上优惠券，从而打通线上、线下消费场景。

用户运营数字化，结合智能软件、硬件，实现门店用户生态运营。数字化门店的用户生态运营流程可以总结为"捕、识、解、转"四个字。"捕"即在用户进店时，借助智能摄像头以及体感交互技术即时捕捉用户信息，识别用户身份；"识"即将用户身份信息和其线上消费或其他场景的消费信息相关联，将用户标签化；"解"即数据分析，借助大数据分析技术将线上、线下数据进行综合处理，分析客流、新老客户占比、年龄分布、购物偏好等信息；"转"即针对数据分析结果，制定营销策略，促进消费的完成、会员转化以及忠诚客户的沉淀。

收单、账务管理数字化，提升支付效率，升级账务管理体系。传统的门店收银系统面临着多头对接、流程烦琐、对账困难等核心痛点。一是同时对接 POS 机、不同三方机构的二维码支付系统等，难以实现收银渠道的有效聚合。二是对账平台多，对账流程烦琐、复杂，进而导致人工成本高。三是线下数据无法被充分收集利用，线上、线下交易订单割据，消费用户信息很难实现互通。

智能收银平台整合各种支付渠道，进而实现人的聚合、钱的聚合和系统的聚合。一体式全渠道的智能收银系统覆盖银行卡、闪付、码付等多种支付通道，提升门店收银效率，简化操作流程。智能分账系统满足企业信息管理与分账管理的智能化需求，具有自动获取对账单、按逻辑自动分账结算等多种财务功能，改善传统对账系统手工分账、人力浪费等效率低下问题。统一的操作管理后在对接商家 ERP（企业资源计划)、CRM 等系统的同时，接入外部物流系统、智能化订单派送系统，便于零售商数字化统一管理及一站式操作，在技术赋能的背景下，推进线上、线下零售消费的融合，实现无界零售。

实践案例：绿地商超数字化业态转型

京东数科为绿地集团旗下的精品超市 G-Super 门店提供自助收银软硬一体方案（见图 12.2），将自助收银机与其 ERP 系统对接，实现会员登录、商品查询、多重属性优惠券叠加、聚合支付、闲时广告推送等多重功能。该设备在门店内投入使用后，已在不同程度上替代了 2/3 的人工收银通道，1 名收银员可同时监控 4~6 台自助收银机，人效提升 400%，每年单个门店收银管理的人力成本可节省 20 多万元。人均结账速度提升 25%，排队时间降低 36%，极大缓解了门店高峰期排队问题。在节假日促销旺季，协助提高门店销售额 18.7%，不仅提升了用户的消费体验，降低了门店的人工投入成本，还促进了店面的营业增长。

图 12.2 京东数科自助收银软硬一体方案

资料来源：网络公开材料，京东数科研究院整理。

产业数字化

第三节　数字支付市场格局正在重塑

数字支付的前半场，主要由非银支付机构主导。进入下半场，条码支付互通互联、刷脸支付互通互联、数字货币这些新的趋势和概念不断出现，非银支付机构、银行、清算机构以及央行在数字支付中的地位和角色都在不断重塑。

一、条码支付互通互联已是大势所趋

打通各个支付机构之间技术、数据、标准的鸿沟，建立统一的行业标准，是提升数字支付安全性，实现信息互通互联的必然要求。2017年以来，支付行业多项技术标准已经落地开花。2017年12月，中国人民银行发布《条码支付安全技术规范（试行）》和《条码支付受理终端技术规范（试行）》，明确自2018年4月1日起实施；2019年8月，中国人民银行出台首个针对金融科技的顶层设计文件《金融科技（FinTech）发展规划（2019—2021年）》，明确提出，"推动条码支付互联互通，研究制定条码支付互联互通技术标准"。

此后，监管在不同渠道多次发表互联互通相关言论，释放推动互联互通落地重要信号。2020年4月23日，中国人民银行科技司司长李伟发表署名文章，明确表示"稳妥开展条码支付、刷脸支付互联互通技术验证与应用试点，打通支付服务壁垒，最大程度方便广大人民群众的支付服务需求"。

未来的数字支付市场，条码支付互通互联已是大势所趋，蓄势待发的刷脸支付互通互联也在路上。清算组织、银行、非银支付机构在其中究竟处于何种角色和地位，值得深入思考。

二、数字货币深刻变革数字支付体系

2003年以来，我国数字支付市场主要由非银机构主导，并且逐渐形成了"双寡头"竞争格局，央行主导的数字货币将深刻变革现有的数字支付体系和行业格局。因此不论货币以何种形态存在，支付天然需要依赖货币，货币形态的转变，必然会引发支付体系的变革，并且这种变革不仅影响线下，还涉及线上，甚至细微到生活中的每个场景。

2017年7月，中国人民银行成立数字货币研究所，积极推进国家法定数字货币的研发工作。2020年5月26日，中国人民银行行长易纲在接受媒体采访时表示，"数字人民币研发工作遵循稳步、安全、可控、创新、实用原则，先行在深圳、苏州、雄安、成都及未来的冬奥会场景进行内部封闭试点测试"。

M0（流通中现金）、双层投放机制、中心化发行、账户松耦合是DC/EP的四个主要定位。

第一，DC/EP属于M0范畴，本质上是央行对公众发行的债务，以国家信用为价值支撑，具有无限法偿性。

第二，DC/EP的投放机制由传统的"央行—商业银行"体系，突破为"央行—商业银行/其他代理机构"体系，这一突破有助于调动社会力量，保持市场活力。

第三，商业银行和其他代理机构需要向银行缴纳100%的准备金，因此不产生货币乘数，数字货币的发行权及发行量完全由央行掌握。

第四，不同于目前数字支付完全基于账户的紧耦合模式，央行数字货币对账户的依赖程度大大降低。

产业数字化

当前，科技驱动的数字支付已经由免费时代步入付费时代，由吸引流量变为流量变现，由不断创新转而回归本源，由用户上浮倒逼用户下沉。

未来随着行业的发展和技术的成熟，数字支付将实现由表及里、由小到大、由内而外的跃迁。作为数字支付的世界引领者和推动者，中国在数字支付领域具有丰富的技术能力和实践经验，具备向国际输出数字支付技术和服务的能力。在全球金融科技发展浪潮中，中国已成为领航者之一。数字支付正在走出国门，为世界支付市场注入新的力量和活力。

行动篇

数字科技下半场的
新生态、新赛道与新模式

随着我国人口红利和移动互联网用户增长日趋见顶，互联网线上生态已逐渐过渡至存量市场。终端消费者正由传统商业价值链中的C端向"C位"转变，在商品服务生产创新、商业模式变革迭代中的话语权不断增强。在数字经济模式下，数据智能的广泛应用促使企业能够借助技术手段精准洞察消费者需求，真正实现供给与需求的"端到端对接"。企业在产业价值创造过程中，能够基于产品使用评价、消费行为偏好等海量多维数据，为消费者提供C2M定制化服务，在增强用户黏性的同时，创造更多产业价值。与此同时，在消费互联网时代成长起来的"数字原住民"正在成为各行业领域的消费主力军，将更加广泛地参与到设计、研发、生产、销售等各个环节，并成为连接产业链诸多环节的重要节点，在产业价值创造体系中占据核心C位。

从行业实践看，产业价值创造将围绕最终消费者打通线上、线下的全场景与个性化需求，促成市场主体从单一领域线性竞争向全生态下合作共赢加速转变。在这一背景下，B2B2C日益成为数字科技企业找准站位、提升盈利的主流商业模式。传统业态下由互联网科技公司单边推动的技术输出，无法实现产业数字化深入底层的真正突破，唯有通过搭建开放平台、构筑合作生态，才能在多产业、多链条下激发网状串联和协同效应，实现市场主体组织架构重塑、产业模型自我迭代优化、产业生态自我良性循环，进而为全产业链创造更大的用户价值和长期效用。

第十三章

存量市场孕育数字化服务新生态

2020年，"乘风破浪"成为我国互联网语境中的一大热词。不难理解，"风"即风口，"浪"即趋势，找准风浪才能事半功倍、无往不至。我国的互联网市场曾作为巨大的增量市场，在人口红利和线上流量红利的"前浪"助推下，经历了从无到有、从小到大的规模飞速跃进过程。当前，我国庞大的人口基数已基本转化为线上用户，整体市场份额已趋于稳定，争夺用户时间、创新用户体验、提升用户满意度的竞争更趋激烈，数字科技即助力企业在竞争中胜出的关键"后浪"。一方面，部分典型的用户需求场景尚未充分线上化、数字化、智能化，仍有深化"以用户为中心"的转型、促进线下服务向线上迁移的巨大空间。另一方面，企业成为数字化变革需求主体，其在用户服务和自身经营上的数字化产品和服务改造需求，为数字科技深度嵌入实体经济、传统产业提供了重要契机。疫情之下，数字科技在各个行业领域加速落地，尤其呈现出数字化服务新业态蓬勃向上的朵朵浪花。

第一节　产业数字化进程按下快进键

2019年以来，我国互联网和数字科技行业加速步入下半场。在上半场的市场竞争中，获客是本、流量为王，在某一个领域取得的规模优势，往往可以快速复制和见效于其他领域，从而在多个领域形成寡头竞争的固化局面。在进入下半场后，一方面，线上用户规模已日趋见顶，市场获客成本不断抬升，传统的跑马圈地模式已难以为继。另一方面，数字科技前沿技术走向大规模的商业应用，成为新经济业态崛起、传统产业升级改造的关键驱动力，正在重塑更加广阔的产业发展与竞争格局。在从消费互联网迈向产业互联网的转型过程中，数字科技的重要作用不断凸显，不仅成为疫情特殊时期的有力抗疫工具，更为后疫情时期C端和B端服务全面升级提供了难以替代的重要作用。

一、新一轮数字科技革命已经到来

当前，数据作为人类社会的"新石油"，正在催生全球新一轮科技革命，成为后金融危机时代经济增长与技术创新的重要引擎。在数据来源上，其深度与广度不断扩展，海量、实时、多维、非结构化的大数据构建了更完整的数据集市；在数据算法上，机器学习与模型趋于结合，使个性化的需求满足成为可能。人工智能、区块链、云计算、大数据等核心技术与5G、物联网等前沿热点，广泛应用于农牧业、制造业、服务业及社会管理的各个行业场景，加速推动市场主体与管理机构降本增效，助力传统企业经营管理模式轻型化变革。

产业数字化

全球数字经济蓬勃发展,使之在国民经济中日益占据核心地位。2018年,全球47个国家数字经济总规模超过30.2万亿美元,占GDP比重高达40.3%。7个国家的数字经济规模超过1万亿美元,其中美国蝉联全球第一,达到12.34万亿美元(见图13.1)。中国保持第二大数字经济体的地位,规模达到4.73万亿美元。数字经济有利于驱动我国经济转型升级,突破制造业大而不强的发展瓶颈;有利于带动我国经济,提升科技成色,增强自主创新能力;有利于启动第四次工业革命,培育数字经济新增长点。发展数字经济,已成为全球各国打造经济发展新高地、应对国际激烈竞争、抢抓战略制高点的重要手段。

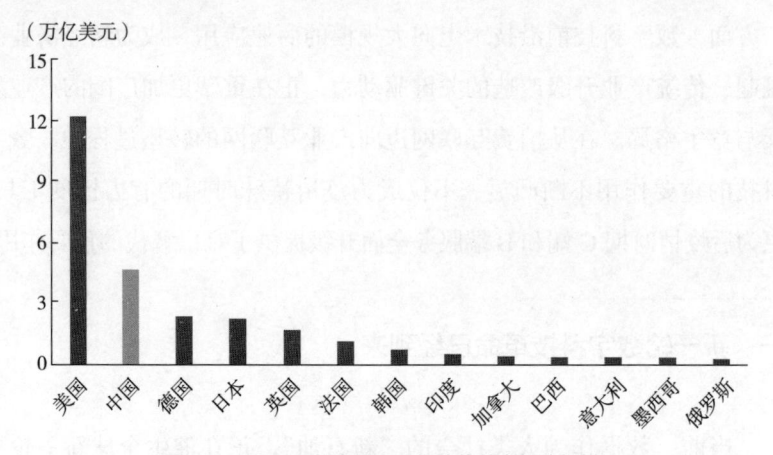

(万亿美元)

[柱状图:美国约12.3、中国约4.7、德国约2.2、日本约2.1、英国约1.6、法国约1.0、韩国约0.5、印度、加拿大、巴西、意大利、墨西哥、俄罗斯]

图13.1 2018年全球主要经济体数字经济规模

资料来源:中国信息通信研究院,京东数科研究院整理。

随着数字科技新一代技术与实体经济的深度融合,我国数字经济快速崛起,成为经济发展的重要产业基础。根据中国信息通信研究院《中国数字经济发展与就业白皮书(2019年)》,2018年我国数字经济占据GDP的34.8%,对GDP增长贡献率超过2/3(见图13.2)。2016—2018年,数字经济连续三年维持20%以上的名义增速,高于同期 GDP 名义增速 10 多个百分点。同时,数字经济吸纳就业能力显著提升,2018 年我国数字经济领域就业岗位达到 1.91 亿个,占当年总就业人数的 24.6%,同比增长 11.5%,高于同期全国总就业规模增速。以上数据充分说明,数字经济为增长动能新旧转换提供了重要支撑,为我国经济高质量发展注入了不竭动力。

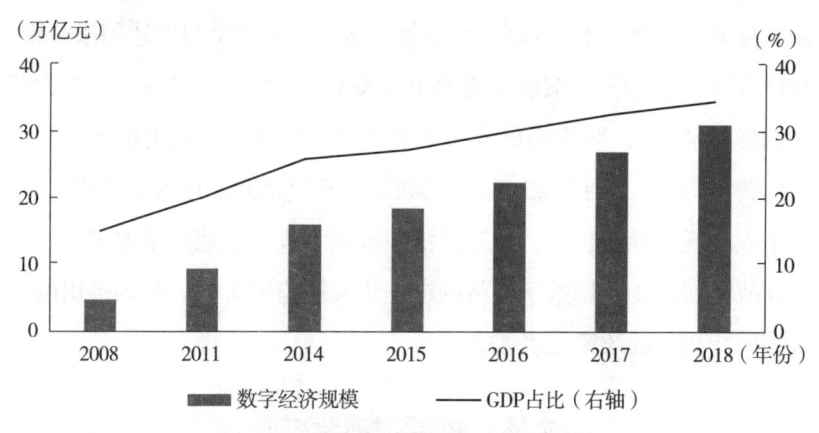

图 13.2 中国数字经济规模及 GDP 占比

资料来源:中国信息通信研究院、京东数科研究院整理。

二、中国的数字经济市场正在被激活

当前,数字科技与数字经济在我国已被赋予新的战略高度。十九届四中全会通过的《中共中央关于坚持和完善中国特色社会主义制度推进国家治理体系和治理能力现代化若干重大问题的决定》与 2020 年 4 月国务院出台的《关于构建更加完善的要素市场化配置体制机制的意见》,明确将数据列为与劳动、资本、土地、知识、技术、管理并列的生产要素,为我国经济数字化转型与数字科技发展提供良好机遇。根据 IDC 的报告,2020 年全球数据总量接近 50ZB,这一数据是

产业数字化

2011年的22倍。数据体量在指数级增长的同时，数据对经济发展的助推作用也日益显现。研究表明，数字化程度每提高10%，人均GDP就增长0.5%~0.62%。可以预见，未来社会最大的能源就是数据，谁掌握数据和数据分析能力，谁就掌握了数字时代的生产力。

需要指出的是，我国的数字经济虽然起步较晚，但行业领域布局积极、政策环境开放友好，有利于从顶层设计层面推动传统产业数字化和数字产业化，努力实现在数字经济这一新赛道上与发达国家并跑。2018年9月，国家发展改革委发布《关于发展数字经济稳定并扩大就业的指导意见》，明确提出推动数字产业发展壮大，促进传统产业数字化转型，并指出到2025年，国民数字素养应达到发达国家平均水平，数字人才规模稳步扩大，数字经济领域成为吸纳就业的重要渠道，从而在战略层面为我国数字经济的进一步发展指明方向。我国推出的与数字经济相关的政策见表13.1。

表13.1 数字经济政策生态体系

发布时间	部门	政策文件
2015年7月	国务院	《关于积极推进"互联网+"行动的指导意见》
2015年8月	国务院	《促进大数据发展行动纲要》
2016年11月	国务院	《"十三五"国家战略性新兴产业发展规划》
2017年1月	工信部	《大数据产业发展规划（2016—2020年）》
2017年7月	国务院	《新一代人工智能发展规划》
2018年9月	国家发展改革委等19部门	《关于发展数字经济稳定并扩大就业的指导意见》
2019年11月	国家发展改革委等15部门	《关于推动先进制造业和现代服务业深度融合发展的实施意见》
2020年4月	中共中央、国务院	《关于构建更加完善的要素市场化配置体制机制的意见》

资料来源：京东数科研究院整理。

三、数字科技在疫情期间和疫情之后的巨大贡献

2020年突如其来的新冠肺炎疫情快速蔓延，对我国经济社会造成了巨大的短期冲击。但在此次抗疫过程中，数字科技展现出强大的战斗力，无人机、智能机器人等越来越多的"黑科技"加入抗疫大军，不断地注入硬核力量。大数据分析支撑服务疫情态势研判、疫情防控部署及对流动人员的疫情监测、精准施策，提前锁定潜在传染源、汇集复工企业的务工人员流动情况和健康状况等信息，动态优化企业和社会资源配置。一些5G应用因疫情暴发加快落地，"5G+红外测温"、"5G+送货机器人"及"5G+清洁机器人"等快速服务于疫情防控，5G网络无人车在武汉当地街道喷洒消毒液、配送物资（见图13.3）、配药流动等方面发挥作用。人工智能全面渗入分子诊断、流行病史追踪、新药研发及远程诊疗各个环节，帮助医疗机构优化诊疗效果，降低病毒的传播风险。区块链在政务、医疗、金融、零售行业实践中提供有效技术支撑，特别是促进公益慈善更加透明，凭借信息公开、不可篡改等特性，确保慈善组织的财务数据真实、可靠，解决当前因信息披露不足和不规范而导致的社会信任问题。

图 13.3 京东无人车在武汉配送物资

资料来源：京东数科研究院整理。

产业数字化

数字经济在此次抗疫过程中展现出强大的柔韧性和巨大的发展潜力，有效保障居民生活、支撑疫情防控和加快复工复产。同时，疫情也让越来越多的企业认识到过去以线下渠道为主的经营模式存在诸多局限性，进而更加重视强化线上化、数字化服务能力。疫情持续较长时间，直接带动了在线娱乐、教育、远程办公、远程医疗及生鲜电商等新业态新模式的发展，促进数字经济市场更趋活跃。随着疫情逐步解除，经济社会生产恢复正常，教育、医疗、办公等庞大的在线化市场需求会持续激发，有望诞生超级应用，这也为相关领域的数字科技创新带来重大机遇。

数字科技在此次疫情中突出的赋能价值，得到政府机构和决策者的高度关注。2020年2月14日，习近平总书记在主持召开中央全面深化改革委员会第十二次会议时强调："要鼓励运用大数据、人工智能、云计算等数字技术，在疫情监测分析、病毒溯源、防控救治、资源调配等方面更好发挥支撑作用。"2020年2月，工信部办公厅下发《关于运用新一代信息技术支撑服务疫情防控和复工复产工作的通知》，进一步强调充分运用大数据、人工智能、区块链、5G等数字技术，支撑服务疫情防控和加快复工复产工作。在政策支持、市场需求的驱动下，数字科技在支撑经济复苏、扶持中小企业发展方面起到关键作用。

后疫情时代，新型基础设施建设成为热词，多次出现在决策层部署当中。新基建以数字经济基础设施为依托，利用数字科技，赋能传统行业数字化改造，为我国经济的转型升级注入强大动力。应当看到，5G、工业互联网、人工智能、物联网等虽已起步，但要形成普遍化应用，并带动产业数字化转型，还需要基础设施的进一步完善部署。与此同时，新基建还能激发包括数字零售、智能城市、智能物流、远程医疗等新兴产业发育，刺激新的消费需求与行业创新实践。在新基建过程中，需要在政策层面加强顶层设计、放宽市场准入，在资金层面鼓励、引导民间资本更多地参与其中，形成多元化投融资体系，在技术层面支持数字科技企业深度参与，探索推动投、建、营一体化模式，挖掘数字科技应用的更高效能。

应当看到，数字科技已经成为抗击疫情和疫后重建的重要手段及工具，其在各个行业的广泛应用，特别是推动产业数字化快速发展，将成为促动我国经济回升和反弹的关键引擎。传统行业在新冠肺炎疫情的冲击下，既有短期之危，又有长期之机，亟待数字经济和数字科技企业凝聚核心优势，在广度上以客户为中心、延展多元服务场景，在深度上以数字化为主轴做好能力输出，在开放生态整合共建过程中发挥更加积极的赋能作用。

第二节　直播电商新模式激活存量消费市场

如果在采访时问中国人一个问题："什么是近年来最夺目的风口业态？"相信很多人都会回答："直播电商。"2019年，我国的社会消费品零售总额已超40万亿元，连续多年保持在8%左右或更高水平。在我国经济逐步降速的过程中，有关"消费升级"与"消费降级"的争论不断涌现，如何扩大内需、有效激发市场潜力、促成居民消费在更高水平上的供需平衡，日益成为全行业和全社会的关注焦点。疫情之下，线下消费场景急剧萎缩，客观上为消费行为线上迁移、跨界融合创造了特殊契机，也直接带动了直播电商业态的风生水起。可以肯定的是，直播电商出现后，用户的购物体验更加丰富了，这有助于激活被隐藏、被压抑的实体消费存量需求，更好地发挥消费作为后疫情

产业数字化

时代经济缓冲器的重要作用。

一、居民消费市场的短期冲击

2020年第一季度,受新冠肺炎疫情影响,我国GDP同比下滑6.8%,为1992年采用国民账户核算体系以来的首次负增长。从月度数据看,为防控疫情而主动暂停经济活动,2020年1—2月的多数经济数据创历史最低,其中全国规模以上工业增加值同比下降13.5%,服务业生产指数同比下降13.0%。GDP及各产业同比增速情况见图13.4。

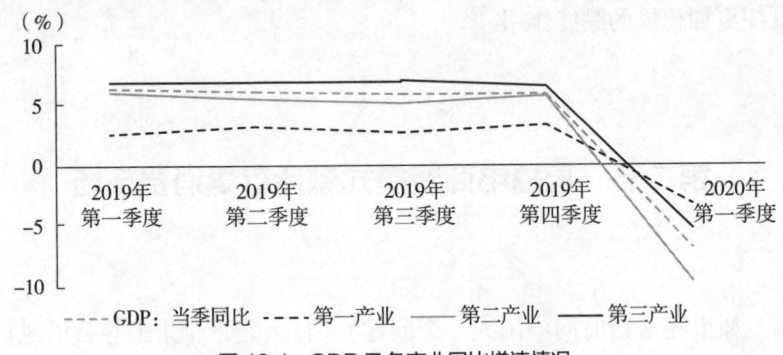

图13.4 GDP及各产业同比增速情况

资料来源:Wind,京东数科研究院整理。

作为促进GDP增长的三驾马车之一,消费受疫情冲击明显。2020年第一季度,社会消费品零售总额为7.86万亿元,同比下降19.0%,餐饮零售、旅游出行、社交娱乐等线下服务场景急剧萎缩,居民消费信心亟待重建。值得注意的是,2020年3月以来,随着国内疫情防控形势好转,海外疫情扩散、出口需求下降使外需越来越成为影响我国经济回暖的因素,而相比之下消费端受海外疫情的影响较弱,扩大内需将有助于抵御外需下滑,对冲疫情带来的负面影响。

第十三章
存量市场孕育数字化服务新生态

数据显示，2019年我国社会消费品零售总额已增至41.2万亿元，消费对经济增长的贡献率达到57.8%，拉动GDP增长3.5个百分点，连续六年成为我国经济增长第一拉动力。2020年3月社会消费品零售总额为26 450亿元，增速同比下滑-15.8%，但较1—2月回升4.7个百分点。从限额以上商品零售情况看，疫情发生后粮油食品、饮料、日用品等必选品类均为正增长，中西药品需求强烈，同比增长8%；可选品类中，文化办公用品、通信器材同比增长6.1%、6.5%，与企业复工、学生线上复学因而对办公用品和线上视频设备需求增加有关。扩大消费、做强现有存量将是疫情后提振经济的有力抓手，派发消费券正成为经济刺激政策的选项之一，对稳消费、稳经济能起到重要作用。社会消费品零售总额同比增速和累计增速情况，分别见图13.5和图13.6。

受新冠肺炎疫情的影响，线下零售、餐饮住宿、旅游文化等接触性、聚集性消费场景遭受剧烈冲击，餐饮行业收入增速接近腰斩。2020年第一季度，餐饮行业收入为6 026亿元，同比下降44.3%，奢侈品、汽车、地产相关消费也持续偏弱，住宿和餐饮业、批发和零售业、运输仓储和邮政业增加值同比分别下降35.3%、17.8%、14.0%。疫情期间，大量消费行为加速线上化迁移，全国实物商品网上零售额第一季度同比增长5.9%，占社会消费品零售总额比重达23.6%，同比提高5.4个百分点，成为推动新型消费逆势增长的重要驱动力。同时，疫情倒逼大数据、人工智能、5G、区块链等新技术加速落地，刺激无接触零售、智能化服务等新兴业态创新发展，驱动我国新一轮产业数字化变革，为后疫情时代我国经济破茧重生、求新谋变创造积极条件。

产业数字化

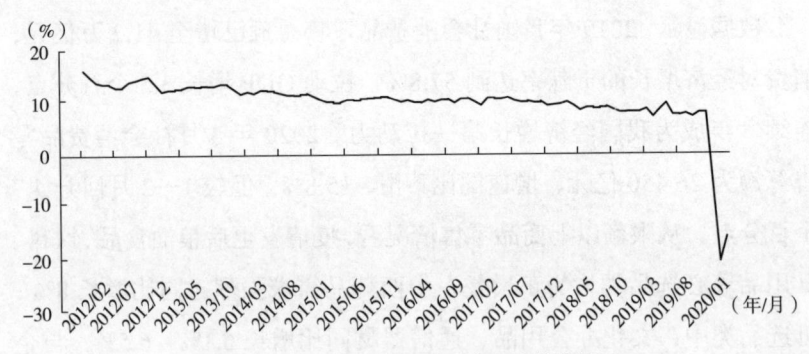

图 13.5 社会消费品零售总额同比增速情况

资料来源：Wind，京东数科研究院整理。

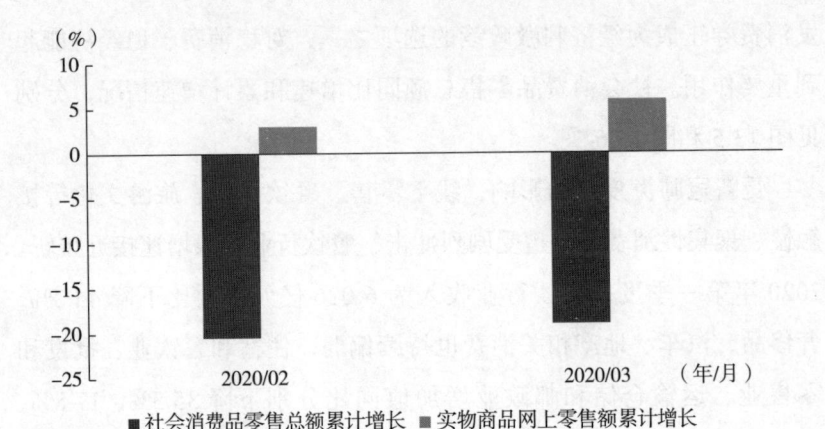

图 13.6 社会消费品零售总额累计增速情况

资料来源：国家统计局，京东数科研究院整理。

二、直播电商改变传统消费业态

疫情之下，部分传统零售行业加快数字化转型和线上线下整合发展，线上消费和营销急剧扩张，直播电商异军突起，正深刻改变消费模式和消费业态。直播电商既能帮助零售企业积聚用户、扩大影响，也能直接创造营收，缓解企业流动资金压力。受疫情影响，越来越多

第十三章
存量市场孕育数字化服务新生态

的企业开拓线上渠道、引流卖货，话题女王董明珠牵手抖音直播首秀，银泰商业集团 CEO（首席执行官）陈晓东和商场导购一起直播，林清轩创始人孙来春提出"直播 + 数字化变革让企业重获新生"，携程董事长梁建章宣称"哪里疫情控制得好，政府有旅游推广意愿，我就去哪里直播"。艾媒咨询数据显示，约有 25% 的直播电商用户每天会都观看直播带货，每周都会观看电商直播的用户占比高达 46%。2019 年我国直播电商行业的总规模达到 4 338 亿元，预计到 2020 年内将突破 9 000 亿元大关（见图 13.7）。

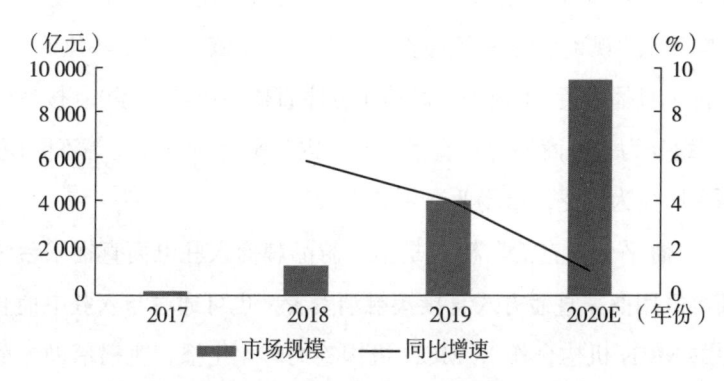

图 13.7　2017—2020 年我国直播电商市场规模

注：E 表示预测数据。
资料来源：艾媒咨询，京东数科研究院整理。

直播电商的崛起与互联网流量红利逐渐消退、短视频平台迅速崛起、大众娱乐消费多元化等社会背景密切相关。2016 年 3 月，蘑菇街开通直播频道，之后京东、淘宝和苏宁易购等主流电商平台也纷纷加入直播行列。2017 年，苏宁易购上线直播功能，快手开启直播带货模式；2018 年，京东时尚在"京星机会"中推动直播带货，当年年底抖音购物车功能申请开放；2019 年，拼多多、腾讯看点等也试水直播带货。目前，直播电商已被各大平台纳入重要战略。

317

产业数字化

三、直播电商主流模式和价值传导路径

从2016年兴起，到2017年走向精细化运作，再到2018年、2019年，头部平台纷纷布局，直播电商产业链上中下游已较为成熟，并逐渐走向规范发展的新阶段。从上下游看，直播电商产业链包括上游商家、厂家、批发商，中游MCN（多频道网络）机构、主播（明星、KOL、带货达人、导购）、直播场景（电商平台、直播平台、社交平台、短视频平台），以及广大的下游消费者（C端和B端消费者）。按场景，可划分为"电商+直播带货"（京东、淘宝、拼多多、苏宁易购、考拉海购等）、"视频平台+直播带货"（抖音、花椒、虎牙、斗鱼等）、"社交平台+直播带货"（快手、微信小程序直播、小红书等）；按运营模式，可划分为"电商平台+直播"和"内容平台+直播"等不同模式，覆盖主体极为广泛，市场业态更趋丰富。

"电商平台+直播"模式是指上游品牌商入驻电商直播平台（品牌商可采用商家直播方式直接接触消费者，也可通过与入驻电商直播平台的MCN机构合作），MCN机构签约孵化主播，主播借助电商直播平台实现内容输出，并吸引消费者关注和推荐产品，最后达成交易。这一模式的主要特点包括主播带货、以日常消费品为主、品类垂直、交易成本低和便捷性强等。

京东属于典型的"电商平台+直播"模式。2019年，京东"双十一"直播的交易额较半年前的"618"大促时暴涨38倍。2020年，京东将开放京东全平台的数据资源和能力，帮助商家和达人精准匹配用户，并且让直播的每一个环节都做到数据化。在产品技术赋能上，京东将从基础体验、产品功能和互动营销工具三个方面努力，同时在5G条件下，AR、VR等新技术打造的各种应用和虚拟形象也将为直播加持。与其他平台相比，京东自营模式使京东与供应链、商家的合

作关系更为紧密，平台和商家可以合力将直播业务打造为京东的核心优势项目。同时，京东商品在消费者心目中的高品质，促使观看直播的用户放心购买，大幅缩短直播带货成交路径，再加上京东物流和客服的传统优势，也对优化用户直播购物体验产生助益。

"内容平台+直播"模式是指品牌商与 MCN 机构合作，MCN 机构入驻内容平台、孵化签约主播，主播通过内容平台进行内容输出，吸引消费者关注和推荐产品，内容平台进行流量分发，引流至电商平台成交或直接引流至消费者，最终达成交易。这一模式的主要特点是网红带货、内容性和互动性强、数据掌控度较低等。

比如，抖音更强调内容生产，平台定位为孵化网红、主播进行娱乐或带货，其流量来源于平台的公域流量，其中"美妆+服装百货"占比较高。以早期短视频平台的快速成长为基础，抖音发展直播带货时已经积累巨大的用户体量，可不停地探索迭代新的商业模式。2019 年，抖音公开宣布与京东等平台合作，支持红人带货，并同期推出小程序电商。除抖音外，还有许多平台跨界进军电商领域（见表 13.2）。

表 13.2　各类新主体跨界进军电商领域

社交平台	内容平台	垂直平台	金融机构	物流企业
微博	今日头条	Keep（健身 App）	工商银行	顺丰
微信	抖音	咕咚	建设银行	韵达
脸书	快手	美图	农业银行	中通
推特	小红书	宝宝树	贝宝	申通

资料来源：京东数科研究院整理。

需要指出的是，疫情将直播电商推向潮流风口，从小众人群走向社会大众，使其成为疫情期间连接云复工企业和宅家抗疫消费者的桥

产业数字化

梁。根据第三方机构艾瑞咨询的统计,2020年春节期间,企业直播行业客户量同比增长8~10倍。京东在疫情中通过京源助农直播、产业带探厂直播等活动助力商家复工复产,激发消费者消费意愿,同时通过平台优惠政策引导商家入驻。疫情初期,京东直播发起了京源助农项目,通过直播帮助各地农产品上行到线上,解决滞销问题,为近亿吨农产品解困。此外,京东直播对商家和机构推出了一系列的扶持政策,如对已开播商家推出平台折扣点最低降至1%的全品类降扣政策,对新开播商家给予45天公域流量扶持的流量护航政策,以及对消费者发放多品类优惠券和京豆补贴等,全面促进直播电商流量聚集和消费活跃。

作为数字经济的一部分,直播电商不仅能发挥网上购物的作用,还兼具在线社交、在线娱乐的功能,从一定程度上激发了消费活力,推动了网络购物的发展,加快了线上和线下的融合进程。中国互联网络信息中心发布的第44次《中国互联网络发展状况统计报告》指出,下沉市场、跨境电商、模式创新为网络购物市场提供了新的增长动能。其中,在模式创新方面,直播带货、社区零售等新模式蓬勃发展,成为网络消费增长的新亮点。

回顾历史,2003年"非典"过后,以电商等为代表的消费互联网迎来空前繁荣,在线支付、物流配送等行业实现跨越式发展。此次席卷全球的新冠肺炎疫情,间接催动产业数字化兴起,倒逼传统企业数字化转型。以直播电商领域为例,伴随5G标准规范的落地,以及AI、VR、AR等技术逐渐成熟,线上购物场景和实体体验的不足将被有效弥补,线上购物体验将更加丰富,从而推动线上线下深度融合,最终走向无界零售。作为网络销售的新兴消费业态,直播电商不断释放消费潜力,激活被隐藏、压抑的实体消费存量需求,更好地发挥消费作为后疫情时代经济缓冲器的重要作用。

第三节　疫情倒逼企业数字化转型

疫情发生后，你上班了吗？你有曾在自己家中远程办公、远程参会的经历吗？事实上，一场突如其来的疫情，让数以亿计的中国人切身感受到企业数字化转型的必要性、可能性。当然，企业数字化转型不仅包含远程办公，还包括应用各项数字科技的新产品、新服务，提升生产经营效率和用户服务能力。疫情期间，企业数字化经营管理需求凸显，数字科技成果加速落地，市场规模呈现井喷式增长。可以预见，在日趋多元化的市场主体需求激励下，远程办公及其衍生的企业服务市场成长空间广阔，这一市场将是互联网和数字科技企业求新谋变、布局数字化服务生态的重要蓝海，为实体经济，特别是各传统行业领域的产业数字化发展提供强大科技支撑。

一、企业数字化转型的行业背景

事实上，企业对于服务的需求并不仅仅是在特殊时期，数字化、网络化、智能化的转型早已体现在近年来的企业行动与相关政策中。从国际经验看，作为制造业强国的德国，有"两个70%"：一是服务业占GDP的70%，二是生产性服务业占服务业比重的70%。相比之下，我国生产性服务业占服务业的比重仅有40%多。当前，数字化技术的快速发展，正在让服务变得更智能、更具预见性与规范性，其重要性正在越来越多的企业业务中得到体现。在工业企业、建筑楼宇、电力基础设施等领域，为了保持产品、设备和资产的安全、稳定及高效

产业数字化

运转，以及推动企业的数字化转型升级，咨询服务、运营维护、数字化服务等多样化服务的市场需求都在不断扩大。

2019年11月，国家发展改革委等15部门联合印发《关于推动先进制造业和现代服务业深度融合发展的实施意见》，我国诞生了先进制造业和现代服务业"两业融合"的实施意见。在一些经济学家眼中，制造业转型升级的关键性指标即"以服务业市场开放扩大生产性服务业供给"。从"黑灯工厂"到"无人车间"，以自动化、无人化、智慧化为导向的管理平台，正在成为企业管控生产经营全流程的理想工具，也是企业降低业务成本和人员密度、改进产品和服务数字化水平的目标方向之一。

新冠肺炎疫情在给各传统产业带来强烈冲击的同时，也为众多以数字化为特征的经济新业态创造了特殊的发展契机。疫情防控期间，线下场景需求疲软、供给阻断，而包括大消费、大健康、大娱乐等在内的大量线下活动迁移至线上，以生鲜电商、在线教育、远程办公等为代表的线上宅经济加速发展。需要指出的是，由于疫情持续时间较长，To B 服务需求集中释放，构成维持企业经营与社会运转的重要支持条件。为助力社会治理数字化发展，数字科技企业搭建的"防控技术支持体系"集合了"高危人群疫情态势感知系统""社区疫情智能管控平台"等智能防疫产品，为抗疫医疗机构、社区工作者和有复产复工需求的企业管理人员提供了有效的技术支持。

案例：京东疫情问询机器人

京东数科自主研发的智能客服，基于 GAN（生成式对抗网络）、迁移学习算法实现 FAQ（常见问题解答）生成技术，可以让 AI 自动生成相似问法来加强模型，正确率达 80% 以上，能大大减少运营人员的工作量、提升工作效率，同时增加应答模型准确率。需要指出的是，

第十三章
存量市场孕育数字化服务新生态

这一智能客服情感分级较细腻,可以根据客户的情绪(文字交互通过敏感词、语音交互通过语速音量及敏感词等识别)实时感知用户的情绪。一方面,当用户不满时能够给出安抚对话;另一方面,也便于及时将不满的用户转移到人工服务。

基于智能客服的基础能力,京东数科在疫情期间针对性地推出了疫情问询机器人,接入陕西省榆林市信用办、联通集团、四川中小企业公共服务平台、什邡医院等约60家政府和企事业单位,提供疫情监控、知识普及、送药等服务内容,实现7×24小时在线陪伴,保证各地方安全有序复工复产。此外,疫情问询机器人还能以分诊H5的形式接入医院App或微信小程序中,通过人机高效的交互帮助医疗服务机构减轻初诊压力。目前,由京东数科推出的这款疫情问询机器人,已在中银消费金融、顺德农村商业银行、广西农村信用社等近20家机构的微信公众号或App中接入使用,也在京东钼媒旗下的"社区惠生活"和"钼悦生活"等多个智慧社区应用中完成落地。

二、远程办公新业态异军突起

为了避免人员聚集,不少企业纷纷响应国家号召,采取远程办公模式,鼓励员工居家办公,以减少病毒在返工过程中进一步扩散,有效切断病毒传染源,保护员工健康安全。数字化、移动化的远程办公方式可以突破参与工作的时空限制,不仅避免线下聚集风险对企业运营的扰动,还能促使员工在办公时间上更为自由,在办公形式上更为灵活,从而减少通勤成本、提升工作效率。根据艾媒咨询的统计,新春复工期间,我国超过1 800万家企业采用线上远程办公模式,超3亿人使用在线办公应用,复工后效率办公类App使用率平均涨幅72.2%。在由疫情触发的在线办公市场需求激增的背后,是企业经营、

产业数字化

管理的数字化转型已迫在眉睫。

追溯历史,远程办公起源于20世纪70年代,IBM为解决公司内部主机拥堵问题,允许五位员工将连接公司主机的终端机安装到家中,通过使用组件和虚拟个人网络连接办公室团队成员,实现在家远程办公,从此开启远程办公的浪潮。早在2009年,IBM对外宣称其在全球173个国家中,约有15.4万名员工没有任何实体办公场所,通过远程办公为IBM节省了5 800万平方英尺[①]的办公空间和大约20亿美元的管理成本。随着云计算、5G等新一代信息技术的快速发展,异地办公、移动办公等远程办公模式,正在为更多的美国企业所接受。

与欧美国家相比,中国远程办公行业发展较晚、渗透率相对较低(见图13.8),一直作为办公的辅助形式存在。全球工作场所分析(Global Workplace Analytics)的调查显示,2005年我国远程办公人数仅有180万。随着互联网和数字科技蓬勃发展,远程办公行业跨越技术障碍,2014年我国远程办公人数扩充至360万,同期远程办公平台市场规模也呈现较快的增长态势。根据中国软件网的数据,2018年中国远程办公市场规模接近234亿元,较2017年同比增长20.8%,2019年则继续保持15%以上的行业规模增速。疫情期间,根据百度指数的数据,2020年1月末至2月初,移动办公、视频会议等关键词搜索量暴涨,7日环比上涨521%,其后远程办公搜索量在2月3日和2月10日两个复工日达到顶峰;远程办公日新增用户数量亦逐步走高,在2月10日暨复工日当天突破400万。艾媒数据测算,2020年远程办公市场规模将达到449亿元,可以预见在未来几年内仍有巨大的增长空间。

---

① 1平方英尺≈0.09平方米。——编者注

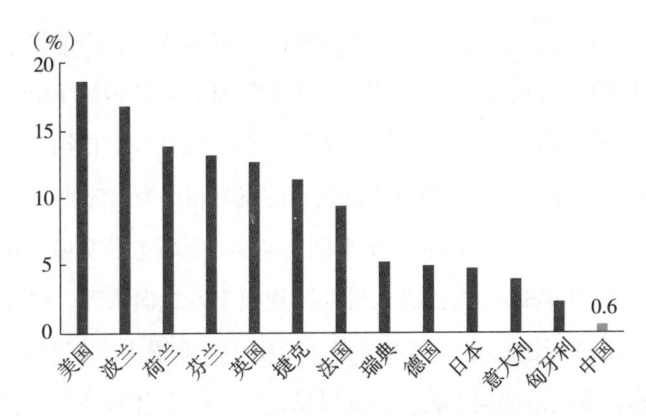

图13.8 2018年全球部分国家远程办公渗透率情况

资料来源：亿欧智库，京东数科研究院整理。

三、远程办公市场上的典型产品

面对疫情期间激增的远程办公需求，互联网和数字科技企业纷纷向外部机构免费开放内部远程办公软件，并不断开展远程办公软件的更新迭代，以期更好地满足用户的使用需求。一方面，可凸显企业的社会责任，增强品牌影响力；另一方面，则有利于促使企业及其员工（广大的C端用户）形成远程办公的习惯，为拓展用户规模，提升用户黏性，以及在后疫情时代推出相关迭代产品、布局新场景、发展新业务奠定基础。

其中，企业微信是腾讯微信团队专为企业打造的企业通信与办公工具，拥有腾讯生态下的海量用户支持，在远程办公领域具有先发优势。疫情期间经过不断更新迭代，可以随时随地发起语音视频会议，同时支持300人线上参会；可以支持创建"万人全员群"，与员工保持实时沟通，更高效地传递信息，在一定程度上帮助许多中小微企业破解了协作之急；可以免费提供群直播、收集表、在线问诊等服务，帮助学校教师在企业微信班级群内发起群直播进行线上教学，学生可以在微信上进行在线学习，家长也可以在微信上在线观看授课学习过程，从而切实保障停课不

产业数字化

停学。App Annie（移动数据和分析公司）的数据显示，企业微信在疫情期间迎来使用高峰，2020年2月企业微信下载量环比增长171%，其中2月21日企业微信日活跃量高达1374万，领跑远程办公市场。

同时，原本仅供字节跳动内部使用的飞书和华为内部使用的WeLink（数字化办公协作平台），在疫情期间迅速加入远程办公赛道，作为后起之秀，飞书和WeLink均已进入日活跃规模十万级俱乐部，迎来远程办公业务发展的新增长点。飞书承诺，为中小企业提供三年的免费服务，帮助更多企业高效协同办公。由此可见，"云办公"不仅成为疫情之下企业复工复产过程中的阶段性刚需，也正在发展为企业办公数字化的重要实现形态。疫情期间主要远程办公产品用户日活跃量见图13.9。

展望未来，伴随5G和云计算等新一代信息技术的不断完善，以及软件应用模式的突破创新，远程办公将得到数字科技的更多支撑。互联网与科技巨头积极布局远程办公市场，不断迭代产品功能、优化产品性能，有助于促进不同行业、不同规模和有不同需求偏好的企业加速数字化转型，提升管理效率。可以预见，疫情过后，在日趋多元的市场需求激励下，远程办公及其衍生的企业服务市场成长空间广阔，这一市场将是互联网和数字科技企业求新谋变、布局数字化服务生态的重要蓝海。

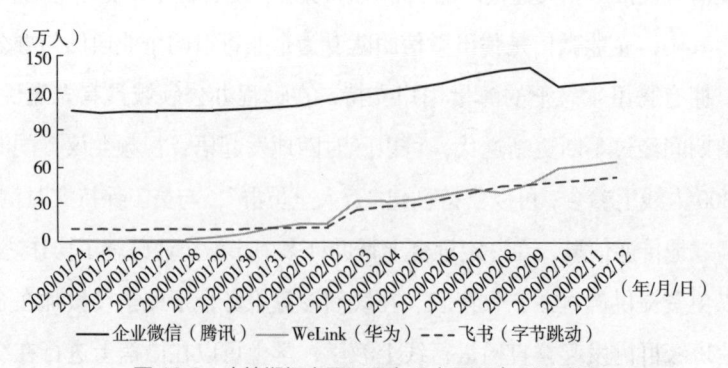

图13.9 疫情期间主要远程办公产品用户日活跃量

资料来源：MobTech（数据智能科技平台），京东数科研究院整理。

第十四章

决胜 B 端方能站稳 C 位

本书已多次提及 B2B2C 的商业模式。试问，在这一新型商业生态中，谁才是 C 位呢？第一种理解是，由于多方参与、合作共赢、去中心化，所以并不存在真正的 C 位。第二种理解是，所有产品、服务的设计和优化都将紧密围绕于终端用户的需求，所以用户才是 C 位。在此，我们认为或许还存在第三种理解，那就是无论数字科技服务于哪一行业、哪一具体企业，只有通过立足企业在经营管理和用户服务中的现实痛点，给出具有针对性的解决方案，才能实现有效赋能，开辟数字科技企业在下半场的宝贵生存空间。因此，谁能在连接市场主体、协同行业供给、输出工具化产品和智能数据价值等方面有所作为，谁能在 B 端服务市场最后胜出，谁才是市场上当之无愧的终极 C 位。

第一节 数字科技企业从 B2C 到 B2B2C 的赛道转换

在市场业态由消费互联网转向产业互联网的过程中，B2B2C 正在成为数字科技企业提升盈利能力的主流商业模式。通过赋能企业、政府机构和其他行业服务主体，数字科技企业可以在连接市场主体、协同行业供给、输出工具化产品服务和智能数据价值等方面扮演积极角色，实现 C 端个性化需求与 B 端规模化生产之间的高效匹配。在这一开放生态下，数字科技企业可以破解用户增长天花板，聚合场景流量，扩大服务半径，在更广泛的行业领域内积累竞争优势。

一、B2B2C 模式简析

B2B2C 正在成为数字科技企业提升盈利能力的主流商业模式，其关键在于"为 B 端合作机构赋能"。数字科技企业在搭建行业平台、整合各方资源、优化业务流程时，需要在思考 C 端用户需求偏好的同时，更多考虑到不同 B 端机构在各自资源禀赋、需求痛点上的差异化特征，提供针对性解决方案，从而在最大程度上体现生态价值。实际上，数字科技企业在深耕 C 端市场的基础上，为 To C 企业提供数字化企业服务，有利于实现供给侧与需求端的有效匹配，也更贴合市场业态从消费互联网向产业互联网转型的时代主题。

过去十几年中，我国互联网相关行业的蓬勃发展，在很大程度上得益于我国庞大的人口基数及转化为线上用户的强大动力。截至 2019 年，我国网民人数已达 8.54 亿，在总人口中的占比超过 60%，继续

产业数字化

提升空间受限。在过去数年中，手机网民贡献了我国网民的主要增量，2019年手机网民的占比已高达99.2%，自身增速加快收敛（见图14.1）。在人口红利缩窄、移动互联网用户增长日趋见顶这一整体环境下，线上流量成本陡增，To C的商业模式的合理性与可持续性受到挑战。因此，转型To B成为数字科技企业摆脱C端流量困局，发挥场景、技术等自身优势，开辟低成本、低风险发展新路的明智之选。

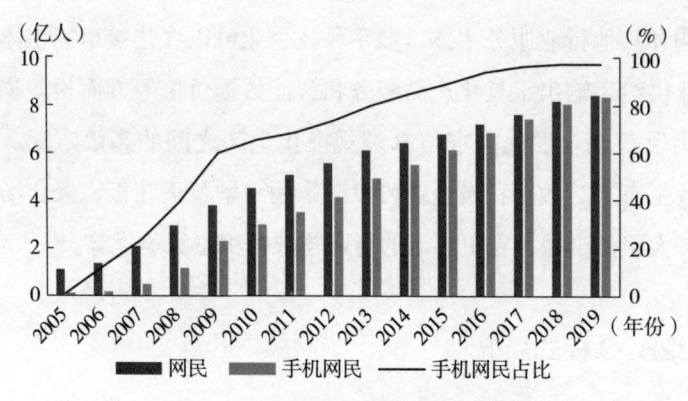

图14.1　我国手机网民规模变化趋势

资料来源：中国互联网络信息中心，京东数科研究院整理。

数字科技企业通过赋能企业机构来服务广大的终端市场，和直接服务C端用户具有较大差异。在B2B2C模式下，数字科技企业的角色更多体现在专项赋能、连接创造与生态共建上。根据服务对象的不同，呈现的行业业态也具有一定差异。如果其赋能大中型企业或政府机构，那么数字科技企业及其服务对象与最终的C端用户将构成稳定的三角关系，此时数字科技企业将主要发挥"工具箱"的作用，为其服务对象输出标准化组件、提供定制化服务；如果其赋能跨行业的B端机构及小微企业，那么会形成以数字科技企业为平台的动态双边市场，此时数字科技企业将更多地发挥平台作用，成为跨场景、跨行业的连接渠道，形成大量B端机构与C端用户相互匹配、互动的平台生态。

在行业实践中，京东数科为政府、公共服务机构、企业以及全国数千个小区提供高危人群疫情态势感知系统、社区疫情智能管控平台、京东良研问卷小程序和智能外呼机器人等智能防疫产品，助力各地区各行业科学抗疫，较好地体现了工具箱价值。京东数科开展众筹扶贫，一端连接贫困地区特色产业的涉农小微企业及个体农户，另一端连接全国市场内的个体消费者，通过借助历史购买行为、浏览偏好等海量用户洞察数据，使消费者购买到更加安全、绿色及符合个性需求的优质农副产品，助力贫困地区获取客源、扩大销售、精准脱贫，更好地体现了平台连接器的重要作用。

应当看到，一些企业拥抱B2B2C的经营模式，本质上就是希望在C端的个性化需求与B端的规模化生产间寻求解决之道，从而在连接市场主体、协同行业供给、输出工具化的产品服务和智能数据价值等方面扮演积极角色。事实上，考虑到数字科技企业在数据生产要素的积累和价值挖掘等方面具有突出比较优势，B2B2C能够有效帮助企业机构丰富用户洞察，优化产品服务，提升行业需求匹配效率。同时，以数字科技企业为引领、融合场景服务机构的行业联盟的形成，还有助于延展各主体原有服务覆盖半径，纵向上实现对垂直领域的深耕和孵化，横向上实现对业务形态的衍生和创新，塑造可以支撑企业蓬勃向上的完整生态。

二、B2B2C核心能力构建

数字科技企业构建B2B2C商业模式，既需要在垂直领域内做好深耕和孵化，又需要在更多服务场景下实现业务形态的衍生和创新。

产业数字化

前者需要具备强大的纵向协同能力，而后者需要具备过硬的横向协同能力。如何衡量企业是否已经具备相应的能力呢？在纵向协同方面，应特别聚焦于以下三点。

第一，该企业在主营领域是否已建成足够的护城河，即具有明显的资源门槛和技术壁垒，具备可随时调用的标准化工具应用，具备数据中台能力、用户运营能力、供应链能力等可支撑的能力模块，以及在供应链中具有强势的谈判能力。

第二，该企业在主营领域的行业共建效果如何，即能否保证合作机构的能动性、创造性，从而提升对终端市场的个性化服务能力，以及能否在共建关系中沉淀C端用户数据洞察。

第三，该企业在主营领域营造的生态系统是否具有自生长能力，包括合作机构能否提供多样化、差异化的产品供给，C端用户对这一多样化和差异化的敏感程度，以及二者之间是否存在顺畅正反馈机制，从而形成"不均衡双边市场"，保证数字科技能够持续居间扮演数字化工具箱和平台连接器的角色，实现自身成长与行业中长期价值创造的双赢。

同理，在评判横向协同能力方面，也应关注三点。

第一，该企业能否在横向扩张过程中复用已有能力，包括可作为工具性抓手的成熟产品、可用于跨场景和跨行业输出的能力模块，以及从第三方获取尚不具备的资源和能力支持。

第二，该企业意向拓展的新业务能否与原主营领域产生协同效应，比如为原有客群延伸应用场景、提供附加价值、具有强社交关系，或通过市场反馈反哺能力提升。

第三，相关新业务是否符合行业代际变迁趋势，具有向上发展的更大市场空间，包括是否尚未形成充分垄断、能否吸引更多市场主体进入等。如果企业在横向扩展的问题上认识不清、能力不足，则极有可能在市场的短期调整和周期性变动中分散资源、淡化主业，丧失提前布局真正蓝海的前瞻性机会，最终与转型升级的美好愿景失之交臂。反之，以强化自身的数字科技能力为主轴，在做好垂直领域服务的基础上，为用户更多的衍生场景输出平台化服务，助力更多行业实现线上化、数字化和智能化升级，则具备成为一流企业的更大潜能。

在此方面，东南亚打车租车服务供应商 Grab 提供了一个平台横向扩张的典型案例。2012 年开始，该机构最早推出出租车叫车平台。在深耕出行服务，并取得较大规模优势和市场影响后，其率先瞄准与用车直接相关的场景。平台提出的口号是"一个联通的消费服务生态体系，让每个人的日常生活变得更简单"，这一思路在 Grab 不断横向延展的业务布局中得以充分展现。比如，通过合理调度行车资源、充分复用车辆运力，开启物流快递等附加服务，并获取相应的低成本收入；通过为司乘双方提供意外伤害和重大疾病保险，在缓释各方因车祸、人身伤害、长期职业病等引发的风险忧虑的同时，以保险为突破口构建综合化的财富管理板块，创造更多资金沉淀和价值变现机会；通过强化支付能力，开拓线上消费、线下购物、餐饮、娱乐等支付场景，满足用户更多生活服务需求，在丰富合作过程中持续凸显平台属性。此外，Grab 还将产品和能力快速复制于周边市场，在激发更大范围网络协同方面表现突出。

三、B2B2C 模式下的各方价值实现路径

在数字科技企业牵头构筑的 B2B2C 开放生态下，各类主体均能切实受益。对 C 端用户而言，其用户旅程得以连续，不管是在同一个超级 App 内完成业务办理，还是以 API、SDK 等形式实现在不同 App 内无感连接，都可以更顺畅、更实时地满足用户的场景化需求。比如，

产业数字化

用户在搜索美食门店的同时,就可以点选出租车到店等服务,并获得天气、导航、周边娱乐等更多相关的信息支持,以更好地辅助决策和丰富服务体验。

对 B 端合作机构而言,打通用户需求场景不仅意味着拓展更多的流量来源,也为更加全面地洞察用户需求、挖掘营销机会创造了有利条件。比如,用户在消费支付、美食观影、筹划婚庆、聚会和旅行,以及看房、看车、看资讯时,都可能产生金融等衍生服务需求。通过融入用户的碎片化时间、全场景需求,可以帮助合作机构获取更多具有真实需求、资质更优、风险更可控的用户。

对于数字科技企业自身而言,B2B2C 模式有助于破解自身的用户增长天花板,将原先经营不足、覆盖有限的各个垂直场景流量充分聚合,带动生态内的整体用户增长和活跃。比如,除原有主营业务外,资讯场景下的搜索引擎、门户网站,社交场景下的即时通信、网游,消费场景下的电商、商超,经营场景下的财税结算、物流、交易平台,以及其他政府和社会公益组织、金融服务网点等,都可以连接进入开放生态,在实现用户需求与合作机构产品和服务供给更好匹配的同时,还可以扩大流量入口,提升用户对平台品牌的认知和行为黏性,帮助数字科技企业在更广泛的行业领域积累竞争优势。

智慧停车系统是京东数科与合作机构共同打造的、面向广大 C 端用户的数字化服务解决方案。2020 年春运期间,京东城市与大兴机场停车楼运营方首钢基金 S-PARK 联手推出的智能停车系统正式投入运营。通过物联网技术实现停车场内数百个摄像头和数千个车位的时空互联和时空大数据处理能力,大兴机场智能停车场可动态发布车位引导信息,让车主清楚地了解现有车位空余情况;车主在取车时可通过查询机或者手机端的应用来查询车所在的精确位置,解决找车难的问题。在这样一套系统的运行下,未来的大兴机场智能停车楼将彻底实现无人化管理，司机进场出场全程可得到智能引导，并可以自动缴费，彻底告别停车难和排队缴费的问题。除停车外，智能停车系统还能提供更多增值服务。例如，京东白条给旅客提供立减服务，开通停车优惠；在"S-PARK出行"系列的App、小程序中均上线了保险购买通道，给车主提供便捷的保险续费、更换服务，在极大改进用户体验的同时，也显著增强了用户的平台黏性。

第二节　合作生态驱动无界零售

无界零售是B2B2C改写传统行业的运作模式、提升服务效率和用户体验的典型用例。通过对消费者购物需求的深入洞察和反向定制，对商品服务内涵的持续延展，对消费场景在时空维度上的不断破壁，数字科技赋能可以极大地推动场景联通、数据贯通和价值互通，促成零售消费行业的产业链重塑与服务效率提升。可以预见，后疫情时代下的无界零售将在市场需求与政策扶持的双重利好下加速发展，带动相关主体参与开放生态共建，在推进数字化转型过程中激发行业长期价值。

一、无界零售模式简析

近年来，我国零售消费行业规模持续扩大，对国民经济的贡献不断增强，但其传统发展模式下的成本抬升、盈利效率低下、人均产能不高、用户黏性与转化率不强、货品迭代与主动营销薄弱等痛点也日益突出。与此同时，网络零售业在经历高速发展阶段后，流量红利趋

产业数字化

于见顶、难以满足消费者多元化购物体验等弊端逐渐凸显。随着居民收入升高和消费升级趋势加速，打通线上、线下消费场景和服务体验的"新零售"概念得到市场和社会各界广泛关注。人工智能、5G、区块链、云计算、物联网等新兴技术的蓬勃发展，更为线下零售数字化转型和与网络零售的深度融合提供了良好契机。

人们普遍认为，新零售不是依赖于网店进行的"线上下单、线下送货"模式，也不同于依赖街边商铺进行的直接线下购物，而是一种对线上服务、线下体验与现代物流进行无界融合的新兴模式，进而对传统零售业态进行重大改造。以京东为例，其于2017年正式确立"无界零售"的战略宏图，并积极向"零售+零售基础设施的服务商"转型。根据其构想，用户消费行为将在人、货、场景三大维度上进行极大延展，实现场景、数据和用户价值的充分互通。

在人的维度上，无界零售的重要特征是"人企无间"，指消费者将更深入地参与到企业产品设计、制造、运输、分销、售后等价值链中，实现基于用户的个性化消费需求的反向定制。在一些行业实践中，零售平台将自己的商品库共享给普通消费者，消费者可以将其勾选的店铺商品分享至社交平台，供亲友等其他用户购买，此时其既是购买者，也是分销商，与零售平台及其商品提供者一道构成了更加丰富完整的购物生态。

在货的维度上，无界零售的重要特征是货物无边，即商品、内容、数据及服务等彼此渗透，商品即内容，内容即数据，数据即服务。在这一业态下，商品完成售卖并非服务流程的终止，恰恰相反，还会进一步促进用户增加新需求、带动新生产，实现无界零售的价值跃迁。比如，智能音箱在用户后续使用过程中还将连接音乐、广播、节目等内容，沉淀语音交互记录等用户数据，强化选购、下单等持续性的服务功能。

第十四章
决胜 B 端方能站稳 C 位

在场景的维度上，无界零售的重要特征是时空无限，即打破零售场景在空间和时间上的边界，使其无处不在、无缝对接。零售消费行为将不仅可以发生在线上商城和线下商超中，也可以发生于居家生活、交通出行、阅读浏览等更开放的生活场景中，由时间驱动、地点驱动、特定需求驱动转变为场景驱动。这一趋势变化的实质是"去中心化"，即从消费者与商家或平台的双边互动，转变为全场景下各类服务主体之间的多边交互和深度协同。

二、无界零售模式下的价值创造

无界零售有利于推动场景联通、数据贯通和价值互通。通过地理位置定位、消息推送、拍照和身份识别等动作，其可以促成实体场景与虚拟场景、固定场景与移动场景等相互衔接，使原本散落的各场景在下单、取货、领券、消费等不同节点上功能互补，形成用户经营合力；通过将各个场景积累的数据进行交叉验证、聚合分析，其可以助推各个场景在用户获取、消费转化、复购促动、用户成长等方面的效率提升；通过将不同场景下的用户关系和用户资产进行打通、整合（如积分互认、会员共享），其可以保证用户在不同场景下享受到相似的地位和权益，从而极大地优化用户体验、强化用户黏性。

需要指出的是，任何单一主体都无法独自满足消费者的无界需求，因此，无界零售的营造过程注定是合作生态的共建过程，包括电商平台与传统零售商之间、零售商与品牌商之间、数字科技企业与制造业之间，以及企业与消费者之间的合作等。在这一生态中，数字科技企业不仅是平台的搭建者，更是数字化营销工具、数字化管理工具和各类数据智能的重要提供者，为零售行业深入洞察、有效满足用户的场景化、个性化需求创造必要条件。

产业数字化

事实上，无界零售的飞速发展既是科技创新和消费升级的成果，也离不开国家政策的有力支持。2016年，国务院办公厅发布《关于推动实体零售创新转型的意见》，较早提出推动实体零售创新转型，促进线上线下融合。同时，政府工作报告也屡次提及新型零售的发展问题，如2017年提出"推动实体店销售和网购融合发展"，2018年要求"增强消费对经济发展的基础性作用。推进消费升级，发展新业态新模式"，以及2019年指出"发展消费新业态新模式，促进线上线下消费融合发展"，为支持新型零售蓬勃发展提供了重要的制度保障。

三、疫情背景下的无界零售新突破

2020年新冠肺炎疫情的突然暴发，再次为零售行业创新发展带来了新的契机。疫情期间，不仅线下零售商遭遇较大打击，很多自身缺乏供应能力的中小电商在春节和疫情导致的物流停滞状态下也无能为力，线上线下结合的社区零售、生鲜电商因此成为行业风口。数据显示，生鲜电商在2020年新冠肺炎疫情中迎来订单爆发期，其中京东到家日活跃用户数量突破100万，全平台销售额同比增长470%，除夕至大年初六的蔬菜、水果、鸡蛋、乳制品和水饺及馄饨等速冻食品的销售额分别同比增长510%、300%、770%、370%和790%，同期叮咚买菜、每日优鲜、盒马鲜生等平台的食材订单量普遍同比增长50%以上。相较于传统零售商，主打生鲜产品的新型零售平台在防疫期间展现出强大的活力和极强的发展韧性。疫情期间生鲜电商App日活跃用户数量见图14.2。

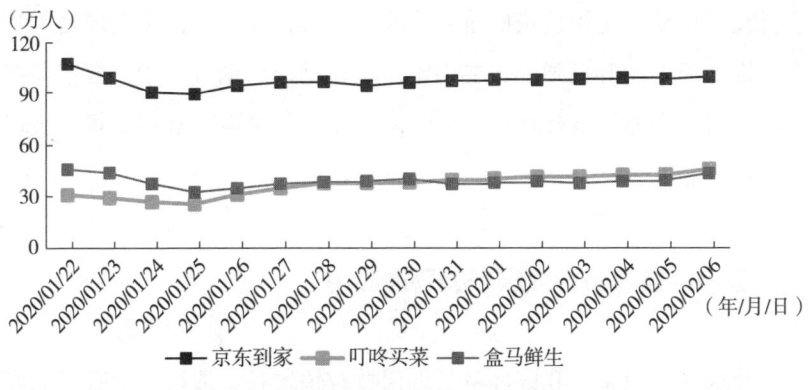

图 14.2　疫情期间生鲜电商 App 日活跃用户数量

资料来源：MobTech，京东数科研究院整理。

可以预见，随着后疫情时代新型零售行业竞争步入下半场，推动数字科技与开放场景深入融合、实现完整供应链的数字化转型，正在成为市场主体之间的战略竞争焦点。在此方面，数字科技企业需要抓紧难得的机遇，推动人工智能分拣商品、区块链技术溯源商品品质、基于 VR/AR 技术的新型零售场景体验中心等应用落地，在提升海量商户数字化服务能力的同时，为全产业链上下游各类参与主体的资源整合和价值再造创造积极条件。

第三节　数字科技赋能工业互联网

虚胖、大而不强、核心竞争力不突出，是以制造业为代表的中国实体经济当前面临的重要发展瓶颈。通过扎实有效的数据积累和价值挖掘，数字科技可为第一、第二、第三产业全面赋能，特别是成为工业企业加速数字化转型的关键助推器。自新冠肺炎疫情暴发以来，数

产业数字化

字科技不仅成为全民抗疫的重要手段和工具,还成为促进有序复工复产、推动经济回升反弹的重要引擎。在新基建启动过程中,数字科技将助力整个产业链条环环相扣、整体迭代,共同构筑 B 端市场升级蝶变的广阔蓝海。

一、数字科技在各行业领域的落地应用

改革开放以来,我国经济长期保持较快增长,取得举世瞩目的发展成就,特别是制造业规模不断扩大,我国成为名副其实的"世界工厂"和第一制造业大国。世界银行的数据显示,2018 年我国制造业增加值已突破 4 万亿美元,约为德国的 5 倍,在规模上已经实现对发达国家的超越。尽管如此,大而不强仍然是我国以制造业为代表的实体经济在当前面临的重要发展瓶颈。2019 年以来,中央政治局会议多次指出,虽然当前我国制造业总量已居世界第一,但产能落后现象明显,工业企业创新能力仍较为薄弱,表现在中低端产品无效产能过剩与高品质、个性化、高复杂性、高附加值产品有效供给不足并存,关键核心技术受制于人。打好产业转型升级的攻坚战,实现在全球产业链条中从低端向中高端的跃升,成为推动我国经济高质量发展的重中之重。

在发展方式深刻变化、经济结构不断优化的新时代背景下,新兴数字技术被赋予了新的使命与任务。通过扎实有效的数据积累和价值挖掘,数字科技可全面赋能金融机构在获客、审核、运营、风险定价、反欺诈、贷后管理及 ABS 等各领域改变传统作业方式、调整经营管理思路、提升金融服务效率,更好地支持制造业企业破解融资难题,化解落后和过剩产能。与此同时,数字技术在规模化生产、精益化运营领域的应用价值日益凸显。人工智能与农业生产深度融合,在对农户给予精准滴灌信贷支持的同时,还为其提供"猪脸识别"等现代化的种养殖管理、物流与监控系统,有助于提升农业组织化和机械化水平。通过利用大数据与深度学习技术,可使锅炉热效率提高 0.5%,60 万千瓦机组一年可节约燃料费用 200 余万元,在降低全社会能耗与污染治理成本的同时,推动工业企业数字化转型。

值得注意的是,在近年来一系列政策利好的促动下(见表 14.1),数字科技正在成为工业企业加速数字化转型的重要助推器。首先,它可以对行业的基础设施,特别是技术设施进行重构,从而加速新技术应用,提高资源流转效率,避免无序、重复、低效建设,降低企业开发和运营成本。其次,可以基于对大数据的积累和洞察,丰富产业知识图谱,对行业和企业的核心竞争力进行重塑,探索出更符合国内企业资源禀赋、国内用户需求偏好的发展路径。最后,还可以结合具体场景实践,深化业务融合与技术创新,促使有效供给与有效需求紧密贴合。

表 14.1 工业互联网相关政策梳理

发布时间	部门	政策文件
2015 年 5 月	国务院	《中国制造 2025》
2016 年 5 月	国务院	《关于深化制造业与互联网融合发展的指导意见》
2016 年 6 月	国家发展改革委、工信部、国家能源局	《中国制造 2025——能源装备实施方案》
2016 年 11 月	工信部	《信息化和工业化融合发展规划(2016—2020 年)》
2017 年 11 月	工信部	《高端智能再制造行动计划(2018—2020 年)》
2017 年 11 月	国务院	《关于深化"互联网+先进制造业"发展工业互联网的指导意见》
2018 年 6 月	工信部	《工业互联网发展行动计划(2018—2020 年)》
2019 年 6 月	工信部	《工业互联网专项工作组 2019 年工作计划》
2019 年 8 月	工信部等十部委	《加强工业互联网安全工作的指导意见》

产业数字化

续表

发布时间	部门	政策文件
2019年9月	工信部	《关于促进制造业产品和服务质量提升的实施意见》

资料来源:京东数科研究院整理。

当前,以人工智能、区块链、云计算和大数据等为代表的核心技术已活跃在产业赋能的各个领域。其中,人工智能通过语言和图像识别、神经网络等技术延展人类智能,可帮助企业更好地识别用户身份、预测用户行为和替代真人参与。基于分布式记账的区块链技术,可降低市场交易成本、管控企业信用风险、提高行业信息认证与支付结算效率。云计算可帮助企业整合信息系统、消除数据孤岛、快速部署和上线开发需求,增强获客、运营与风控创新能力,推动实体经济与金融行业的供给侧结构性改革。

二、数字科技在企业抗疫中的突出作用

2020年新冠肺炎疫情是对我国经济和国家治理能力的一次大考。在疫情暴发初期,工业企业同时遭遇用工荒、原料荒、资金链紧张等多重挑战。面对严峻形势,由数字科技企业输出的各项技术应用,不仅成为抗疫的重要手段和工具,还是促进有序复工复产、推动经济回升反弹的关键引擎。智能温感筛查系统可在写字楼、商场、机场车站等人员密集场所进行部署,采取非接触方式快速筛查高温人群,助力恢复生产生活秩序。无人机、智能配送机器人等可快速打通各地运输通道,保证物资供应与居民生活。智能城市操作系统可为政府、公共服务机构、企业以及数千个小区的常态化防控工作提供技术支持,还可以充分利用大数据技术和社会信用体系,协助各

第十四章
决胜 B 端方能站稳 C 位

地政府支持小微企业抗疫情、渡难关。在派发消费券过程中,数字科技可在大数据挖掘的基础上,为精准识别居民消费的资金需求、监控资金流向、促动工业产能与市场需求高效匹配提供工作方向和决策依据。

应当看到,适度超前基建是我国经济和制造业最大的竞争优势之一,我国在许多基础设施领域的建设已位居全球前列。此类超前投资虽然当期收益有限,但外溢效应明显,能极大地提高社会生产和物流效率,提升综合国力,支撑我国作为全球第一制造业大国的地位。当前,我国基础设施建设面临的主要问题是:一方面,部分领域、部分地区的传统基建已经趋于饱和或出现产能过剩;另一方面,新基建在物流冷链等一些领域仍存在短缺。比如,要向边远地区运输食品,冷库、冷链配套设施严重不足,疫情期间,如果当地有更完备的冷库、冷链体系,农民、涉农企业利益就会得到更好的保障。面对后疫情时期的六保、六稳工作要求,以数字科技为驱动的 5G 基站、特高压、新能源汽车充电桩、大数据中心、人工智能、工业互联网等重点领域的新型基础设施建设大有可为。

智能运维解决方案是数字科技企业做好 To B 赋能的一个典型案例。通过机器人采集机房地图,并根据管理平台设置的巡检任务启动自动巡检,对待检测的机房信息进行智能检测和判断,若诊断出故障,可及时发出声光提示与告警通知,并向管理平台输出完整的巡检报告。管理平台汇总巡检数据,动态分析并可视化机房设备、环境、告警数据,便于精准定位和快速处理。对于出入机房的人员,机器人可进行身份验证和行为监控,降低操作风险与合规风险。这一方案通过多系统联动,实现了线下巡检标准化和线上数据价值化,提高了运维标准与效率,帮助制造业企业打造数字化、智能化以及更稳定安全的智慧机房。

产业数字化

三、数字科技在新基建背景下的前景展望

数字科技在新基建的各个领域内深度融合，核心在于万物互联和基于大数据的数字化、智能化改造。比如，5G是新基建条件下最为重要的基础设施，通过网络通信的提速扩容，为远程医疗、工业物联网的快速开展提供必要支持。在疫情期间和疫情过后，无人运货车准确位置送货、实时交通处理也离不开5G信号的即时支持。在5G的基础上，各种探头、感应器均可以变成非常有效的数据来源，为其在行业层的广泛应用奠定基础。在从消费互联网转向产业互联网的过程中，海量云、存储器的需求与数据中心的建设相互促动，所产生的更新、更海量的大数据又为人工智能的新一轮迭代提供重要支撑。在数字科技助力下，整个产业链条环环相扣，共同构筑了B端市场升级蝶变的广阔蓝海。

数字科技是新基建的重要内容和关键支撑。为此，迫切需要从政策、资金、技术等各个层面打造良好的投资营商环境，鼓励和引导数字科技企业参与，积极稳妥地规划和推动新基建。在政策层面，建议加强顶层设计，放宽市场准入条件，着力发挥数字科技在政企信息采集、政策影响评估等方面的作用，为不同行业精准施策、破解企业痛点，以及做好各地区、各部门间的统筹协调提供决策参考。在资金层面，建议鼓励和引导民间资本参与，形成政府财政和社会资本互为补充的健康机制、良性生态，充分发挥数字科技在评测企业实际经营状况、真实融资需求等方面的作用，通过应收账款和订单融资、实体仓储和票据融资、融资租赁、ABS等方式，助力企业获得定向精准的资金支持，降低融资成本。在技术层面，建议鼓励和引导数字科技企业发挥研发实力和经营创新优势，重点参与公共卫生与医疗健康、智慧交通、智能能源、智能新媒体及电子政务等领域的新基建项目，夯实B端赋能效果，为工业互联网时代各个实体产业转型升级做出更大贡献。

第十五章

开放平台"快到碗里来"

在某种意义上,开放平台更像是"一个碗"。碗要足够大,保证你能触到碗,我也能触到碗,各方都能围绕着碗比邻而坐;碗要开放透明,里面的肉要清晰可见,保证你能看到肉,我也能看到肉,且这块肉并不由任何一方专属,是大家都能享用的肉;碗没有盖子,意味着上不封顶,大家不仅可以从碗中获取,还可以时不时往里面添一筷子,交换不同口味的营养物质,实现各尽所能、各取所需。在某种意义上,由数字科技企业构筑的开放平台在扮演着这样一个互利角色,通过成为"连接器",让更多的人都有肉吃;通过提供"工具箱",让守着碗的任何一方都能学会更好地吃肉。凭借在专项赋能、连接创造和生态共建等方向的作为,开放平台有望成为参与各方复杂利益诉求的"最大公约数",促成各方在客户数字化、产品数字化、管理数字化等领域"互递长勺"、合力突破。

第一节　开放平台的价值贡献

开放平台的核心在于"开放"。通过 API、SDK 等形式，连接不同机构的服务功能模块，基于用户所处的时空情景，进行高匹配的组合呈现，从而在成本可控的前提下延展服务半径、提升服务质量和用户体验。这一模式有助于从场景、用户、产品和运营等不同维度，对 C 端用户、平台合作机构以及作为平台提供方的数字科技企业创造重要的价值贡献。

一、场景维度

开放平台有助于破解线上场景高度分割、各方真实诉求都难以得到一站式满足的需求痛点。对 C 端用户而言，其生活服务需求具有综合性、连贯性，一般不愿在移动端承载过多的 App，也不愿在达成一项或具有内在相关性的一系列需求时，不断跳出、进入不同的 App。对于平台的提供方及其合作机构而言，单一场景下的用户流量和用户活跃度处于低位，拉新、促活和留存的难度日益加大，跨行业自建新场景、新产品不仅会在开发和运营推广上投入过多，而且缺乏已有经验的积累，在各个层面都不具可操作性。以金融业为例，持牌机构直接转型社交、娱乐平台的难度极大，而社交、娱乐等场景 App 试图自建金融产品模块的尝试并不成功，整合各自优势、打通场景连接成为摆在各方面前的现实选择。

事实上，开放平台能为相关各方带来可观的价值贡献。

首先，对 C 端用户而言，其用户旅程得以连续，不管是在同一个超级 App 内完成业务办理，还是以 API、SDK 等形式实现在不同 App

产业数字化

内的无感连接,都可以更顺畅、更实时地满足用户的场景化需求。比如,用户在搜索美食门店的同时,就可以点选出租车到店等服务,并获得天气、导航、周边娱乐等更多相关信息的支持,以更好地辅助做出决策和丰富服务体验。

其次,对合作机构而言,打通用户需求场景不仅意味着拓展更多流量来源,也为更加全面地洞察用户需求、挖掘营销机会创造有利条件。比如,用户在消费支付、美食观影、筹划婚庆、聚会和旅行,以及看房、看车、看资讯时,都可能产生金融等衍生服务需求。在开放平台条件下,通过融入用户的碎片化时间、全场景需求,可以帮助合作机构获取更多具有真实需求、资质更优、风险水平更可控的用户。

最后,对平台提供方而言,建设开放平台有助于破解自身用户增长天花板,将原先经营不足、覆盖有限的各个垂直场景流量充分聚合,带动生态内的整体用户增长和活跃。比如,除平台方原有的主营业务外,资讯场景下的搜索引擎、门户网站,社交场景下的即时通信、网游,消费场景下的电商、商超,经营场景下的财税结算、物流、交易平台,以及其他政府和社会公益组织、金融服务网点等,都可以连接进入开放平台,在实现用户需求与合作机构产品和服务供给更好匹配的同时,还可以扩大流量入口,提升用户对平台品牌的认知和行为黏性,从而延展服务半径,在更广泛的行业领域积累竞争优势。

二、用户维度

开放平台有助于破解市场分割和信息不对称带来的用户服务需求与机构获客需求不匹配的痛点。对于 C 端用户而言,其在面对多款市场选择时,只能进行价格或收益等简单比较,并不清楚各项产品的设计逻辑和真实目标人群,极易申请、获取对其并不具备可获得性或匹

第十五章
开放平台"快到碗里来"

配度不高的产品。对平台提供方及其合作机构而言，一方面存在用户流量的增长瓶颈，另一方面又常常面临目标用户难以转化、非目标用户的流量难以经营、无效用户挤出有效用户等现实难题。提升用户流量在供求两端的匹配度，在满足更多用户需求的同时，促使相关机构减少流量漏损和浪费，成为开放平台重要的可为方向。

从目前看，建设开放平台，可以给出使 C 端用户、平台合作机构及平台提供方均能受益的解决方案。

第一，对于 C 端用户而言，原有的结构性市场空缺有望在相关方资源共享、优势互补的平台机制下得以填补，从而满足更多用户的服务需求。以消费金融为例，长期以来银行、互联网巨头、消费金融公司和小贷公司等各有不同的目标人群定位，在客观上形成了中高风险等级、中等贷款金额的用户缺乏产品服务匹配的市场。在开放平台条件下，不同类型的主体通过流量互补，可以更好地匹配不同偏好的用户需求，一类机构可对某些贷款申请进行增信加持，使之达成另一类机构的放款条件。比如，有资质、较规范的数字科技企业，可以基于数据分析挖掘，或引入其他外部担保机构，将实质风险水平较低的无抵押、轻资产申请人输出给银行放款，满足这部分流量中优质用户的信贷需求。

第二，对于平台合作机构而言，开放平台有助于其充分调动资源，提升目标人群获客转化效率，减少非目标人群带来的流量浪费和资源挤占。以电商消费场景为例，入驻商家不仅希望能得到用户流量支持，更希望这一流量具有真实的相关品类的潜在消费需求，并对本品牌、本店铺提供的产品和服务具有更好的认知和认同，从而避免市场推广费用盲目投放、分配，造成对非目标用户的无效经营和对目标用户的经营不足。通过对用户行为的分析挖掘，特别是对用户历史反馈及同类人群行为进行预测，可以帮助平台方与合作机构迭代优化流量分发逻辑，最大限度地提升流量转化，减少用户错配。

产业数字化

第三，对于平台提供方自身而言，开放平台有助于为用户需求找到最终落脚点，给不同类型的流量找到价值转化路径，促成生态内部的良性循环。自营条件下，因为人群定位、产品供给、风控要求、牌照资质等难以经营、只能浪费掉的用户流量，可以通过开放平台输送给其他合作机构，在满足用户需求、减少用户流失的同时，为平台自身创造了收取次级流量费用、获取平台和技术服务收入等更多变现机会，并加深了各方对平台作用的认同和依赖。

案例：京东众筹扶贫实现"购买即慈善"

京东数科众筹扶贫，是依托开放平台促成供需精准匹配、提升供给效率的实践案例。其一端连接贫困地区特色产业的小微企业及个体农户，另一端连接全国市场内的个体消费者，通过历史购买行为、浏览偏好等海量数据洞察用户，精准定位各细分市场的消费需求，激励消费者在购买到更加安全健康、绿色环保、物美价廉与符合个性需求的优质农产品、农副产品的同时，达成"消费即扶贫、购买即慈善"的美好愿景，使农村贫困地区商户获取客源、扩大销售，更有效地调动资源，更有尊严地获得帮助。在履行社会责任的同时，也能带动商城消费活跃，达成数字科技企业经济效益与社会效益的统一。

数字科技助力精准扶贫，形成良性生态如图 15.1 所示。

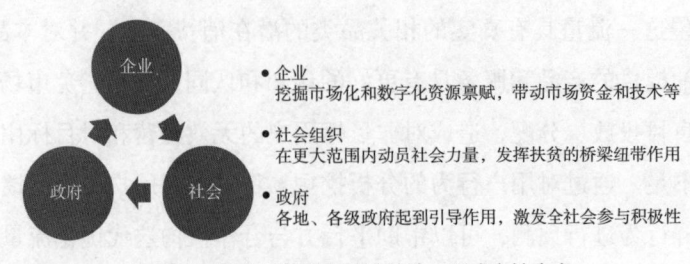

- 企业
  挖掘市场化和数字化资源禀赋，带动市场资金和技术等
- 社会组织
  在更大范围内动员社会力量，发挥扶贫的桥梁纽带作用
- 政府
  各地、各级政府起到引导作用，激发全社会参与积极性

图 15.1 数字科技助力精准扶贫，形成良性生态

资料来源：中国红十字会，京东数科研究院整理。

三、产品和运营维度

开放平台有助于打通不同场景、各家机构之间的数据连接，破解用户洞察割裂造成的风控效率低下以及机构内部经营管理的效能难以提升的痛点。对于C端用户而言，其在面对不同场景、不同机构时，被要求反复提供大体雷同的个人数据资料，严重影响用户体验。对于平台提供方及其合作机构而言，割裂在不同环境下的不同口径、碎片化和缺乏相互验证的数据，在广度、深度和数据质量上都有较大缺陷，难以为产品和流程设计、审批风控和内部管理提供足够的分析支持。

在此方面，开放平台主要提供以下三个方向的价值贡献。

第一，对于C端用户而言，可以在有效识别用户身份、规避伪冒欺诈风险及其带给用户财产损失的同时，减少或避免用户手动提交、上传个人信息。借助平台方提供的数字科技，用户在申请环节既不需要额外提供证明材料，也不需要录入身份地址信息、反复输入密码、识别图像或发起更多动作，可以"无感"地完成生物信息识别、身份证件直接调取和验证。平台方及其合作机构可以把申请人同照片、面具、视频、录音或其他人体区分开来，快速锁定特定的申请人，并确认其真实的申请意愿，避免用线下、电话等方式联系用户确认，造成不必要的用户骚扰。

第二，对于平台合作机构而言，开放平台有助于打破数据孤岛，更好地判定和验证来源于不同渠道的数据的真实性、准确性。以金融机构为例，其在现实中存在用户他行数据缺失、本行数据在各部门间割裂、一线积累的非结构化数据未得到较好的挖掘和应用等现实痛点。在开放平台条件下，合作机构数据获取将不限于特定金融机构，也不限于央行征信体系，而是接入了包括工商、税务、海关、司法、社保、公积金等在内的多个公共服务系统，通过多项数据的交叉验证，识别

产业数字化

局部数据造假和美化。对游离在公共服务体系之外的年轻用户，还可通过通信记录、地理定位和接入公共网络的记录、社交网络的行为记录，以及在各类应用交互中形成的语音和文本记录，进行识别、分析，帮助合作机构更好地做出风控决策。

第三，对于平台提供方自身而言，开放平台下的数据分享机制，有助于充分发挥自身在数字科技和 C 端用户经营方面积累的优势，对合作机构进行定向赋能，通过优化后者全流程风控、运营来获取相应的平台和技术服务收入。比如，可以帮助合作机构在统一管理工具的指引下，加强基层工作人员的流程监测和指导，针对不同行业领域设置符合合作机构需求的指标看板、风险预警机制；可以帮助金融类合作机构完善线上集中审批，优化和推广审贷逻辑，提升人员效能；可以助力监测贷后数据表现，加强资产质量动态管控、风险资产及抵押物及时处理，帮助合作机构尽早捕捉异常行为和减少资产损失。

除赋能风险审批外，作为平台提供方的数字科技企业，还能在用户线上运营、机构内部管理等方面为合作机构提供更多支持。比如，京东数科在 2019 年"618"大促期间一次针对理财高潜用户的营销活动中，借助自动化的营销和决策，创造百亿级别新增入金（其中 50% 是通过线上自动营销带来的），这在为相关合作机构的理财产品获取高匹配用户的同时，也为更多合作机构优化运营策略、提升市场推广资金使用效率提供了优秀的可参照案例。

第二节　开放平台的典型实践

当前，各行业均已涌现出由自营直营模式向开放平台模式转变的典型实践。电商消费、出行、房产中介、信贷及财富管理等中心化程度不高、产品和服务供给较为割裂、用户差异和个性化需求较为明显、信息不对称相对突出的行业领域，更有可能率先成为开放平台的主攻方向。在深耕原有垂直领域的基础上，找准内在联系较强的衍生场景和需求，或成为开放平台由纵深发展向横向扩张的有效路径。

一、电商消费市场

近年来，在电商消费市场规模触顶、用户体验需求不断提升的整体背景下，行业供给深度整合优化、用户经营更趋细化成为摆在从业机构面前的重大课题。作为高度动态不平衡的市场，广大C端用户对商品价格和丰富度十分敏感，缺乏品牌认同与忠诚度，促使开放平台模式可能在存量竞争的业态下脱颖而出。平台模式下，传统电商不仅售卖自营渠道的商品，还可以通过为商户等合作机构提供综合服务，同时满足用户选择性价比、匹配度更高的商品的需求和商户提供更加精准、有效的用户服务的需求，并在这一过程中实现从引流模式创新到系统化运营升级的进阶。

案例：Shopify 搭建一站式中小企业电商平台

Shopify（电子商务软件开发商）的发展初衷是为中小企业搭建电子商务渠道，后来其成为云端商务平台提供商，帮助企业解决在电子商务中的托管、设计、数据分析、支付及其他技术支持问题。其在为B端商户提供一站式商业操作系统服务的同时，自身成交额也一路攀升，2018年GMV（成交总额）达到410.1亿美元，相当于eBay（易贝）的45%。

Shopify营造开放平台的考虑包括：一方面，可以在流量见顶的行

产业数字化

业背景下,携手第三方 App 丰富用户拓展与唤醒工具;另一方面,可以转移自身技术开发的成本和风险。对商户等合作机构而言,Shopify 的主要优势有以下几点。

第一,帮助商户自建独立站,自主运营私域流量。这是 Shopify 与其他 B2C 平台的本质区别。商户可通过社交网络、视频直播、付费广告等多种形式,将自有品牌和商品推送给用户,商户能够从其他任何平台导流,页面可以一键式跳转,Shopify 后台一站连接不同的流量渠道并管理营销数据,使其既存在于 Shopify 生态下,又不过度依赖于 Shopify 生态。

第二,建站成本低、盈利持续性强。在 Shopify 建站没有中间平台付费,降低了中小卖家的资金和技术门槛。Shopify 的收入来源包括订阅费、商户解决方案的附加收入,这不同于传统电商平台根据商户销售收入一次性按比例收取费用,而是根据其需求变化提供差异化的收费服务。

第三,赋予商户充分主导权。传统电商平台在销售、资金、物流等方面对商户的硬性控制较强,而 Shopify 追求在提供服务过程中促使商户产生天然黏性。

Shopify 与亚马逊模式的对比情况见表 15.1。

表 15.1 Shopify 与亚马逊模式对比

平台	Shopify	亚马逊
适合商户类型	本身自带一定流量或者有一定营销经验的商家	适合具有一定经验的贸易商、B2C 企业、品牌经销商
开店成本	没有中间平台付费,利润 100% 属于自己	月租性质,开店铺一个月的费用是 39.99 美元,上架产品不交费,佣金 15%

续表

平台	Shopify	亚马逊
店铺审核周期	无审核周期	审核一般三天到一周。在此期间仍然可以上架产品
产品定位	独立的商店，灵活性和可控性会高很多，可以在提升转化、利润率和平均客单价上更有作为	看中商品的质量和品牌
流量	本身无流量，需要其他平台引流	自带流量（月均1.83亿用户访问）
控制权	拥有完全的自主权	平台拥有较大控制权，自身拥有的控制权较少
用户黏性	老访客黏性更高	黏性较低，用户倾向的是平台，而不是商铺本身

资料来源：网络公开信息，京东数科研究院整理。

二、出行市场

出行是用户的高频需求，市场规模扩大与线上流量增长直接相关。在C端用户增长和机构补贴均存在明显上限的条件下，提升用户服务质量和效率更为关键。需要指出的是，出行市场存在的规模化与用户需求多样性特征，决定了这一市场很难由单一的特定机构垄断全部供给、满足全部需求。从目前来看，如何整合行业供给资源、实现规模盈利成为出行市场的核心问题。竞争关系中的攻防双方，都试图借助开放平台聚合运力供给与用户流量，谋取更大竞争优势。

案例：网约车市场的聚合模式

出行业务是美团布局"衣食住行"本地生活服务链的战略方向之一。2017年底至2018年初，美团打车最早在上海、南京等城市上线，依靠用户端高额补贴进行规模化布局。上线后，美团打车的自营网约

产业数字化

车业务面临重重困难：一是亏损严重，2018年网约车司机的补贴成本高达44.6亿元，但单纯通过高补贴带来的用户增长难以持续；二是自营业务模式下司机少、车辆少等问题难以有效解决；三是恶性事件造成声誉损失，自营业务模式下的潜藏风险巨大。

为解决自营模式下的发展瓶颈，2019年4月，美团打车在南京推出聚合打车模式，可以在美团App上一键呼叫包括首汽约车、神州专车和曹操出行等不同出行服务商的车辆，也可在美团餐饮商家页面直接叫车。其主要优势有以下几点。

第一，加速转化现有流量。据美团估算，在美团2.5亿日活跃用户中，约有30%具有到店用餐等延展出行需求，可形成7500万存量用户的出行消费市场，通过美团打车二次变现，可将用户留存于美团生态。

第二，减少用户补贴、司机补贴等自营模式下的业务投入。由于现有的打车渠道和选择较多，服务商之间的价格竞争关系显著，如需补贴，则由服务商评估进行并承付成本，而共同合作的首汽约车、神州专车、曹操出行等服务商扎根于美团生态，可在较大程度上减少品牌广告等投入，破解自身获客难题。

第三，建立风险共担机制。根据美团与出行服务商建立的合作关系，由服务商及出租车经营者履行责任，使美团在一定程度上规避相关合规与声誉风险。

综合以上优势，聚合打车可帮助美团从自营模式下的补贴大战中跳脱出来，投入更多精力营造开放平台，以更快地投入成本争抢市场份额。

伴随移动出行行业的规范化发展，开放平台为网约车提供了新的发展思路，带动网约车行业渐入正轨。一方面，其有助于在不增加整体行业供给与自身投入的情况下，提升供给效率，保证供给稳定性，从而更好地满足用户的服务需求。另一方面，通过丰富用户使用场景，可以形成内部生态的更完整闭环。

三、房地产市场

伴随房地产行业进入存量时代，原有中介机构间的存量竞争更趋激烈。移动端综合服务平台的出现，有助于为全行业提供全面、准确的交易信息，将市场上繁杂的个性化需求标准化、可视化。这一方面有助于整合房产经纪机构资源，破解各方信息不对称的难题；另一方面可以提升服务质量，更好地满足交易各方及房产经纪不同的需求，实现用户快速匹配合适房源、从业机构改善用户获取和转化的双赢。

案例：贝壳找房互联网长租综合平台

链家是房地产交易O2O（线上到线下）模式的发展雏形。2018年4月，链家升级推出贝壳找房互联网长租综合平台，开启了由垂直领域向开放平台领域的转型之路。该平台通过聚合和赋能全行业优质服务者，打造开放的品质居住服务生态，提供新房、二手房、租赁和装修全方位居住服务，力图加速占领长尾市场。

贝壳找房平台覆盖二手房交易全流程，包括签约、贷款、过户、尾款放款等所有环节，其优势主要体现在以下几方面。

第一，数据技术赋能。贝壳利用大数据分析技术，帮助用户和中介机构实现房源的精准匹配，降低信息收集成本；支持多维场景看房、VR实景看房等，保障房源真实性；丰富个性化筛选选项，服务按地区找房、按地铁找房、按学区找房、按预算找房等不同场景需求，支持用户从特定小区、户型、楼层等维度掌握市场价格与用户评价，从而优化决策，降低交易与谈判成本。

产业数字化

第二,搭建合作中介的连接渠道设施。通过设置标准化的准入条件和规则,规范中介机构入驻流程,对合作中介进行品牌认证,提供交易系统与数据支持,可以帮助中介机构拓展用户来源,降低广告、获客等投入。

此外,贝壳在推送用户和房源信息时,按照实际成交情况与中介机构计费,保证平台、用户、中介机构等相关方利益一致,有助于平台生态的良性循环。贝壳找房的开放模式见表15.2。

表15.2 贝壳找房的开放模式

	终端层	基础实施层	数据层
主体	社区、电商、门店	具有连接属性的平台	链家的技术和数据
价值点	保证C端用户权益	中小平台即插即用,接入简便,共享资源	通过大数据沉淀与分析,实现多边精准匹配

资料来源:网络公开信息,京东数科研究院整理。

从长期来看,品牌赋能将成为移动房产服务开放平台赋能合作商家的重要手段。开放平台赋能品牌,品牌赋能门店,门店进一步赋能房产经纪人。从贝壳找房的模式来看,平台不仅连接信息,更连接服务,包括房源信息的筛选服务、标准化的流程服务及丰富多元的管理工具。值得注意的是,越来越多的合作机构带来的海量房源和网络效应,是聚合用户平台的关键因素。与此同时,基于大数据技术和平台设施的精准供求匹配,将成为其整合行业生态不可或缺的能力。

四、信贷市场

银行、网络贷款公司、电商和场景化机构及各类新主体在拓展网络信贷业务时各有优势,但也共同面对增量用户衰减、存量用户未能

第十五章
开放平台"快到碗里来"

充分挖掘、不同场景下的流量向金融转化不足、审批和风控效率有待进一步提升等普遍难题。依托开放平台搭建,高频流量得以汇聚,用户在不同机构、不同维度的数据发现得以连接,有助于形成更加全面、准确的用户画像,并根据用户特征和需求,以及合作机构的牌照、资金、风控偏好等情况进行精准对接,最大限度地提高资金供求匹配效率,优化客户体验,减少流量浪费。

案例:京票秒贴平台

在内蒙古呼和浩特市,有一家规模60余人的电气自动化制造公司——威世顿通用电气制造有限公司。该公司主要从事电气设备的制造与销售,一端从零件供应商采购核心零部件,另一端将生产出来电器设备提供给大型电力公司。在与下游的交易结算中,票据是很重要的支付工具。对该公司财务负责人韩女士来说,票据贴现是她日常工作中需要操心的问题之一,银行和票据中介是她之前经常对接的渠道。银行线下流程需要的申请资料较多,她说:"原本银行说只需要营业执照副本,但当天审核资料时,后台又提出来需要营业执照正本,照片都不行,只能赶回去取了重新办。"相比之下,票据中介更为方便,但服务费不低,疫情发生后中介费甚至有所上涨。

在京票秒贴平台上,全流程线上操作,韩女士只用20分钟就完成了贴现,并且贴现的对方是银行,手续正规,报价透明。之前中介报价10个点手续费的票,最终以2.4%的价格贴给了银行,仅那一张票,就给公司节省了6 000多元。现在,只要企业有针对电子银行承兑汇票的贴现需求,通过平台或微信公众号拍照上传票面信息,凭借一键试算功能,即可查看多家金融机构报价,在自主选择与意向银行签约后,可随时发起在线跨行贴现业务。

实际上,在由京东数科推出的京票秒贴平台上,超过95%的客户

产业数字化

都是从业人数不超过 300 人的小微企业，通过平台对接的贴现业务中，单笔平均金额为 45 万元，最小金额仅 2 200 元。技术引入提升了票据贴现的效率，让小微企业的短期资金周转需求可以更加快捷地对接到金融机构，实现降本增效。

五、投资与资产管理市场

传统意义上，资产管理市场是线下化、专业化程度较高且相对低频的市场。银行及其他财富管理机构面对自身客群时，能提供的产品和渠道选择较为受限，对用户需求的全面洞察和定制化服务能力也相对薄弱。在开放平台条件下，跨机构、跨市场、跨品类的产品供给充分打通，有助于丰富产品货架，满足用户在投资收益、风险、流动性等方面的个性化需求，促动交易行为活跃。同时，还可以基于对用户投资，甚至消费行为数据的完整刻画，挖潜场景化的投资需求，提升投资管理服务质效。

案例：农业银行智能托管平台

2019 年 11 月 21 日，中国农业银行与京东数科集团签署了托管业务框架合作协议，并启动双方联合打造的智能托管平台。平台上线首周交易量达 1.038 亿元。在此次合作中，京东数科基于大数据、人工智能等技术能力，将 JT² 智管有方资管科技系统与农行托管平台打通，以基金交易及托管业务流程线下转线上为切入点，为农行客户打造线上一键式、一体化、全流程的智能托管服务，覆盖投资机构的投前、投中、投后全流程周期，在为农行客户提供商业价值的同时，带来"多、快、好、省"的创新模式体验。

传统的线下托管模式，机构投资者要逐家与基金公司办理手续、逐笔下单、逐笔与托管行传递指令,并等待托管行和基金公司的多头交互和确认。在此次双方合作上线的智能托管平台上,机构投资者可以实现一键下单、便捷开户、自动传递指令给托管行,托管行确认信息自动回传,所有线下流程实现线上化,有效提升运营效率。未来,智能托管平台的服务功能还将逐步升级,京东数科将向农业银行全面提供 JT² 智管有方的服务,利用区块链、云计算等数字科技与创新场景功能提供更多智能增值服务。

投资与财富管理既是金融行业的"最大横切面",又是行业内和行业间的重要连接者。开放平台在整合资产端、资金端与市场研究端等方面具有广阔前景:在前端入口,可以有效挖掘资金入账等多种场景的海量用户;在产品侧,可以丰富资产组合,优化货架管理,提供全球资产配置下的更多投资方案;在服务侧,可以助力智能投顾,解决用户投资多目标管理及选基、择时、实时调仓等操作痛点,通过增加长期投资收益,形成生态圈内良性循环。

第三节 构建开放平台的能力要求

头部数字科技企业建设开放平台,需要充分复用自身 C 端服务的优势积累,积极拥抱从 B2C 向 B2B2C 的赛道转换,在专项赋能、连接创造与生态共建方面集中发力,扮演好"B 与 C 的连接器""To B 工具箱"等重要角色,在客户数字化、产品数字化、管理数字化领域有所突破。其中,特别需要提升自身的开放能力和科技能力,构筑底层设施,发挥中台作用,提供整体性、规模化的创新应用支持,帮助合作机构减少在基础研发、市场营销等方面的重复投入,创造更大的行业价值。

产业数字化

一、顶层设计：从 B2C 到 B2B2C 的赛道转换与思维切换

开放平台模式的实质是 B2B2C，关键在于为 B 端合作机构赋能。平台提供方即数字科技企业，在设计平台架构、流程和整合各方资源时，需要在思考 C 端用户需求偏好的同时，更多考虑到不同的 B 端机构在各自资源禀赋、需求痛点上的差异化特征，提供针对性解决方案，从而最大限度地体现平台价值。

在 B2B2C 模式下，数字科技企业的角色更多体现在专项赋能、连接创造与生态共建上。根据服务对象的不同，呈现的行业业态也具有一定差异。以数字科技企业为例，如果其赋能大中型企业或政府机构，那么数字科技企业及其服务对象与最终的 C 端用户将构成稳定的三角关系，此时数字科技企业将主要发挥"工具箱"的作用，为其服务对象输出标准化组件、提供定制化服务；如果其赋能跨行业的 B 端机构及小微企业，那么会形成以数字科技企业为平台的动态双边市场，此时数字科技企业将更多地发挥平台作用，成为跨场景、跨行业的连接渠道，形成大量 B 端机构与 C 端用户相互匹配、互动的平台生态。

从 To C 转向 To B，服务 B 端合作机构，需要在哪些方面做好思维切换呢？

第一，C 端用户可以千人千面，用户个体都有自身特征和需求，是完全离散分布的，不同细分维度下差异极大；B 端机构服务对象则相对确定，是严格规律化的。服务于特定的 B 端机构，需要把 C 端用户有效筛选、聚类，只有按一定逻辑向 B 端机构输送、分发，才能与 B 端精准匹配，在 B 端产生价值。

第二，C 端用户符合人性，追求极致体验，看中感官、利益等刺激，平台黏性和品牌忠诚度都相对较低；而 B 端机构符合理性，以长期价

值的最大化为其主要考量。服务B端机构，就需要克制短期冲量等产品和运营惯性，在为B端创造价值、深化长期合作方面施展更大布局，投入更多资源。

第三，C端经营注重大数据，即所有的线上线下、结构化与非结构化数据都应尽可能地收集和挖掘，也不强调数据规律的逻辑可解释性；而B端经营更注重准确数据，需要保证数据自身精度和服务于机构管理、机构决策时的可信和可用性，要求数字科技企业在数据治理和应用上强化能力建设。

在服务B端机构时，除了需要通过前期调研，深入洞察合作机构现状与真实需求外，还需要对自身提供赋能的方向领域有清晰、合理的认知。我们可以依据发展动机，将开放平台的相关实践区分为主动发展和被动发展。

所谓主动发展，是指数字科技企业基于已有的资源禀赋，对平台生态内的各相关方乃至全行业参与者提供能力输出的发展。其关键点是：第一，平台自身已具备相应能力；第二，平台已找到能力输出的有效路径。与之对应的被动发展，是指平台尚未具备足够能力，或尚未充分认清能力输出方式，仅由于增量市场缩窄和自营业务模式遇到瓶颈等内外要素而被动响应平台概念的各类情形。

被动发展是倒逼式、应激式的外生发展，主动发展是战略性、协调性的内生发展。从长期看，主动发展有助于企业在开放平台建设的长周期投入、跨条线协同等若干重大问题上，更好地统一思路、集中资源、提升效率，保证开放平台发展的可持续性。

二、中台战略：内外资源整合与开放能力提升

建设开放平台需要多种能力支撑，比如需要有较大的用户体量和

产业数字化

运营能力、扎实的技术实力等。这里，需重点强调的是中台能力。所谓数字科技中台，很大程度上是指"企业级的能力复用平台"，它可以跳出单一业务条线，站在企业整体视角审视业务全景，寻找可复用的能力进行沉淀，从而优化整体战略，减少重复投入，提供规模化的创新支持。与直接服务C端用户的场景化、点状需求相比，开放平台服务B端，业务策略要求高，数据集成难度大，中台重要性尤为突出。

在开放平台的建设过程中，强中台可以助力解决如下问题。

第一，处理好前端合作机构的需求与平台内部供给之间的冲突。一方面，开放平台要对接多家合作机构、多个前台业务模块，亟须快速响应、灵活运转；另一方面，对于大体量合作方和各类创新业务的承接，又需要平台方内部科学、有序、体系化的稳定支撑。中台既需要将已固化的能力动态化，又需要将无序的需求有序化，从而充分激发平台内部的活力和效能，提升前端服务能力。

第二，处理好平台内部前台与后台之间的冲突。前台是平台的合作机构，乃至其连接的C端用户直接使用或交互的系统，需要快速响应用户需求，快速创新和迭代。后台是支撑平台内部的管理平台，也是管理平台核心能力的系统，为支持前台日益复杂的业务需求，后台建设要扎实稳定，建成后不能随意改动。中台作用就是平滑两者矛盾，在保持整体架构稳定的前提下，支持低成本试错。

第三，打破平台内部各业务条线之间的组织架构和层级，特别是能够穿透内部的部门墙、业务墙、数据墙和考核墙，打造企业级，乃至行业级的公共服务设施，为不同业务模块提供标准化、可复用的服务能力。

作为连接前台与后台、场景与技术的关键桥梁，中台的重要性不言而喻。在中台搭建过程中，开放平台需要特别注重"数据与算法中台"的能力建设。

数据与算法中台主要由数据源管理、数据资产管理、数据治理、数据挖掘、数据建模、数据共享应用等模块构成。作为开放平台下的数据中台，首先，需要将平台方内部、各合作机构、第三方外部机构等不同数据来源的数据清洗、打通、规范化，消除数据孤岛，保证数据可通用、可复用。其次，需要按照产品设计、用户服务、营销管理等不同业务属性和应用场景将数据聚类、组件化，保证能够快速、按需取件，避免经常调用底层数据。最后，还需加强数据处理的灵活性、可延展性，抵御大流量高峰期的高并发压力，保证稳定和高质量的输出。

数据与算法中台是支持开放平台中流量分发、交易撮合、个性化产品与服务推荐等功能实现的重要基础，也是平台提供方内部数字化管理转型的应有之义。在中台能力上博取竞争优势，将有助于平台在其长期发展中获得持续动力。

三、底层建设：基于数字科技能力的产品改造与体验优化

开放平台的基本功能是交易撮合，需要首先保证供求双方的操作路径通畅，在更大的概率和规模上达成匹配，这有赖于依靠交易系统、订单管理系统、账户管理系统、货架管理系统、营销管理后台等方方面面的基础设施支持。平台提供方还需要考虑如何应用大数据、区块链、人工智能、机器学习、生物识别等数字科技前沿手段，在平台降本增效与用户体验优化方面提供更多附加价值。

在降本增效方面，开放平台有如下赋能方向。

第一，借助分布式的系统架构和平台自有的敏捷开发能力，减少合作机构在基础研发领域上的重复投入。平台可以充分发挥自身在硬件系统、数据库、大数据集群、应用系统等方面的核心技术优

势，为各合作机构提供消息数据处理、日志数据处理、缓存数据处理及系统调用方面的技术和数据支持；可以基于不同合作机构的差异化数据，进行一定程度的个性化接入和改造；可以实现多场景、多中心的高速互联，充分保证系统安全，做好智能化机房巡检与数据灾备。

第二，借助平台生态内的更合理、更实时的流量分发与流量复用，满足各合作机构的流量获客需求，减少冗余的品牌广告与营销获客投入。平台可以通过机器学习，特别是深度学习技术应用，更准确地识别不同机构的流量需求偏好，优化流量分发逻辑，减少用户与机构错配；可以将在部分环节流失、被部分机构拒绝的用户引流或推荐至其他机构、其他业务模块，降低新用户的获客成本；可以通过共享黑灰名单，形成完整用户画像，减少问题用户的逆向选择。

第三，借助平台的开源数据和强大的数据分析挖掘能力，输出数据发现、数据模型、数据应用场景和建议，提升各合作机构的获客与转化成效。平台可以开放共享其智慧营销系统，支持合作机构直接在系统上搭建应用模块，满足不同角色在数据分析、活动管理等方面的不同需求；可以提供可视化的报表和看板，支持全面、系统、精细颗粒度监测数据表现；可以与合作机构联合建模，在做好隐私保护的同时，助力后者突破在大数据积累、数据人才储备等方面的现实困境。

在优化用户体验方面，开放平台有如下赋能方向。

第一，破解不同场景下的用户识别痛点，实现人机识别、人人识别、问题用户筛查。平台终端用户来自不同机构、渠道，可以基于应用3D视觉的人脸识别等生物探针进阶手段，把真人同图像、面具等区隔开；可以基于指纹、声纹、虹膜乃至滑鼠习惯等具备唯一性特征精准定位一个人，也可以基于文本挖掘、证件防伪、OCR等技术快速查验证件真实性；可以基于黑灰名单匹配、地理位置识别等手段把问题用户单独聚类，特殊标记，从而更好地进行流量分发。

第二，破解不同细分人群用户的需求挖掘痛点，满足其个性化需求，减少不必要的用户打扰。可以结合银行金融强维数据与数字科技多维数据，优化营销推荐模型，筛选出符合特定用户个性偏好的产品与产品组合；可以做好用户生命周期管理，在其初入社会、组建家庭、退休养老等关键事件上，提供日常服务、资金支持、生活保障等；可以收集用户在多场景、多渠道下的实时反馈，通过语音识别、文本识别等技术手段捕捉潜在需求，通过全流程数据分析排除其中无效需求，闭环迭代推荐策略；可以对漏损、流失、拒绝用户设计自动化、差异化的拦截、挽留与二次营销策略，减少平台流量损失。

第三，破解用户投诉处理痛点，避免投诉和负向舆论借助平台快速传播。可以基于历史数据积累，预判哪些关键节点有可能成为用户旅程中的主要卡点，将其作为内部流程优化的主攻方向；可以引入客服机器人，或在应用前端中加入语音识别，完善相应知识图谱，快速识别用户及其投诉方向；在客诉特别是批量客诉已发生后，可以借助精准运维手段，快速定位问题，快速归因，快速给出解决方案；可以完善预警监测体系，做好超出阈值时的告警处理，对客诉升级、舆情失控等可能情况进行及时响应和干预。

以上方向，都是开放平台在自身技术能力的驱动之下，对合作机构及其终端用户有效赋能的可为之处，也是可能在不同的开放平台间拉开差距的关键节点。平台方应未雨绸缪，长线布局，抢干构筑行业基础设施的苦活、累活，加大技术研发与应用的投入力度，只有这样才能真正长期吸引合作机构，促活平台生态，实现对市场上其他竞品的降维打击。

四、边界拓展：找准与垂直领域交叉联动效应较强的扩张方向

开放平台建设需要在原有垂直领域深耕、孵化的基础上，找准横向衍生和创新的重点方向。平台提供方除了应该评估这一拓展方向能否降低行业成本、提高行业效率、提升用户体验，以及业务拓展成本能否不断降低、时间周期能否不断缩短等"整体协同能力"表现外，还应该特别检视自身是否已具备足够的"横向协同能力"，避免过早、过于盲目无序地多元化发展，造成自身主营业务弱化、运营成本失控、新业务和新用户经营无法达成预期等严重不良影响，扰乱平台长期可持续发展。

平台提供方可通过以下几个维度，对标和自评在横向协同能力上的表现。

第一，在拟拓展方向上能否复用自身已经具备的能力。包括是否可以直接应用成熟产品作为工具性抓手，是否可以组合现有能力模块，并进行跨场景和跨行业输出，以及是否可以从第三方获取尚不具备资源、能力的有效支持。

第二，拟拓展的新业务与原有优势业务是否具有较高的协同性。包括新业务能否为原有客群提供附加价值，是不是原有客群应用场景的自然延伸，新老业务的目标人群在标签特征上是否具有较高重合度，是否具有强社交关系，以及新业务能否丰富市场反馈，反哺原有业务的能力能否提升。

第三，拟拓展的新业务能否为自身提供较好的市场机会。包括新业务是不是原有业务形态的替代性解决方案，新业务是否具有足够大的市场整体空间，并呈现向上发展趋势，新业务是否尚未形成已有玩家的充分垄断（即新的玩家仍有进入机会），以及平台在新业务的拓展过程中能否不断吸引新参与方加入。

在此方面，京东智能农牧提供了一个业务横向扩张的典型案例。

第十五章
开放平台"快到碗里来"

在深耕生猪养殖的基础上,京东数科将"以 AI 为核心,以数字化能力提供智能化饲养技术"的相关经验充分复用于其他养殖业,快速打造包括 AI 养牛、AI 养鱼等在内的其他细分领域拳头产品。在奶牛领域,通过部署一系列解决方案,可涵盖饲喂、疾病监测、点数估重、任务分配、育种管理等各项环节,有效降低人工巡检的频率、减少人员接触。其中,饲养员不用频繁地去看是否要给奶牛加料,监测网能够实时监测到食槽内剩余饲料量;技术人员不用按传统的触摸法对奶牛的综合体况进行评估,摄像头结合 AI 算法可无接触式自动化地每天对奶牛的体况进行评分;配种员不用仅凭肉眼和经验观察奶牛的发情概率,智能项圈可以分析奶牛的姿态、运动步数,对奶牛发情情况进行精确判断。智能喷淋系统可通过 AI 技术识别牛只的精准定位,进行精准喷淋,降低奶牛在高温情况下产生的热应激影响,能帮助产奶量提高 30%,节水效率提高 60%,以拥有 2 000 头奶牛的牧场为例,每年可以节省用水费用、污水处理费等至少 8 万元,同时帮助牧场在每年 4 个月的热应激时间里创造近 50 万元的收益。因此,智能化饲养技术在牧场、养殖户和行业相关主体中广受欢迎。

后 记

本书的写作首先要感谢各位京东数科人。七年来,京东数科人敢为人先,锐意进取,走出了一条不断求索的自我进化之路。正是这样的宝贵实践,才让我有机会在产业数字化的最前沿尝试和思考。

其中,要特别感谢京东数科CEO陈生强先生。他在产业数字化领域的观察、实践和认知,为本书提供了丰富的养料。本书能够顺利面世,离不开他对我以及我的团队成员的充分信任。

京东数科各位副总裁,包括金融科技群组负责人许凌、开放平台群组负责人谢锦生、风险管理中心负责人程建波、技术产品部负责人曹鹏、智能城市部负责人郑宇、数字营销生态部负责人陈蕾、金融机构合作部负责人杨辉、服务产业合作部负责人区力、企业金融业务部负责人李波、资管科技部负责人徐叶润等,都对本书的写作给予了大力支持,在此表示诚挚的谢意。

此外,我还要感谢业务部门及研究院同事对本书写作的支持。李萌、吴琦、唐艳红、李延东、张月、胡永明、何浩铭、王飞甫、姚倩、赵建萍等曾参与本书部分章节写作,刘惠婷、林颖异、翟欣磊、张作义、李佳隆等在成稿过程中提出了许多有益建议。感谢中信出版集团的各位同事,特别是编辑李亚婷、程璞玉为本书出版付出的努力。

最后,衷心感谢黄奇帆、郑新立、倪光南、谢平四位领导和前辈对本书内容的肯定与推荐,感谢产业界、科技界、学术界各位同人、朋友对本书的关注。产业数字化是当代重大命题,它释放的巨大潜力

产业数字化

正在深刻地改变每个人的生活。愿我们能更前瞻、更全面地洞察产业数字化的转型逻辑与变革路径，不负这个时代赋予我们的无限机遇。

沈建光